Dieses Symbol fordert dich dazu auf, im **Lernbegleitbogen** (am Ende des Kapitels) einzutragen, wie gut du die bisherigen Aufgaben lösen konntest. Dabei kannst du dich entweder selbst einschätzen oder dir von einem Mitschüler oder deiner Lehrerin / deinem Lehrer eine Rückmeldung geben lassen. **Du darfst aber nicht ins Buch schreiben**, sondern solltest deine Anmerkungen auf einer **Kopie des Lernbegleitbogens** eintragen.
In der rechten Spalte des Blattes findest du **Hinweise auf zusätzliche Übungsmöglichkeiten** im Buch oder im Arbeitsheft. Diese Übungen helfen dir auch, wenn du die bisherigen Aufgaben noch nicht so gut gelöst hast.

Texte, bei denen du dieses Symbol siehst, findest du als **Hörtexte im Internet**. Du musst dazu nur folgende Internetadresse im Computer eingeben: www.westermann.de/123691–hoerproben

Du darfst nicht ins Buch schreiben. Wenn du in Aufgaben aufgefordert wirst, etwas zu markieren oder zu unterstreichen, kannst du eine **Klarsichtfolie** oder **Folienhülle** verwenden. Lege sie über die Seite und befestige sie mit einer Büroklammer. Beschreibe die Folie mit einem abwaschbaren Stift. Statt auf einer Folie kannst du die Aufgaben auch in deinem Heft bearbeiten.

Klar|text 6

Sprach-Lesebuch Deutsch
Differenzierende Ausgabe

Nordrhein-Westfalen

Erarbeitet von:
Martina Feldhues
Reinhild Föll
Hiltrud Fox
Andrea Heinrichs
Heiko Judith
Maren Trowitzsch
Martina Wolff

Beratung:
Andrea Heinrichs
Heiko Judith
Martina Wolff

westermann

Inhaltsverzeichnis

Schriftlicher Aufgabentyp 2a):
auf der Basis von Material berichten
Schriftlicher Aufgabentyp 2a):
auf der Basis von Material beschreiben

Mündlicher Aufgabentyp 1a):
Erlebnisse anschaulich vortragen
Schriftlicher Aufgabentyp 1a):
Erdachtes erzählen
Schriftlicher Aufgabentyp 1b):
auf der Basis von Materialien erzählen

Schriftlicher Aufgabentyp 6:
Texte nach Textmustern umschreiben

Mündlicher Aufgabentyp 3:
Gesprächsregeln einhalten
Schriftlicher Aufgabentyp 3:
begründet Stellung nehmen

Mündlicher Aufgabentyp 2b):
Gedichte gestaltend vortragen
Schriftlicher Aufgabentyp 4a):
einen literarischen Text mithilfe von Fragen untersuchen

Schriftlicher Aufgabentyp 5: einen Text nach vorgegebenen Kriterien überarbeiten

Essen verbindet 114–131

Schriftlicher Aufgabentyp 4a): einen literarischen Text mithilfe von Fragen untersuchen

Sagenhaft 132–153

Mündlicher Aufgabentyp 1b): Arbeitsergebnisse anschaulich vortragen
Schriftlicher Aufgabentyp 4b): aufgabengeleitet aus Texten Informationen ermitteln, vergleichen und daraus Schlüsse ziehen

Mündlicher Aufgabentyp 1a): Erlebnisse und Erfahrungen anschaulich vortragen

Mündlicher Aufgabentyp 1b): Arbeitsergebnisse anschaulich vortragen

Mündlicher Aufgabentyp 2a): dialogische Texte gestaltend vortragen

Wir spielen Theater 202–209

Wortarten und ihre Funktion untersuchen

Sprache betrachten 210–245

Strukturen des Satzes untersuchen

Bildung von Wörtern untersuchen

Richtig schreiben 246–279

Rechtschreibprobleme erkennen

Wortbezogene Regeln erkennen und anwenden

Satzbezogene Regeln erkennen und anwenden

Lösungsstrategien für Rechtschreibprobleme anwenden

Computer im Unterricht 280–285

Methoden und Arbeitstechniken 286–300

Basiswissen 301–312

Anhang 313–320

Schule in Aktion

1 In der Schule kannst du viel erleben. Welche Situationen sind auf den Bildern oben dargestellt? Sprecht darüber.

2 Wie würdest du jemandem, der deine Schule nicht kennt, diese vorstellen? Bereite dazu einen kurzen Vortrag vor:
Überlege, was deine Schule besonders macht. Sammle in einer Mindmap stichwortartig Ideen zum Unterricht, zu Schulfesten ...

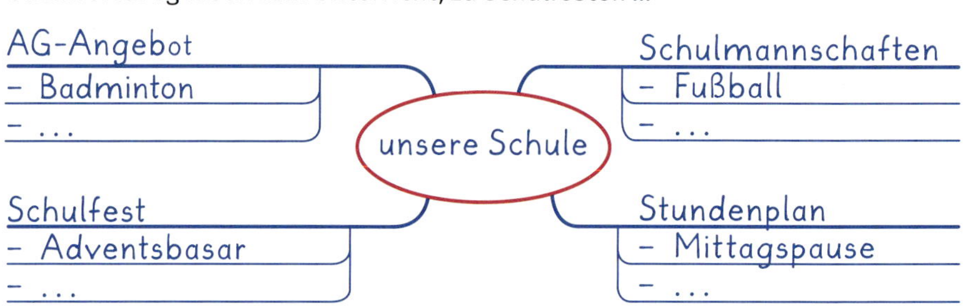

Streitschlichter/in
1. ...
2. ...

Datum: ...

Schlichtungsformular

Konfliktpartei A: ... Klasse: ...
Konfliktpartei B: ... Klasse: ...
Worum geht es (Problem)? ...
Lösungsvorschläge: ...
Neuer Termin: ...
Unterschrift A: ... Unterschrift B: ...
Unterschrift Streitschlichter: ...

3 Vergleiche deine Mindmap mit der eines Partners. Ergänze sie, wenn du bestimmte Informationen von ihm übernehmen willst.

4 Stelle nun deine Ergebnisse in der Klasse vor. Die Mitschüler überprüfen, ob sie alles verstanden haben.

5 Bildet Vierergruppen und gestaltet für eure Schule eine Bild-Collage wie auf dieser Doppelseite. Nutzt dazu eure Mindmaps.

Auf den folgenden Seiten erfährst du, was in der Schule alles los sein kann und wie du andere darüber informieren kannst. Du lernst, darüber zu berichten, z. B. in einem Schülerzeitungsbericht, und bestimmte Vorgänge, wie beispielsweise Zaubertricks, zu beschreiben.

Streitschlichter im Einsatz – einen Bericht schreiben

Lara hat von ihrer Tante eine neue Armbanduhr geschenkt bekommen. Am Montag zeigt sie diese vor der Schule stolz ihren Freundinnen Rahina und Jasmin. Jasmin ist von der Uhr besonders begeistert.

1 Seht euch den Comic genau an und erzählt euch gegenseitig, was dargestellt ist. Geht so vor:

a) Bildet Paare: Der eine erzählt, was sich ereignet hat. Der andere vergleicht die Erzählung mit den Bildern und korrigiert, falls nötig.

b) Tauscht danach die Rollen.

2 Mache dir zu den Bildern Notizen, indem du die folgenden W-Fragen beantwortest:
Was ist passiert? *Es gab Streit.* Wer war beteiligt? Wann geschah es?
Wo ereignete es sich? Wie geschah es? Warum geschah es?
Welche Folgen haben sich daraus ergeben?

3 Tauscht euch darüber aus, welche Möglichkeiten die Mädchen haben, um den Konflikt zu lösen.

Die Streitschlichter der Schule sollen Jasmin und Lara helfen, ihren Konflikt zu klären. Um sich ein Bild machen zu können, benötigen sie einen sachlichen Bericht.

Vorfall: Streit um eine Uhr
Am Montag gab es auf dem Schulhof Streit zwischen Jasmin und mir. Vor der ersten Stunde zeigte ich Jasmin und Rahina meine neue Uhr. Jasmin fand sie schön und wollte sie sich ausleihen. Nachdem es zur ersten Stunde geklingelt hatte, zog Jasmin sich die Uhr schnell an. Wir gingen gemeinsam rein. Im Klassenraum sah ich, dass die Uhr weg war. Es kam zum Streit, weil ich die Uhr wiederhaben wollte und Rahina meinte, dass Jasmin die Uhr geklaut habe. Jasmin bestritt das und fing an zu weinen. In der großen Pause gingen wir zu den Streitschlichtern.

Wann? / …

4 Überprüfe Laras Bericht. Welche W-Fragen hat sie beantwortet? Setze die Markierungen und die Notizen am Rand fort.

Folie

5 Verfasse für die Streitschlichter einen Bericht über das Ereignis aus der Sicht von Jasmin (Ich-Form). Lies die **LERNBOX** und gehe so vor:
a) Übertrage den Schreibplan rechts in dein Heft und beantworte darin stichwortartig die W-Fragen. Nutze dazu auch deine Notizen von Aufgabe **2**.
b) Schreibe mithilfe des Schreibplans deinen Bericht.

Einleitung	Was ist passiert?	Es gab Streit.
	Wer war beteiligt?	Lara, …
	Wann geschah es?	
	Wo ereignete es sich?	
Hauptteil	Wie geschah es?	
	Warum geschah es?	
Schluss	Welche Folgen haben sich daraus ergeben?	

6 Betrachte das Bild rechts und gib wieder, wie sich der Konflikt zwischen Lara und Jasmin geklärt hat. Ergänze deinen Bericht, indem du von den hier abgebildeten Folgen berichtest.

LERNBOX

So schreibst du einen Bericht:
1. Stelle das **Ereignis** so dar, dass sich ein Außenstehender ein Bild von dem **genauen Ablauf** machen kann.
2. Die **Einleitung** liefert **kurze Informationen** zu den Fragen: *Was? Wer? Wann? Wo?*
   Der **Hauptteil** liefert **genauere Informationen** zu den Fragen: *Wie? Warum?*
   Der **Schluss** nennnt **Konsequenzen**: *Welche Folgen?*
3. Formuliere **sachlich** ohne Spannungsmacher und Wertung.
4. Schreibe im **Präteritum** (*ich sah, er ging*) oder nutze das **Plusquamperfekt** (*Nachdem es geklingelt hatte, …*).

TIPPBOX

Zu 6:
Diese Formulierungshilfen kannst du für den Schluss deines Berichts nutzen:
Die Streitschlichter schlugen uns vor, dass …
Schließlich fanden wir die Uhr …
Letztlich waren wir alle …
Das führte dazu, dass …

Akrobaten und Jongleure – einen Schülerzeitungsbericht gliedern

1 **a)** Lies den folgenden Schülerzeitungsbericht: Worum geht es darin?
b) Tausche dich mit einem Partner darüber aus, warum der Text so nicht veröffentlicht werden kann.

Akrobaten und Jongleure in unserer Schule

A Katja Beyer, die Leiterin der Zirkus-AG, hatte bereits fünf Wochen lang mit ihren Akrobaten für den Auftritt geprobt.

B „Die Kinder sind in wenigen Wochen richtig fit geworden", staunte Katja Beyer.

C Auch einige bunt bemalte Clowns sorgten für Stimmung beim Publikum.

Was? *Was?*

D „Bühne frei" hieß es am Mittwoch für die kleinen und großen Stars unserer Schule. In der Mensa fand ein ungewöhnlicher bunter Abend statt.

E Viele der jungen Talente hatten vorher noch keine Erfahrung mit Akrobatik und Jonglieren gesammelt. Dennoch trauten sie sich, auf dem Seil zu tanzen, bauten sich zu Pyramiden auf und warfen Keulen in die Luft.

F Ab 19.00 Uhr präsentierten die Klassen ein buntes Programm mit zahlreichen Liedern und akrobatischen Einlagen.

G Die Zuschauer, unter denen auch viele Eltern und Freunde waren, klatschten minutenlang begeistert Beifall.

H Die musikalische Begleitung übernahm die Schülerband.

I Der Abend sollte zeigen, dass Schule mehr sein kann als Unterricht. Viele Schüler zeigten Talente, die im Alltag oft nicht zur Geltung kommen.

Folie

Seite 305

2 Bringe die Sätze A bis I in eine passende Reihenfolge, sodass ein gut lesbarer Bericht entsteht. Lies dazu die **LERNBOX** und gehe so vor:
a) Markiere zunächst die Textstellen, die Antworten auf die W-Fragen geben. Ordne die W-Fragen dabei der Einleitung, dem Hauptteil und dem Schluss zu, indem du drei verschiedene Farben verwendest.
b) Notiere mithilfe der Buchstaben A bis I eine sinnvolle Reihenfolge.
c) Vergleicht eure Ergebnisse im **Lerntempoduett** und begründet sie.
d) Schreibe nun den Bericht in der richtigen Reihenfolge in dein Heft.

LERNBOX

So gliederst du einen Schülerzeitungsbericht:

1. Der Bericht beginnt mit einer **Überschrift**.
2. In der **Einleitung** schreibst du, was passiert ist, wer daran beteiligt war sowie wo und wann es stattgefunden hat.
3. Im **Hauptteil** lieferst du genauere Informationen dazu, wie (*Wie wurde der Abend gestaltet?*) und warum (*Warum wurde der Abend durchgeführt?*) das Ereignis stattgefunden hat.
4. Im **Schluss** informierst du über die Folgen des Geschehens.
5. Die einzelnen Teile gliederst du durch **Absätze**.

TIPPBOX

Zu 2 b): So kann der Text beginnen: *Überschrift, D, F ...*
Du kannst die Sätze auch jeweils auf Papierstreifen schreiben und durch Verschieben eine passende Reihenfolge festlegen.

„Aktion Tagwerk“ – einen Schülerzeitungsbericht untersuchen

Zwei Schüler unterhalten sich im Klassenzimmer über die neue Schülerzeitung:

1 Lies die Sprechblasen.
a) Welche Berichte in der Schülerzeitung wecken besonders das Interesse der beiden Schüler? Was sind die Gründe dafür?
b) Hast du auch schon einmal eine Schülerzeitung gelesen? Erkläre einem Partner, was dich darin besonders interessiert hat oder interessieren würde.
c) Sammelt weitere Gründe, warum Schüler, Eltern und Lehrer gerne Schülerzeitungen lesen. Haltet eure Ergebnisse stichwortartig fest.

2 Die Schüler unterhalten sich über einen Bericht zum Sozialen Tag. Untersuche diesen Schülerzeitungsbericht (siehe Seite 14). Setze die Markierungen fort und gehe so vor:
a) Prüfe, ob in der Einleitung die W-Fragen *(Was? Wer? Wann? Wo?)* beantwortet werden. Halte die Antworten auf die W-Fragen stichwortartig fest.
b) Von welchen Ereignissen wird im Hauptteil berichtet? Notiere, wie und warum die Aktion stattfand.
c) Notiere, was die Folgen des Sozialen Tages waren.

Folie

Eine weitere Aufgabe findest du im Arbeitsheft.

AH, Seite 9

„Aktion Tagwerk“: Wir alle zusammen!

von Kristin Maier, Klasse 8.4

Was?

Wann? / Wo?

„Dein Tag, deine Arbeit, deine Hilfe“ – unter diesem Motto waren die meisten Schülerinnen und Schüler unserer Gesamtschule vom Unterricht befreit. Sie sollten einen Tag lang in verschiedenen Bereichen außerhalb der Schule möglichst viel Geld für einen guten Zweck erarbeiten.

Neben unserer Schule beteiligten sich vor einer Woche 1.700 Schulen an der „Aktion Tagwerk“. Mit den Einnahmen sollten Jugendliche in ärmeren Ländern, wie Afrika, Asien, Südamerika und Südosteuropa unterstützt werden.

Der Fantasie waren dabei keine Grenzen gesetzt. Viele Schüler trugen Zeitungen aus, machten sich im Haushalt oder im Garten nützlich, betreuten Kinder, führten Tiere aus oder gaben Nachhilfe. Einige Schüler halfen in Geschäften oder Tankstellen. „Ich habe in einer Eisdiele geholfen. Das war eine gute Wahl, denn ich durfte alle Eissorten probieren“, schwärmte Max (12) aus der 6.2 vom Sozialen Tag. Fredi aus der Klasse 7.4 war dagegen nachdenklicher: „Meine 85-jährige Nachbarin hatte meine Hilfe dringend nötig. Ich habe für sie eingekauft und die schweren Getränkeflaschen geschleppt. Das hätte sie alleine gar nicht hingekriegt.“ Er will auch in Zukunft der alten Frau helfen: „Es macht zufrieden, wenn man etwas Nützliches tun kann. Diese Aktion war eine richtig gute Idee!“ Carina aus der 8.1 meinte schmunzelnd: „Ich habe acht Stunden im Kindergarten gearbeitet. Das war ganz schön anstrengend, weil die Kinder einem auf der Nase herumtanzen. Jetzt verstehe ich die Lehrer, aber auch die Erzieher im Kindergarten.“

Für viele Schüler war der Soziale Tag gleichzeitig eine Gelegenheit, um in verschiedene Berufe hineinzuschnuppern. Die Lüdenscheider Geschäfts- und Firmeninhaber reagierten durchweg positiv, berichteten viele Schüler zufrieden.

Wer keine Arbeit gefunden hatte, konnte in der Schule helfen. „Wir haben endlich mal die Sporthalle aufgeräumt. Da mussten viele kaputte Sportgeräte aussortiert werden“, äußert sich Karen (10) aus der 5.3 stolz über ihre Unterstützung. „Ich habe mit Frau Wolff sogar die Mannschaftsbänder wieder mit Nadel und Faden zusammengeflickt!“

Die Einnahmen des Projektes von etwa 10.345 Euro wurden von unserer Schülervertretung eingesammelt. Der Erlös wurde einem Kinderheim in Chile gespendet. Da gab's dann auch viel Lob vom Schulleiter: „So viel uneigennütziges Engagement ist wirklich vorbildlich. Weiter so! Es gibt noch viele Menschen, die unsere Hilfe benötigen, denn wir alle zusammen können viel erreichen.“

3 Beantworte zunächst die folgenden Fragen zum Text in ganzen Sätzen:
Wer hat ihn geschrieben? Für wen wurde er geschrieben?
Wo wurde er veröffentlicht?

4 Untersuche den Bericht genauer. Gehe so vor:

a) Überprüfe, ob die Schülerin sachlich über die Aktion informiert. Begründe deine Einschätzung. Lies dazu den ersten Hinweis in der **LERNBOX** auf Seite 15.

Folie

b) Untersuche, wie die Schülerin den Bericht ansprechend gestaltet hat. Spüre Textstellen auf, die den Text lebendig machen, und unterstreiche sie. Lies dazu den zweiten Hinweis in der **LERNBOX**.

c) Beurteile, ob die Überschrift zum Inhalt passt und neugierig macht. Begründe.

5 Beurteile in einem kurzen Text, ob der Schülerzeitungsbericht gelungen ist. Begründe deine Einschätzung. Nutze dafür die Ergebnisse aus Aufgabe **4**.

6 **a)** Habt ihr an eurer Schule schon einmal eine Veranstaltung für einen wohltätigen Zweck durchgeführt? Erzählt davon.
b) Wie könnte man Geld für einen wohltätigen Zweck sammeln? Tauscht euch in der Klasse darüber aus.
c) Betrachtet die Fotos. Für welche Zwecke wurden hier Spendengelder eingesetzt? Wofür würdet ihr spenden? Begründet eure Meinung.
d) Recherchiert im Internet und sammelt Informationen zu einem bestimmten Spendenziel.

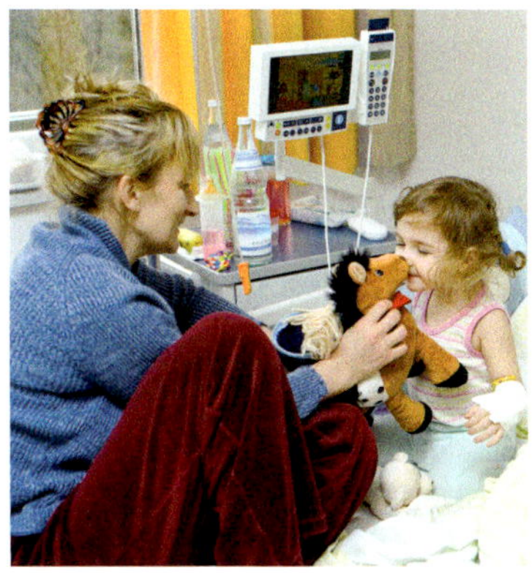

LERNBOX

Merkmale eines Schülerzeitungsberichts
Schülerzeitungsberichte informieren einerseits **sachlich**, sollen andererseits aber auch **ansprechend**, d. h. anschaulich und lebendig, geschrieben sein.

1. **So berichtest du sachlich über ein Ereignis:**
   a) Vermittle wichtige **Informationen zu den W-Fragen**.
   b) Stelle die Zusammenhänge in **sinnvoller** und **nachvollziehbarer Reihenfolge** dar: *zuerst, dann, daraufhin ...*
   c) **Wichtige Informationen** müssen im Vordergrund stehen. Verzichte auf überflüssige Informationen und spannendes Erzählen.
2. **So berichtest du ansprechend über ein Ereignis:**
   a) Beschreibe, wie das Ereignis erlebt wurde. Du kannst die **Stimmung beschreiben** (*Die Schüler hatten Spaß und waren stolz und zufrieden.*) oder Aussagen von Teilnehmern in **wörtlicher Rede** wiedergeben: *„Es macht zufrieden, wenn man etwas Nützliches tun kann."*
   b) Denke daran, dass vor allem Schüler den Bericht lesen werden. Schreibe verständlich und beziehe deine Leser in das Geschehen ein: *Die Schüler unserer Schule waren vom Unterricht befreit.*
   c) Wähle eine **Überschrift**, die neugierig macht.

TIPPBOX

Zu 4 a): Die Sachlichkeit überprüfst du, indem du untersuchst, ob
- die Informationen zu den W-Fragen wichtig sind,
- der Bericht in einer logischen Reihenfolge geschrieben wurde,
- auf Spannungsmacher und persönliche Wertungen verzichtet wurde.

Zu 4 b): Anschaulich und lebendig sind Textstellen,
- in denen wörtliche Rede benutzt wird, da der Leser auf diese Weise erfährt, wie Personen etwas wahrgenommen haben.
- in denen der Leser direkt angesprochen wird, da er sich so eingebunden fühlt.

Schüler feuern Schüler an – über ein Sportfest berichten

Ein Schülerzeitungsreporter hat sich beim Schulsportfest Notizen gemacht, um in der Schülerzeitung darüber berichten zu können.

1 Betrachte die Bilder links und lies die Notizen, um dich mit dem Verlauf dieses Sportfestes vertraut zu machen, bei dem es viele neue Disziplinen gab.

Was?

- Sportfest „Einer für alle – alle für einen“; mit neuartigen Disziplinen; am Mittwoch, 23. Mai
- Beginn der Wettkämpfe ca. 9.00 Uhr; Ende um 16.00 Uhr; ~~1. Std. fällt aus – yeah!~~
- Jugendliche kämpfen nicht für sich, sondern für die ganze Klasse
- Schüler müssen sich selbst einschätzen; bekommen nur Punkte, wenn sie sich vorher richtig beurteilt haben
- Leichtathletik: Stab- und Froschweitsprung (in der Turnhalle), Schweifballwerfen, Zeit-Schätz-Laufen (auf dem Sportplatz)
- am Nachmittag: Orientierungslauf in Gruppen und Streetbasketball
- nicht nur Sportlichkeit ist wichtig, sondern man muss auch gut überlegen
- 650 Schülerinnen und Schüler nehmen teil; voll genial
- von Lehrern und Eltern organisiert; auch Tims Oma war dabei
- Yannis: „Toll finde ich, dass jeder etwas zum Klassenergebnis beiträgt. Wir sind ein großes Team und helfen einander. Das stärkt die Klasse.“
- Luisa: „Das Sportfest hat uns allen viel Spaß gemacht und wir möchten es unbedingt im nächsten Jahr wiederholen.“
- Gewinner ist die 6.1, obwohl nur einige Vereinssportler dabei waren

2 Bei dem Sportfest wurden einige ungewöhnliche Disziplinen durchgeführt:
a) Tauscht euch zu zweit darüber aus, was Froschweitsprung, Schweifballwerfen, Zeit-Schätz-Laufen und Orientierungslauf in Gruppen bedeuten könnten.
b) Sprecht darüber, was das Besondere an diesem Sportfest ist. Welche Ziele verfolgen die Veranstalter damit?
c) Vergleicht in der Klasse eure Erklärungen zu **a)** und **b)**.
d) Sammelt eigene Ideen für besondere Disziplinen, z. B. Teebeutelweitwurf …

Folie

3 Bereite einen Schülerzeitungsbericht über dieses Sportfest vor. Gehe so vor:
a) Markiere in den Stichpunkten oben Stellen, die Antworten auf die W-Fragen geben, und schreibe die Fragen wie im Beispiel an den Rand. Markiere außerdem Informationen, die für die Leser interessant sein könnten.
b) Wähle eine Schüleräußerung aus, die du im Bericht aufgreifen möchtest.
c) Streiche Stellen, die nicht in den Bericht aufgenommen werden sollen.
Lies dazu die **LERNBOX** auf Seite 17.

4 Schreibe mithilfe deiner Ergebnisse aus Aufgabe **3** einen Bericht für die Schülerzeitung. Gehe so vor:

a) Übertrage die Tabelle unten als Schreibplan in dein Heft und notiere darin stichwortartig die Antworten auf die W-Fragen.

b) Füge die Schüleräußerung, die du aufgreifen möchtest, an geeigneter Stelle in deinen Schreibplan ein.

Struktur	Stichpunkte
Einleitung: Was? Wer? Wann? Wo?	 – Sportfest „Einer für alle – alle für einen" mit neuen Disziplinen – 650 Schülerinnen und Schüler ...
Hauptteil: Wie? Warum?	 – Selbsteinschätzung ... – ...
Schluss: Welche Folgen?	 – Stärkung der Klassengemeinschaft ...

c) Schreibe einen Entwurf deines Berichts. Beachte dabei die **LERNBOXEN** von Seite 12 und 15. Verwende das **Präteritum**. So kannst du beginnen:
„Einer für alle – alle für einen", unter diesem Motto stand das diesjährige Schulsportfest, welches am Mittwoch, den 23. Mai stattfand. Um 9.00 Uhr ...

Seite 22

5 Gestalte eine Urkunde, die den Zweck dieses Sportfestes verdeutlicht.

Eine weitere Aufgabe zum Schreiben eines Berichts findest du im Arbeitsheft. **AH, Seite 10**

LERNBOX

So streichst du überflüssige Textstellen:

1. Prüfe, welche Informationen für den Leser nicht wichtig und uninteressant sind.
2. Straffe den Bericht, indem du diese überflüssigen Informationen streichst. Nutze dafür das folgende Korrekturzeichen:
   Das Sportfest begann ~~zum Glück erst~~ um 9.00 Uhr.

TIPPBOX

Zu 2 b): Beziehe in deine Überlegungen mit ein, dass bei einem Sportfest normalerweise nur sportliche Schülerinnen und Schüler gewinnen.

Zu 4 c):
- Du musst nicht alle Sportarten auflisten. Berichte nur von denen, die für deine Leser interessant sind.
- Schreibe deinen Bericht lebendig und anschaulich, indem du z. B. die Stimmung der Schüler beschreibst: *Der Schüler Yannis war begeistert: „Toll finde ich, dass ..."*

Markt alter Bücher – über eine Schulveranstaltung berichten

1 Betrachtet das Foto. Was stellt ihr euch unter einem „Markt alter Bücher“ vor? Woher stammen wohl die vielen Bücher? Sprecht darüber.

2 **a)** Lies die Stichpunkte und markiere diejenigen, die W-Fragen beantworten und interessant sind (Folie).
b) Prüfe, ob Stichpunkte überflüssige Informationen enthalten, und streiche sie (vgl. **LERNBOX**, Seite 17).
c) Unterstreiche Äußerungen, die du in deinen Schülerzeitungsbericht über die Veranstaltung aufnehmen möchtest.

Wer?
- Schüler der 6. Klasse verkaufen Bücher
- Um Bücherspenden wurde in der Zeitung gebeten.
- Das eingenommene Geld wird an das Kinderkrankenhaus gehen.
- Freitag, 14.30 Uhr, in der Pausenhalle der Schule
- Bücher aus verschiedenen Bereichen: Romane, Krimis, Comics, Sachbücher, Kinder- und Jugendliteratur, Zeitschriften, Geschichtsbücher …
- Merle (12 Jahre): „Ich habe in 20 Minuten schon elf Bücher verkauft. Das hat Spaß gemacht. Gleich gehe ich los und gucke nach Büchern für mich.“
- Bücher sind für alle total günstig zu kaufen

Wer?
- Schüler, Eltern und Lehrer organisierten den Basar gemeinsam
- „Das Planen des Büchermarktes hat uns alle verbunden. Jeder hat seinen Teil dazu beigetragen, damit viel Geld für das Krankenhaus gesammelt werden kann“, sagte Frau Seehüps (Mutter einer Schülerin der 6. Klasse).
- Schüler übernehmen eine ganze Menge Verantwortung
- viele Besucher; was für ein Gedrängel …
- „Mit dem Basar wollen wir für alle Schüler das Buch in den Mittelpunkt stellen“ äußerte die Lehrerin Frau Gregorius. (Das finde ich richtig super!)
- 653,50 Euro durch Bücherverkauf eingenommen

3 Lege für deinen Bericht einen Schreibplan als Tabelle an (siehe Seite 17).

4 **a)** Schreibe einen Entwurf für den Schülerzeitungsbericht. Beachte dazu die **LERNBOXEN** auf den Seiten 12 und 15. So kannst du beginnen:
„Markt alter Bücher“ – so lautete das Motto des Bücherverkaufs, welcher am ____________ ab _______ Uhr in der Pausenhalle der Schule stattfand. Die Schülerinnen und Schüler der 6. Klasse …
b) Ergänze eine passende Überschrift.

TIPPBOX

Zu 4 b): z. B.: *Für Bücherwürmer und Leseratten – Basar ein voller Erfolg – Schule spendet für guten Zweck – An der Schule ist was los! – Bücher für alle*

Einen Bericht überarbeiten

Markt alter Bücher

Nachdem sich die Schüler für die Aktion ~~entschieden~~, organisierten Schüler, Lehrer und Eltern gemeinsam den Bücherbasar. Die Klasse hatte beschlossen, die Gewinne aus dem ~~coolen~~ Bücherverkauf der Kinderklinik unter dem Motto „Kinder unterstützen Kinder“ zu spenden.
In der Jahrgangsstufe 6 wurde ein Jugendbuch gelesen, um auch die Jüngeren für das Lesen zu begeistern. Daraus entstand die abgefahrene Idee, einen Bücherbasar zu veranstalten. Einfach genial! Am letzten Freitag veranstalteten die Schüler der 6. Klasse unserer Schule einen „Markt alter Bücher“ in der Eingangshalle des Schulgebäudes. Nachdem sie die Lüdenscheider per Zeitungsanzeige um Buchspenden baten, konnten sie weit mehr als 1.000 Exemplare anbieten. Romane und Unterhaltungsbücher, Kinder- und Jugendliteratur sowie Sachbücher lagen aus, aber auch Zeitschriften finden sich auf den Verkaufstischen. Plötzlich äuserte die Lehrerin Frau Gregorius: „Mit dem Bücherbasar wollen wir für alle Schüler das Buch in den Mittelpunkt stellen.“ Und dies klappt ausgezeichnet.
Der Erlöß von 653,50 Euro wird am Montag von Vertretern der Schule an die Mitarbeiter der Kinderklinik übergeben.

entschieden hatten (Plusquamperfekt)
(unsachlich)

gehört in die Einleitung

s-Laut falsch

1 Du bist Mitglied des Schülerzeitungsteams:
a) Lies den Bericht „Markt alter Bücher“.
b) Überarbeite den Text mithilfe der **CHECKLISTE**. Setze die Korrekturen fort, verwende dazu die Korrekturzeichen.
c) Schreibe den überarbeiteten Bericht in dein Heft. Achte dabei auch auf Rechtschreibung und Zeichensetzung.

Folie

Seite 23

2 Überarbeite nun deinen Text von Seite 18 mithilfe der **CHECKLISTE**.

CHECKLISTE

Einen Schülerzeitungsbericht überarbeiten

1. Gibt dein Bericht **Antworten** auf die **W-Fragen**?
2. Sind die Informationen in einer **sinnvollen Reihenfolge** angeordnet?
3. Enthält der Bericht nur **wichtige Informationen**?
4. Wo kannst du noch genauer informieren?
5. Schreibst du **anschaulich** und **lebendig**, indem du Äußerungen von Beteiligten aufgreifst oder die Stimmung beschreibst?
6. Hast du auf **persönliche Wertungen** und **Spannungsmacher verzichtet**?
7. Strukturierst du deinen Bericht durch **Absätze**?
8. Weckt die **Überschrift** Interesse?
9. Verwendest du das **Präteritum** bzw. das **Plusquamperfekt**?

TIPPBOX

Zu 1 b):
Folgende Fehler sind im Text enthalten:
- Dreimal sind Informationen nicht sinnvoll angeordnet.
- Drei überflüssige Stellen müssen gestrichen werden.
- Es befindet sich ein Spannungsmacher im Text.
- Es gibt bei vier Verbformen Fehler bezüglich der Zeitform.
- Zwei s-Laute sind fehlerhaft.

Kompetenz-Check A: einen Bericht schreiben

An einer Schule fand eine Fahrradolympiade statt. Ein Schülerzeitungsreporter hat sich Notizen gemacht, weil er in der Schülerzeitung darüber berichten will.

Wann? Was?

- Dienstag; 8.00 Uhr; Start der Olympiade auf dem unteren Schulhof; vier Klassen mit Lehrern
- Sportlehrer und Schüler der 9. Klasse haben Stationen schon aufgebaut
- ~~Gott sei Dank ist das~~ Wetter schön; 18 Grad
- es kommt nicht darauf an, schnell zu fahren; sicheres und gutes Fahren steht im Mittelpunkt
- ~~ich hoffe, alle können Fahrrad fahren; bei einigen sieht das ganz schön brenzlig aus~~

  1. Station: „Luftballontransport“ – jeder Teilnehmer bekommt einen Luftballon zwischen Po und Sattel eingeklemmt; fährt Slalomstrecke und muss Hindernisse umfahren; au weia – die Wippe ist schwierig

  2. Station: „Achterbahn“ – mit Kreide wurde eine Acht mit einer Doppellinie aufgezeichnet; Radler muss genau zwischen den Linien fahren; bei Berührung darf man nicht weiterfahren; Mustafa hat schon sieben Runden hinter sich: ein wahrer Radkünstler
- „Beim Luftballontransport haben wir die meisten Punkte geholt, obwohl alle gelacht haben, weil das so witzig aussah“, erzählt Emir.
- Justus (12 Jahre): „Ich fahre viel mit meinem Rennrad, aber Geschwindigkeit hat mir heute gar nichts gebracht. Schnelligkeit ist eben nicht alles!“
- Ende der Olympiade um 11.00 Uhr; Gewinner ist die Klasse 6.3
- Gewinn ist Fahrradsicherheitstraining bei der Polizei mit der ganzen Klasse; Klassenlehrerin übergab einen Pokal mit Süßigkeiten – genial!

Folie

1 **Verfasse** den Bericht für die Schülerzeitung. Gehe so vor:

a) Markiere zunächst die Informationen, die Antworten auf die W-Fragen geben und interessant sind.

b) Streiche alle überflüssigen und unsachlichen Informationen durch. Bedenke dabei, was deine Leser interessieren könnte.

c) Überlege, welche Informationen du zusammenfassen kannst, um deinen Bericht übersichtlicher zu gestalten.

d) Lege einen Schreibplan als Tabelle an und fülle ihn stichwortartig aus. Orientiere dich dabei an den W-Fragen.

e) Schreibe einen Entwurf deines Berichts. Verwende das Präteritum.
So kannst du beginnen: *Am Dienstag war es so weit! Gegen 8.00 Uhr startete unsere Fahrradolympiade auf dem unteren Schulhof. Alle Schülerinnen und Schüler der 6. Klasse …*

f) Überlege dir eine Überschrift, die neugierig macht.

2 **a)** Überarbeite deinen Text mithilfe der **CHECKLISTE** von Seite 19.

b) Schreibe den Bericht fehlerfrei und leserlich ab.

Kompetenz-Check B: einen Bericht schreiben

An einer Schule fand eine Fahrradolympiade statt. Ein Schülerzeitungsreporter hat sich Notizen gemacht, weil er in der Schülerzeitung darüber berichten will.

- Dienstag; 8.00 Uhr; Start der Olympiade auf dem unteren Schulhof; vier Klassen mit Lehrern
- Sportlehrer und Schüler der 9. Klasse haben Stationen schon aufgebaut
- ~~Gott sei Dank ist das~~ Wetter schön; 18 Grad
- es kommt nicht darauf an, schnell zu fahren, sicheres und gutes Fahren steht im Mittelpunkt
- ~~ich hoffe, alle können Fahrrad fahren; sieht bei einigen brenzlig aus~~

  1. Station: „Luftballontransport" – jeder Teilnehmer bekommt einen Luftballon zwischen Po und Sattel eingeklemmt; fährt Slalomstrecke und muss Hindernisse umfahren; au weia – die Wippe ist schwierig; nicht zerplatzter Ballon bringt Punkt für die ganze Klasse

  2. Station: „Ausrollen" – zehn Schüler einer Klasse radeln ca. 30 m; dann dürfen sie nicht mehr in die Pedale treten oder bremsen; Ziel ist es, einen Punkt auf der Ziellinie möglichst genau zu treffen. Das gibt viele Punkte; ich glaube, ganz genau hat's keiner geschafft.

  3. Station: „Rad-Ball" – Fabienne erzählt: „Das war für mich wirklich die schwerste Station. Man musste eine Strecke mit dem Ball in der Hand fahren und diesen dann ohne abzusteigen in einen Metalleimer schmeißen. Mein Lenker hat ganz schön gewackelt!"
- „Beim Luftballontransport haben wir die meisten Punkte geholt, obwohl alle gelacht haben, weil das so witzig aussah", erzählt Emir begeistert.
- Justus (12 Jahre): „Ich fahre viel mit dem Rennrad, aber Geschwindigkeit hat mir heute gar nichts gebracht. Schnelligkeit ist eben nicht alles!"
- gegen 11.00 Uhr ist die Olympiade zu Ende; gewonnen hat die Klasse 6.3
- Gewinn ist Fahrradsicherheitstraining bei der Polizei mit der ganzen Klasse; Klassenlehrerin übergab einen Pokal mit Süßigkeiten – genial!

1 **Verfasse** den Bericht für die Schülerzeitung. Gehe so vor:

Folie

a) Markiere zunächst die Informationen, die Antworten auf die W-Fragen geben und interessant sind.

b) Streiche alle überflüssigen und unsachlichen Informationen durch. Bedenke dabei, was deine Leser interessieren könnte.

c) Überlege, welche Informationen du zusammenfassen kannst, um deinen Bericht übersichtlicher zu gestalten.

d) Lege einen Schreibplan an und fülle ihn stichwortartig aus. Orientiere dich dabei an den W-Fragen.

e) Schreibe einen Entwurf deines Berichts. Verwende das Präteritum.

f) Überlege dir eine Überschrift, die neugierig macht.

2 a) Überarbeite deinen Text mithilfe der **CHECKLISTE** von Seite 19.

b) Schreibe den Bericht fehlerfrei und leserlich ab.

Im Blickpunkt: Sprache betrachten

Präteritum und Plusquamperfekt

A Als ich mir die Zähne putzte, ging ich zur Schule.
B Wir probten für den Zirkusabend, als wir Mathematik übten.
C Als sie jonglierte, trank sie Apfelsaft.

1 **a)** Lies die Sätze. Sie vermitteln den Eindruck, dass zwei Dinge gleichzeitig passieren. Untersuche, woran das liegt und was geändert werden muss. Tausche dich mit einem Partner über deine Ergebnisse aus.
b) Schreibe die Sätze so um, dass die richtige Reihenfolge der Handlungen deutlich wird. Lies dazu die **LERNBOX**.

Gronau putzt sich raus

Nachdem die Schüler von der Aktion „Wir packen den Müll in die Tonne“ hörten, zeigten sie großes Interesse daran, sich für die Umwelt einzusetzen. Nachdem sich in den letzten Jahren viele freiwillige Helfer für die Müllsammelaktion fanden, bat die Stadt Gronau auch dieses Jahr um tatkräftige Unterstützung. Als Anfang des Jahres die Stadt rund 150 Einladungen verschickte, hoffte sie auf viele Anmeldungen.

Allen Schülern war bekannt, dass Müll unserer Umwelt schadet und viel Abfall falsch entsorgt wird. Nachdem sie den Plan fassten, an der Aktion teilzunehmen, setzten sie die Idee schnell um. Die Klasse 6 konnte sich ihr Sammelgebiet selbst aussuchen. Nachdem die Schüler diskutierten, einigten sie sich auf die Schulumgebung.

Als die Teilnehmer das große Reinemachen beendeten, nahmen sie zum Abschluss einen gemeinsamen Imbiss auf dem Gelände des Bauhofs ein, zu dem die Stadt alle fleißigen Helfer einlud.

Folie

2 **a)** Finde im Schülerzeitungsbericht die falschen Zeitformen und markiere sie.
b) Schreibe den Text so in dein Heft, dass die Abfolge der Handlungen deutlich wird. Verwende dazu, wo es notwendig ist, das Plusquamperfekt.

LERNBOX

Vorzeitigkeit durch das Plusquamperfekt ausdrücken

1. Wenn du schriftlich berichtest, benutzt du in der Regel das **Präteritum**:
   Die Schüler nahmen am Sportfest teil.
2. Wenn in der Vergangenheit zwei Handlungen aufeinanderfolgen, verwendest du für die frühere der beiden Handlungen das **Plusquamperfekt** (siehe **Seite 216**):
   Nachdem wir die Stationen der Olympiade durchlaufen hatten (Plusquamperfekt), *fand* (Präteritum) *die Siegerehrung statt.*

TIPPBOX

Zu 2 a): Sätze, die deutlich machen sollen, dass ein Vorgang schon beendet war, als der nächste begann, fangen meist mit *als* oder *nachdem* an:
Nachdem (Signalwort) *die Schülerinnen und Schüler der Klasse 6 davon gehört hatten* (Plusquamperfekt), *führten* (Präteritum) *sie die Aktion durch.*

Im Blickpunkt: richtig schreiben

Wörter mit s oder ß – s-Laute zum Klingen bringen

das Gla(?) – hei(?) – der Spa(?) – ich sa(?) – das Lo(?) – der Gru(?) – das Moo(?) – ich la(?) – das Paradie(?) – der Krei(?) – ich lie(?) – er nie(?)t – der Spie(?) – gro(?) – er hei(?)t – das Ma(?) – fie(?)

1 a) Entscheide dich bei den Wörtern oben, ob s oder ß eingesetzt werden muss. Lies dazu die LERNBOX.
b) Bilde zu den Wörtern Verlängerungsformen und schreibe sie auf:
das Glas – die Gläser …
c) Formuliere mit jedem dieser Wörter einen Satz, z. B.:
Auf dem Adventsbasar habe ich ein Glas Tee getrunken.

Kuchen für den guten Zweck

Mehr als hundert Kuchen, Sü(1)igkeiten und andere Leckereien hatte die Klasse 6.3 der Sophie-Scholl-Realschule in die(2)er Woche in der Pau(3)enhalle aufgebaut, um sie in den gro(4)en Pau(5)en zu verkaufen. Das Angebot beinhaltete auch ein Gla(6) Tee, das hei(7) begehrt war.
Der Grund für die(8)e Aktion: Die Schüler wollten durch den Verkauf Spenden für die Kinderklinik der Stadt sammeln. Von dem Erlö(9) soll auch die Besetzung des neuen Sorgentelefons finanziert werden.
Die Aktion bewie(10), dass sich soziales Engagement auszahlt, denn neben einem gro(11)artigen Erlö(12) hatten die Schüler viel Spa(13) beim Verkauf der sü(14)en Spei(15)en. Die Schüler schlie(16)en nicht aus, dass sie solche Aktionen häufiger durchführen werden.

2 Schreibe den Text ab und ergänze die Lücken mit s oder ß.

! LERNBOX

Wörter mit s oder ß

1. Kannst du den s-Laut deutlich **summen** hören, dann wird das Wort mit **s** geschrieben: *das Glas – die Gläser.*
2. Kannst du den s-Laut deutlich **zischen** hören, schreibst du das Wort mit **ß**: *der Fuß – die Füße.*
3. **Einsilbige Wörter** musst du **verlängern**, um die s-Laute zum Klingen zu bringen:
   Bei **Nomen** bildest du die **Pluralform**:
   der Ausweis – die Ausweise, der Gruß – die Grüße.
   Bei **Verben** bildest du die **Pluralform** (*wir*) oder den **Infinitiv**:
   er reist – wir reisen, er beißt – beißen.
   Bei **Adjektiven** bildest du den **Komparativ** (Steigerungsform):
   süß – süßer.

TIPPBOX

Zu 2:
Wenn du unsicher bist, wie du die Lückenwörter ergänzen sollst, bringe die s-Laute zum Klingen. Verlängere dazu die Wörter, falls nötig:
- Hörst du den s-Laut summen, setze s ein: *die Maus – die Mäuse.*
- Hörst du den s-Laut zischen, setze ß ein: *das Maß – die Maße.*

Lernbegleitbogen *Schule in Aktion*: einen Bericht schreiben

Kompetenz / Inhalt Ich kann …	Selbsteinschätzung ☺ 😐 ☹	Fremdeinschätzung ☺ 😐 ☹	Bemerkungen	Hier kannst du weiterüben:
über einfache Sachverhalte informieren (S. 8–9)				
anhand von Bildern W-Fragen beantworten (S. 10)				
die Antworten auf die W-Fragen der Einleitung, dem Hauptteil und dem Schluss zuordnen (S. 11)				
Teile eines Schülerzeitungsberichts in eine sinnvolle Reihenfolge bringen (S. 12)				AH, S. 9
aus einem Bericht Antworten auf die W-Fragen herausarbeiten (S. 13)				
Merkmale eines Schülerzeitungsberichts herausarbeiten: Sachlich schreiben (S. 14–15) – W-Fragen beantworten – sinnvolle Reihenfolge einhalten – Verzicht auf Spannungsmacher und persönliche Wertungen Ansprechend schreiben (S. 14–15) – wörtliche Rede nutzen – Adressatenbezug – Überschrift, die neugierig macht				
erarbeiten, welche Informationen für einen Schülerzeitungsbericht wichtig sind (S. 16)				
anhand von Notizen einen eigenen Bericht schreiben (S. 17, 18): – einen Schreibplan anlegen – einen Entwurf schreiben				AH, S. 10 AH, S. III, IV
einen Bericht überarbeiten (S. 19)				
Vorzeitigkeit durch das Plusquamperfekt ausdrücken (S. 22)				SB, S. 216 AH, S. 45–46
s-Laute durch Wortverlängerungen zum Klingen bringen (S. 23)				SB, S.255 AH, S. 64

AH = Arbeitsheft, SB = Schülerband

Trainiere die Kompetenzen, bei denen du selbst oder ein anderer ein 😐 oder ☹ eingetragen hat. Tipps zum Üben findest du in der letzten Spalte.
→ Überprüfe anschließend dein Wissen und Können, indem du einen der **Kompetenz-Checks** bearbeitest: **Kompetenz-Check A** (Seite 20) oder **Kompetenz-Check B** (Seite 21). Vergleiche dein Ergebnis mit dem Mustertext im Lösungsheft.

Zauberhafte Karte – einen Kartentrick beschreiben

Johannes kennt einen Zaubertrick mit Karten. In der Projektwoche führt er ihn den anderen Mitgliedern der Zirkus-AG vor.

Johannes: Vielleicht können wir diesen Trick für unseren Zirkusabend verwenden. Er heißt „Zauberhafte Karte“ und man braucht dazu nur ein einfaches Kartenspiel. Ich erkläre mal. Silja, magst du gleichzeitig mitmachen?
Silja: Gerne! Hier sind die Karten. Die mische ich jetzt gründlich. Und nun? 1. Schritt
Johannes: Jetzt lässt du Nils eine Karte seiner Wahl ziehen. Du behältst die Karten aber in deiner Hand.

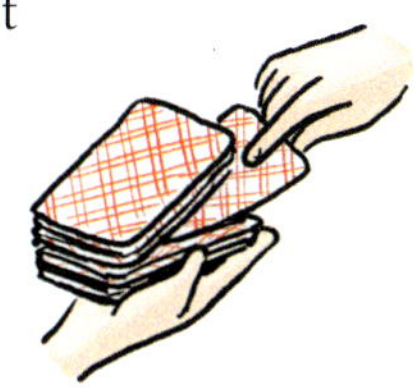

Nils: Okay, ich nehme eine aus der Mitte.
Johannes: Nils, schaue dir die Karte an und merke sie dir. Silja, während Nils sich die Karte anschaut, blickst du ganz schnell und unauffällig auf die unterste Karte deines Stapels. Merke sie dir.
Silja: Nils, lege deine Karte bitte oben auf meinen Kartenstapel. Und nun?
Johannes: Jetzt teilst du den Kartenstapel etwa in der Mitte. Achte darauf, dass du die untere Hälfte in der linken Hand hältst. Nun legst du diese untere Hälfte aus der linken Hand auf die andere Hälfte in deiner rechten Hand.

Silja: Alles klar, das hab ich gemacht.
Johannes: Danach legst du die Karten wie einen Fächer mit der Bildseite nach oben auf den Tisch. Nun suchst du nach der Karte, die du dir gemerkt hast. Die Karte, die auf dieser Karte liegt, ist die von Nils.
Silja: Tatatata! Das ist sie!
Nils: Richtig. Ich finde den Trick toll!

1 **a)** Lies den Text und mache dir den Ablauf des Tricks klar, indem du Textstellen markierst, die für den Vorgang wichtig sind. Notiere am Rand die Schritte. **Folie**
b) Erkläre einem Partner den Trick anhand deiner Notizen. Er ergänzt, falls nötig.

2 **a)** Schreibe nun die Zaubertrickanleitung. Lies dazu die **LERNBOX**.
b) Lies deine Anleitung in der Klasse vor. Parallel dazu führt ein Mitschüler jeden Schritt aus, um die Anleitung zu überprüfen.

Eine weitere Aufgabe zur Beschreibung eines Vorgangs findest du im Arbeitsheft. **AH, Seite 11–12**

LERNBOX

So beschreibst du einen Vorgang:

1. Du nennst die benötigten **Materialien**.
2. Du beschreibst den **Ablauf** des Vorgangs **genau** und in der richtigen Reihenfolge.
3. Einen Vorgang beschreibst du im **Präsens**.
4. Mache nach der **Materialliste** und den einzelnen Schritten jeweils einen **Absatz**.

TIPPBOX

Zu 2 a): Mögliche Satzbausteine:
Der Kartentrick heißt … / Man benötigt dazu … / Als Erstes muss man die Karten … / Anschließend lässt man … / Während der Zuschauer … / Dann blickt man unter … / Man teilt den … / Danach legt man …

Papier herstellen – eine Bastelanleitung schreiben

Während der Projektwoche soll Papier hergestellt werden. Zunächst müssen sich die Schüler um die Bastelanleitung kümmern.

A Eingeweichte Schnipsel mit dem Mixer verrühren, bis grauer Brei entsteht.

B Wasser aufkochen, in die Wanne füllen und Schnipsel hinzugeben. Mit dem Löffel verrühren und einweichen lassen.

C Schwammtücher vom Papier lösen und aufpassen, dass das Papier dabei nicht einreißt.
Jetzt hast du Papier hergestellt.

die Kunststoffwanne

D Zeitung in 3–4 cm große Schnipsel zerreißen.

E Das feuchte Papier mit einem Schwammtuch abdecken, zweites Holzbrett darauflegen und das Wasser herauspressen.

F Das obere Holzbrett entfernen und auf dem Schwammtuch die Papiermasse trockenbügeln.

der Schöpfrahmen

G Schöpfrahmen ganz in die Schöpfwanne eintauchen. Schöpfrahmen waagerecht aus der Wanne heben und die Papierreste vom Rand entfernen.

H Holzbrett auf gerade Unterfläche legen, dünnes Schwammtuch darauflegen und das geschöpfte Papier aus dem Schöpfrahmen auf das Tuch stürzen.

I Materialliste:
- alte Zeitungen
- Wasser
- Mixer
- Kunststoffwanne
- Löffel
- Schöpfrahmen
- dünne Schwammtücher
- Bügeleisen
- zwei Holzbretter
- Wasserkocher

1 Die Zettel sind Teile einer Anleitung, mit der man Papier herstellen kann. Bringe sie in die richtige Reihenfolge. Gehe so vor:
a) Lies die Zettel und tausche dich mit einem Partner darüber aus, was bei der Papierherstellung zu tun ist.
b) Notiere mithilfe der Buchstaben A bis I die richtige Reihenfolge der Anleitung.
c) Vergleiche dein Ergebnis mit dem des Partners.

TIPPBOX

Zu 1: Du kannst dir das Video „So stellst du Papier her!“ anschauen, um dir den Vorgang klarzumachen (www.westermann.de/123691-video).

Lernbegleitbogen *Schule in Aktion*: einen Vorgang beschreiben

Kompetenz / Inhalt Ich kann ...	Selbsteinschätzung ☺ 😐 ☹	Fremdeinschätzung ☺ 😐 ☹	Bemerkungen	Hier kannst du weiterüben:
eine Zaubertrickanleitung schreiben (S. 25)				AH, S. 11–12 AH, S. I, II
Textteile einer Bastelanleitung in die richtige Reihenfolge bringen (S. 26)				
anhand von Notizen eine Bastelanleitung schreiben (S. 27): – einen Schreibplan anlegen – eine Überschrift formulieren – eine Materialliste erstellen – die Arbeitsschritte verständlich formulieren und übersichtlich darstellen – einheitliche Anredeformen verwenden				AH, S. I, II
eine Bastelanleitung überarbeiten (S. 28)				
einen erzählenden Text erschließen und Fragen zum Inhalt beantworten (S. 31–32)				

AH = Arbeitsheft, SB = Schülerband

Trainiere die Kompetenzen, bei denen du selbst oder ein anderer ein 😐 oder ☹ eingetragen hat. Tipps zum Üben findest du in der letzten Spalte.

→ Überprüfe anschließend dein Wissen und Können, indem du einen der **Kompetenz-Checks** bearbeitest: **Kompetenz-Check A** (Seite 29) oder **Kompetenz-Check B** (Seite 30). Vergleiche dein Ergebnis mit dem Mustertext im Lösungsheft.

Tiefseeabenteuer

1 Schau dir das Bild an und beschreibe, was du entdeckst:
- Wo befinden sich die Kinder?
- Worauf stoßen sie?
- Was erkennst du unter der Wasseroberfläche?
- ...

Folie

2 Was könnten Justus und Samir sagen, als sie das merkwürdige Gefährt entdecken? Was könnte der Hund denken? Fülle die Sprechblasen und die Gedankenblase.

3 Stelle Vermutungen darüber an, wie die Kinder und ihr Hund an Bord des Gefährts kommen könnten.

4 **a)** Plane eine Geschichte, in der du erzählst, wie die Kinder und ihr Hund auf die Aquafähre *Seeigel* gelangen. Lege dazu eine Erzählkarte wie im Beispiel rechts an.
b) Sucht euch einen Partner und stellt euch gegenseitig eure Ideen vor.

Personen: Caro, Samir, Justus, Hund Einstein
Handlung:
- Kinder spielen im Urlaub am Strand
- Caro entdeckt merkwürdiges Fahrzeug im Wasser
- Kinder und Einstein wollen Fahrzeug erkunden

Auf den folgenden Seiten geht es um die Tiefseeabenteuer der Freunde Caro, Samir, Justus und ihres Hundes Einstein. Du lernst in diesem Kapitel, wie du eine spannende Abenteuergeschichte nach Vorgaben schreibst.

Der Weg zum *Seeigel* – mündlich erzählen

Hier erzählt eine Schülerin, wie die drei Freunde und Einstein zum *Seeigel* kommen:

„Also, alles hat damit begonnen, dass die Freunde Caro, Samir und Justus zusammen am Meer Urlaub gemacht haben. Natürlich war auch Caros Labrador Einstein mit dabei. Alle haben fröhlich am Strand gespielt. Sie haben ja nicht ahnen können, was sie an diesem Tag noch Aufregendes erleben würden! Wie immer ist Einstein am Strand hin und her gesaust und ständig ins Wasser gelaufen. Das machen Labradore nämlich gerne. Sie finden Wasser absolut toll und sind prima Schwimmer. Sie haben sogar Schwimmhäute!

Es war ein herrlicher Sommertag, doch dann hat Caro plötzlich ganz hektisch aufs Meer gezeigt und gerufen: „Justus, Samir, seht mal! Was ist denn das?“ Daraufhin haben auch die beiden anderen intensiv aufs Wasser gestarrt. Selbst Einstein hat ganz aufmerksam geguckt. „Das sieht wie ein Boot mit Schornstein aus“, hat Justus gemeint. „Na bestens! Wir werden das näher erkunden. Los, kommt mit!“, hat Samir gerufen. Er hat das einfach superspannend gefunden, aber Justus war etwas ängstlich. Gemeinsam haben sie nun darüber nachgedacht, wie sie zu dem merkwürdigen Ding kommen sollten. Um zu schwimmen, war der Weg nämlich zu weit. Einstein sollte natürlich auch mit. Ist doch klar, dass sie ihren Hund nicht alleine lassen! Sie haben hin und her überlegt. Schließlich hat Justus vorgeschlagen, dass sie sein Schlauchboot nehmen könnten. Nur war darin nicht genug Platz für alle. Was sollten sie also tun?

Kein Problem, es gab ja Einstein! Und Einstein ist der verfressenste Hund der Welt! Bald hatten sie den perfekten Plan. Als Erstes haben sie das Schlauchboot ins Wasser gelassen. Nacheinander sind Samir und Justus eingestiegen. Zum Schluss dann Caro. Einstein hatten sie sein Hundegeschirr angelegt und die Leine daran befestigt. Caro hat nun mit der einen Hand Einsteins Leine gehalten und mit der anderen Hand eine Angelrute. An der Angelschnur hatte sie Einsteins Lieblingsleckerchen festgemacht. Los ging's! Caro brauchte jetzt nur Einstein das Leckerchen vors Maul zu halten. Einstein ist sofort voller Eifer ins Wasser gesprungen und darauf zugeschwommen, konnte es aber natürlich nicht erreichen. Da Caro auch seine Leine gehalten hat, hat der Hund das Schlauchboot mit den Kindern in Höchstgeschwindigkeit durchs Wasser gezogen – und zwar auf das merkwürdige Ding zu. Caro musste nur die Angelrute in die Richtung halten, in die sie wollten. Wahnsinn! Das hat allen riesigen Spaß gemacht! Viel schneller, als sie gedacht haben, sind sie am Ziel angekommen. Aus der Nähe haben sie gut erkennen können, dass das Ding eine Art U-Boot war. An der Seite des U-Boots war der Name *Seeigel* zu lesen. Sie hatten ihr Ziel erreicht. Neugierig sind die Freunde auf das Gefährt geklettert. Auch Einstein haben sie aus dem Wasser an Bord gehoben. Dort hat er dann endlich auch sein Leckerchen bekommen.“

1 Höre dir die Geschichte an. Wie gefällt sie dir? Begründe deine Meinung. Nenne dazu Stellen, die dir besonders aufgefallen sind.

2 Untersuche die Geschichte genauer:
a) Erläutere, wie es den Freunden gelungen ist, zum *Seeigel* zu kommen.
b) Wie gefällt dir diese Lösung? Begründe deine Meinung.
c) An einigen Stellen hätte die Schülerin sich kürzer fassen können.
Nenne diese Stellen und erkläre, warum sie unnötig sind.

3 Erzählt euch eigene Geschichten mithilfe eurer Erzählkarten (siehe Seite 35):
a) Übt eure Geschichten zunächst in einem **Erzähltandem**. Gebt euch dabei gegenseitig Rückmeldung zu den einzelnen Punkten im ersten Teil der **LERNBOX**.
Seite 303
b) Bildet Vierergruppen und tragt euch nacheinander eure Geschichten vor. Wählt anschließend einen Erzählvortrag aus, der vor der Klasse gehalten werden soll. Achtet bei der Auswahl darauf, dass die Kriterien der folgenden Zielscheibe besonders gelungen sind.

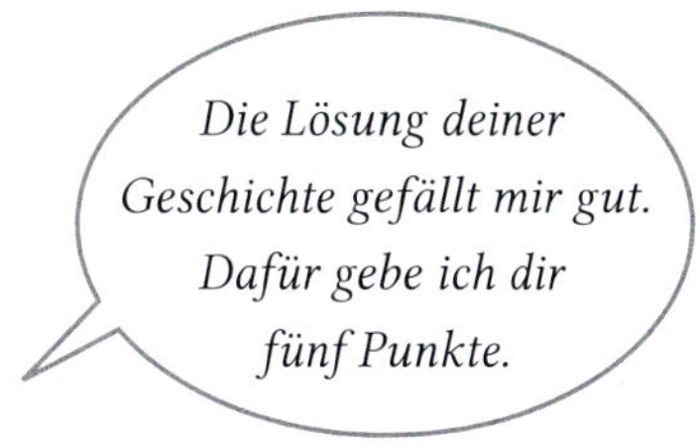

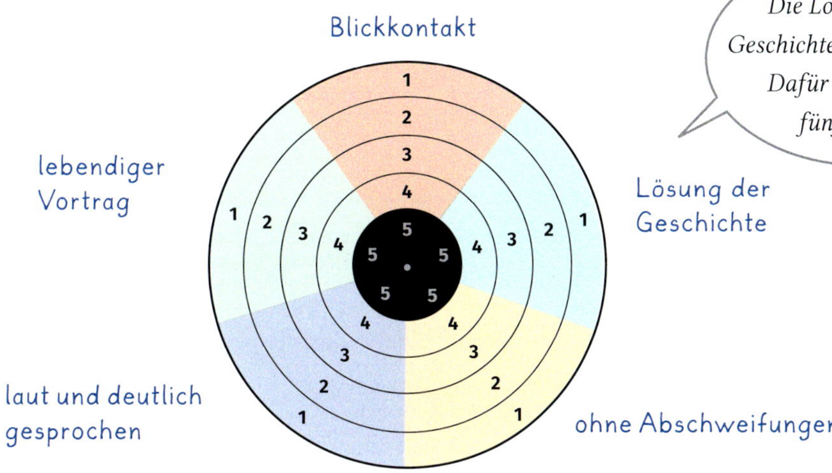

c) Setzt euch in der Klasse in einen Erzählkreis und tragt die ausgewählten Geschichten vor. Erläutert anschließend anhand der Kriterien der Zielscheibe, wie euch die Erzählvorträge gefallen haben (siehe zweiter Teil der **LERNBOX**).

! LERNBOX

So erzählst du mündlich spannende Erlebnisse:

1. Achte auf den **Inhalt** deiner Erzählung:
   - Ist das dargestellte Erlebnis **erzählenswert** (*lustig, aufregend, ungewöhnlich*)?
   - Enthält die Geschichte **keine Abschweifungen**?
2. Achte auf die **Erzählweise** bei deinem Vortrag:
   - Trage deine Erzählung **lebendig** vor, indem du Pausen machst, Wichtiges betonst und Stimmungen (z. B. *Angst, Ungeduld* ...) anschaulich wiedergibst.
   - Sprich **laut** und **deutlich**.
   - Halte mit deinen Zuhörern **Blickkontakt**.

So gibst du Rückmeldung mit der Zielscheibe:

- Jeder Bereich steht für ein Kriterium, auf das du achten sollst (z. B. *Blickkontakt*).
- Jeder Bereich ist in **Punkte** eingeteilt: von 5 (sehr gut) bis 1 (noch ausbaufähig).
- Kreuze nach dem Erzählvortrag in jedem Bereich an, wie du ihn bewertest (Folie).

Abgetaucht! – die Handlung einer Erzählung untersuchen

Seite 288–289 Folie

1 Erschließe den folgenden Text mit der **Lesemethode für erzählende Texte.**

An Bord des *Seeigels*

Ankunft auf dem Seeigel

Neugierig sahen sich Caro, Samir und Justus auf dem seltsamen Gefährt um, während Einstein aufgeregt überall schnüffelte. Wie sollten sie sich bemerkbar machen? Caro begann, an die Außenhülle der Kapsel zu klopfen. Aber nichts tat sich. „Hallo! Hört uns jemand?", riefen die drei. Justus wippte unruhig auf den Füßen. Ihm war absolut nicht wohl bei der Sache. „Caro, dort oben scheint eine Luke[1] zu sein. Ich nehme dich auf die Schultern und du schaust, ob du etwas erkennen kannst", schlug Samir vor. Sofort schnappte er sich Caro und hob sie auf seine Schultern, sodass sie in das Innere der Kapsel spähen konnte. „Kannst du was erkennen?", fragte er ungeduldig. „Seid mal ruhig! Ich glaube, ich habe was gehört", flüsterte Justus ängstlich.

Eingangstür öffnet sich

Im gleichen Augenblick tat sich langsam eine Tür auf. Nach und nach öffnete sich der Eingang, aus dem jede Menge Dampfwolken stiegen. Allmählich nahmen die Freunde eine Gestalt wahr. Wer kam da auf sie zu? Vorsichtig traten die drei zurück und Samir ließ Caro unsanft auf den Boden plumpsen. „Aua, pass doch auf!", zischte sie. Nur Einstein lief dem Unbekannten freudig entgegen.

„Na, wen haben wir denn da? Ist doch jemand auf mich aufmerksam geworden?", sprach eine tiefe Stimme die Freunde an. Noch immer konnten sie die Gestalt nicht genau erkennen. „Tretet ein und schaut euch um!" Allmählich ließ der Dampf nach und man konnte wieder etwas sehen. Was für eine lustige Erscheinung stand da vor ihnen! Ein kleines rundliches Männchen mit einem breiten Schnurrbart und einem grauen Haarzopf, das sie freundlich anlächelte. „Ich bin Professor Fischgold, von Beruf Tiefseeforscher, und dies ist mein *Seeigel*. Der alte Kasten hat so seine Tücken[2], deshalb musste ich auch auftauchen. Aber jetzt habe ich ihn wieder flottbekommen. Wer hätte gedacht, dass er sich mit heißem Wasser im Tank wohlfühlt!" „Aha!", dachte Samir, „daher kamen also die Dampfschwaden!"

[1] die Luke: eine Fensteröffnung

[2] die Tücke: Problem, Macke

3 Setze die Geschichte fort. Erzähle darin, wie der *Seeigel* befreit wird und was sich in der Schatzkiste befindet. Die Geschichte soll gut ausgehen, denn der *Seeigel* und seine Besatzung sollen die Fahrt nach *Aquatanien* fortsetzen.

a) Sammle Ideen für deine Geschichte. Lege dafür eine Tabelle wie im Beispiel an. Lies dazu die **LERNBOX**.

Erzählschritte	Hilfsfragen	Meine Antworten / Ideen
Ausgangssituation	Was ist mit dem Seeigel passiert?	- Seeigel hängt an Schatzkiste fest
Lösungsmöglichkeit	Wie wird der Seeigel befreit?	- Delfine ziehen am Anker - ...
Handlung	Wer ist beteiligt? Was erleben die Personen?	- Professor Fischgold, Kinder, Einstein, Delfine ... - ...
	Was ist in der Schatzkiste?	- Gold, Schmuck ...

b) Halte deine Ideen zur Handlung in Stichpunkten in einem Schreibplan fest.

Schreibplan

Justus (ängstlich): „Jetzt sitzen wir auch noch unter Wasser fest!“

Seeigel hängt mit Anker an Schatzkiste → Seeigel wird befreit, indem ... → Inhalt der Schatzkiste: ... → ...

4 Schreibe mithilfe der **LERNBOX** von Seite 41 deine Geschichte. Achte darauf, anschaulich und spannend zu formulieren. Nutze dazu das Wortmaterial auf Seite 44.

! LERNBOX

So planst du eine Erzählung:

1. Lege eine **Tabelle** an und fülle sie so aus:
   a) Notiere die **Ausgangssituation: Was** ist passiert?
   b) Sammle **Ideen**:
      – Welche **Lösungsmöglichkeiten** gibt es?
      – **Wie** kommt es zur Lösung? **Wer** ist beteiligt?
      – **Was** gibt es zu entdecken / **Was** geschieht?
2. Wähle aus der Tabelle die Ideen aus, die du ausgestalten willst, und lege einen **Schreibplan** an:
   a) Formuliere Stichpunkte.
   b) Füge Gedanken und wörtliche Rede ein.

TIPPBOX

Zu 3 a): Stichwörter zur Planung deiner Geschichte:

– **Befreiung** des *Seeigels*: *Schwertfisch nagt am Anker / Kiste bricht auseinander / ein Bohrer / Delfine ziehen ihn*
– **Inhalt** der Schatzkiste: *Gold, Schmuck, alte Flaschen, ein Fotoalbum, Schuhe, sie ist leer, alte Handys, Wohnung eines Tiefseebewohners*

Geschichtenerzählmaterialkammer

Neugierwecker und Vorausdeuter: Schon immer wollte Justus einmal die Tiefsee erkunden, deshalb ... / Jetzt bot sich ihnen endlich die Gelegenheit, auf Tiefseetour zu gehen und dabei ... / Was sie in der Höhle wohl erwarten würde?

Irgendetwas ging hier vor. / In *Aquatanien* war etwas geschehen, mit dem keiner von ihnen gerechnet hatte. / Keiner konnte sich vorstellen, was dann passierte ... / Wenn sie das vorher gewusst hätten, wären sie nicht mitgegangen. / Was sie dann sahen, hätten sie sich im Traum nicht vorstellen können. / Sie ahnten nicht, dass sie bald ... / Gleich sollten sie die Gelegenheit haben, eine ganz andere Welt zu entdecken, nämlich ...

Mitfühler (wörtliche Rede/Gedanken und Gefühle): „Was soll ich als Nächstes tun?“, fragte Justus. / Samir murmelte: „Das ist wirklich unglaublich!“ / „Ihr seid ein tolles Team“, sagte Professor Fischgold, „so wie ihr mich unterstützt habt!“ / „Das glaubt mir keiner!“, dachte Caro. / Justus wurde ganz schlecht. / Sie waren sehr aufgeregt. / Er war sehr stolz auf seinen Einfall. / Sie fragte sich: „Was wird in *Aquatanien* wohl passiert sein?“

beschreibende Adjektive: mutig / beherzt / entschlossen / unverzagt / furchtlos / forsch / wagemutig / draufgängerisch / kühn / aufgeregt / wissbegierig / neugierig / fröhlich

treffende Verben: eintauchen / überqueren / durchqueren / balancieren / gleiten / betreten / sich trauen / gluckern / zurückschrecken / erforschen / erkunden / entdecken / etwas bzw. jemanden erkennen / etwas bzw. jemanden treffen / kennenlernen / etwas bzw. jemanden befreien / etwas öffnen

Spannungswörter: plötzlich / schlagartig / aus heiterem Himmel / völlig überraschend / augenblicklich / auf einmal / genau in diesem Moment / gerade als / allmählich

Zeitdehner: Während sie weiterliefen, ging Caro durch den Kopf, dass ... / Um sie herum nahmen sie immer mehr wahr, wie z. B. die bunten Höhlenwände ... / Sie glitten gemächlich durchs Wasser, sammelten einen Schwamm nach dem anderen ein, sahen dabei den Nixen beim Tanzen zu ...

Zeitraffer: Nach einigen Stunden ... / Mehrere Minuten später ... / Als sie am Ziel angekommen waren, ...

Auf dem Weg nach *Aquatanien* – eine spannende Erzählung schreiben

Caro, Samir, Justus und Einstein begleiten weiterhin Professor Fischgold auf dem Weg nach *Aquatanien*. Was sie unterwegs erleben, bestimmst du in deiner Tiefseegeschichte.

1 Lies die folgenden Geschichtenanfänge. Überprüfe anhand der Bilder von Seite 42, für welche Erlebnisse sich die Schüler entschieden haben.

A Schon wieder wurde ihre Rettungsaktion unterbrochen. Anstatt mit Vollgas durch die Tiefsee zu schießen, befanden sie sich plötzlich in einem großen schwarzen Loch. War das etwa ein Unterwassertunnel? „Oh nein! Ich bin eingeschlafen und der Autopilot hat versagt", rief der Professor erschrocken, „nun sind wir in der Unterwasserhöhle gelandet!" Und wieder begann ein neues Tiefseeabenteuer, denn …

B Der Seeigel kam gut voran. Doch kurz vor dem Ziel tauchte plötzlich ein finster aussehendes U-Boot auf, auf das eine Piratenflagge aufgemalt war. „Das muss Käpten Seetang mit seinen Piraten sein", rief der Professor entsetzt, „der hat nie etwas Gutes im Sinn!" Caro, Justus, Samir und Einstein fürchteten sich nicht. Sie hatten schon einen Plan, um die Piraten zu überlisten. Zuerst würden sie …

2 Schreibe deine eigene Tiefseegeschichte. Setze Anfang A oder B fort oder wähle selbst ein Ereignis von Seite 42 aus, über das du schreiben möchtest.
a) Sammle Ideen zu deiner Geschichte. Lege dazu eine Tabelle an. Orientiere dich an der **LERNBOX** auf Seite 43.
b) Lege einen Schreibplan an und halte darin in Stichpunkten deine Ideen zur Handlung fest.

3 Schreibe mithilfe der **LERNBOX** von Seite 41 den Entwurf deiner Tiefseegeschichte. Passende Wörter findest du auf Seite 44. Ergänze am Schluss eine spannende Überschrift.

4 Denke dir eine weitere Geschichte aus und schreibe sie auf: Wem könnte der *Seeigel* noch begegnen? Was könnte noch auf der Reiseroute passieren?

Eine weitere Schreibaufgabe findest du im Arbeitsheft. **AH, Seite 13–15**

TIPPBOX

Zu 2 a): Wenn du Anfang A oder B fortsetzt, kannst du unter folgenden Hilfsfragen auswählen: Was ist passiert? / Wem begegnen sie? / Was passiert in der Höhle? / Was wollen die Piraten? / Wie können sie sich retten? / Wer hilft ihnen? / Welche Gegenstände sind hilfreich?
Zu 3 : Wähle eine Überschrift aus und ergänze sie so, dass sie deine Leser neugierig macht: *Abenteuer in dem … / In der … / Der Kampf mit … / Begegnung mit …* Setze dazu ein passendes Adjektiv ein, z. B.: *Die unheimliche / unglaubliche / wundervolle / aufregende Unterwasserhöhle.*

Otto, der Schwammtaucher – eine Erzählung überarbeiten

zu ausführlich! Hier kannst du etwas streichen.

Gleich war es so weit! Justus war mit Otto, dem Schwammtaucher, verabredet. Vor einer Stunde wurde der Professor auf der Fahrt nach Aquatanien von Otto angefunkt. Der fragte, ob ihm jemand helfen könne. Sein Mitarbeiter hatte nämlich Tiefsee-Grippe und konnte nicht arbeiten. Um nicht noch mehr Zeit zu verlieren, ließ sich Justus bei Otto absetzen. Er hatte nämlich noch nie von Schwammtauchern gehört. Wie so ein Schwammtaucher wohl arbeitete?

Beschreibe die Begegnung.

durch treffendes Verb ersetzen

wörtliche Rede einfügen

Justus hatte den Spezialanzug, den Professor Fischgold ihm geliehen hatte, an. Auch Otto hatte einen solchen an. Gemeinsam glitten sie durch das Wasser. Justus kam aus dem Staunen nicht mehr heraus. Rundherum konnte er Erstaunliches entdecken: Zunächst stupste ihn ein neugieriger Tintenfisch an und fragte ihn, wer er sei. Plötzlich stand er vor einer Seekuh, die unbedingt mit ihm Fangen spielen wollte.

durch treffendes Verb ersetzen

Nachdem sie einige Zeit vor sich hingeschwommen waren, standen sie vor der Schwammsiedlung. Die einzelnen Schwämme bildeten zusammen einen Schwammbusch. „Hallo Otto, wen hast du denn da mitgebracht?“, fragte einer der Schwämme. „Darf ich vorstellen: Dies ist Justus. Er ist gerade mit Professor Fischgold unterwegs“, sagte Otto, „aber heute arbeitet er mit mir.“ „Nun, dann soll er mich doch pflücken. Er ist jung und hat noch zarte Hände“, sagte der Schwamm. „Prima Idee, dann leg mal los, Justus! Du musst den gesamten Schwamm fassen und ihn mit einem Ruck abpflücken“, sagte Otto.

durch treffendes Verb ersetzen

Langsam ging Justus auf den Schwamm zu. Seine Hände zitterten. Sein Herz klopfte. Wie sich der Schwamm wohl anfühlte? War er stachelig? War er weich? Oder etwa glitschig? Sein Auftrag wurde ihm doch ein wenig unheimlich. Kräftig atmete er ein. Dann streckte er seine Hände aus, packte den Schwamm , holte noch einmal tief Luft und hielt ihn in den Händen. „Das hast du sehr sanft gemacht. Danke!,“ sagte der Schwamm.

wörtliche Rede

durch treffendes Verb ersetzen

Justus fragte, was nun mit dem Schwamm passiere. „Eine der Nixen hat ihn als Sitzkissen bestellt. Bei ihr liefern wir ihn dann gleich ab“, sagte Otto. „Ich bin nämlich besonders weich und bequem und freue mich auf die Gesellschaft der Nixen“, sagte der Schwamm.

Spannungswort ergänzen

Einige Stunden später war es dann so weit. Justus konnte seinen Schwamm bei den Nixen abliefern. Und Otto brachte ihn nach Aquatanien.

1 **a)** Erkläre, wodurch die Reise nach *Aquatanien* diesmal unterbrochen wird.
b) Was erfährst du über die Arbeit des Schwammtauchers?

2 Überarbeitet die Erzählung in einer **Schreibkonferenz** (drei Personen) mithilfe der **CHECKLISTE** und der Tipps am Rand des Textes.

Seite 308

a) Teilt die Überprüfungsaspekte 1. bis 6. der **CHECKLISTE** unter euch auf und beschriftet jeweils eine Textlupe mit dem Aspekt, auf den ihr besonders achten wollt (siehe Seite 41).

b) Untersucht in Einzelarbeit die Erzählung nach dem Aspekt, der auf eurer Lupe steht. Hakt ab, wenn der Aspekt erfüllt wurde, setzt ein Korrekturzeichen an die Stelle, wo ihr noch etwas überarbeiten könnt.

Folie

c) Wenn ihr mit allen Textlupen gearbeitet habt, sammelt in der Schreibkonferenz eure Rückmeldungen:
Der Inhalt der Erzählung passt gut, weil … / Ich habe folgende Spannungswörter gefunden: … / An diesen Stellen können noch Mitfühler eingesetzt werden … / Die Überschrift muss noch ergänzt werden …

d) Überprüft in der Erzählung auch die Aspekte 7. und 8. der **CHECKLISTE**.

e) Überarbeitet die Textstellen, an denen noch etwas ergänzt werden könnte.

Seite 50

3 Überarbeitet eure eigenen Tiefseegeschichten ebenfalls mit den Textlupen.

4 Finde im Text einen Zeitdehner und einen Zeitraffer. Unterstreiche die Textstellen.

Folie

CHECKLISTE

Eine Erzählung überarbeiten

1. Hat die Erzählung eine passende **Überschrift**?
2. Enthält die Erzählung folgende **drei Schritte**: Ausgangssituation – Handlung – Lösung?
3. Ist die Handlung nachvollziehbar (**roter Faden**)?
4. Enthält die Erzählung **Neugierwecker** und **Vorausdeuter**?
5. Wo können **Mitfühler** durch Gedanken und Gefühle sowie **wörtliche Rede** (→ Seite 51) eingesetzt werden?
6. An welchen Stellen kannst du die Erzählung interessanter machen durch
   - **Spannungswörter**,
   - treffende **Verben**,
   - beschreibende **Adjektive**?
7. Gibt es **Wortwiederholungen**, die du ersetzen kannst?
8. Ist die Erzählung im **Präteritum** geschrieben?

TIPPBOX

Zu 2 e):

- Ergänze an diesen Stellen ⌈ Adjektive, z. B.: *stolz – blitzschnell – vorsichtig – mächtig – riesig – beeindruckend – behutsam.*
- Ersetze einige Verben durch treffendere, z. B. durch: *tragen – ernten – umfassen – gleiten – sich annähern – festhalten – auffordern – wissen wollen – loben – schmunzeln – erklären – sich wünschen*
- Hier kannst du wörtliche Rede einfügen: Z. 11–12: *Ein neugieriger Tintenfisch fragte ihn: …* / Z. 13: *Die Seekuh forderte: …* / Z. 30: *Justus meinte erstaunt: …*
- Ersetze das Wort *Schwamm* durch: *das Wassertier / das Gewächs / der Meeresbewohner / der Seepilz.*
- Beschreibe die Begegnung: Wie stellt Justus sich vor? Was will er von Otto wissen?
- Schreibe den Schluss ausführlicher: Was sagt die Nixe zu dem Schwamm? Ist sie zufrieden?

Kompetenz-Check A: Erdachtes erzählen

Der *Seeigel* ist immer noch unterwegs nach *Aquatanien*. Diesmal gerät er mitten in ein großes Seepferdchenrennen.

1 Schreibe eine Tiefseegeschichte, in der es darum geht, welches Abenteuer die Kinder, Einstein und Professor Fischgold beim Seepferdchenrennen erleben.

a) Plane deine Geschichte mithilfe einer Tabelle. Du kannst die folgende Tabelle übernehmen und ergänzen:

Erzählschritte	Hilfsfragen	Meine Antworten / Ideen
Ausgangs-situation	Was ist passiert? Warum kommt der Seeigel nicht weiter?	- Seeigel gerät in Seepferdchenrennen - Seeigel kann nicht weiterfahren, Durchfahrt ist versperrt
Lösungs-möglichkeit	Wie kann der Seeigel seine Fahrt fortsetzen?	- Seeigel macht beim Rennen mit - …
Handlung	Wer ist beteiligt? Was erleben sie beim Seepferdchenrennen?	- Seepferdchen … - …
	Wie reagieren die Seepferdchen?	- …

b) Erstelle einen Schreibplan und halte in Stichpunkten die Handlung fest:

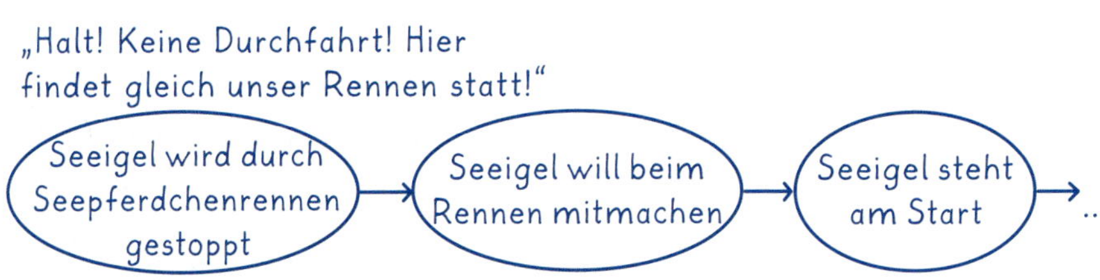

2 **Verfasse** deine Geschichte und nutze die erzählerischen Mittel:
- Verwende Neugierwecker und Vorausdeuter.
- Drücke die Gedanken und Gefühle der Personen in wörtlicher Rede aus bzw. verwende Mitfühler.
- Nutze Spannungswörter.
- Verwende treffende Verben: *sich konzentrieren, rasen, überholen …*
- Verwende beschreibende Adjektive: *rasant, ehrgeizig, elegant, aufgeregt …*
- Schreibe im Präteritum: *er rief, sie liefen, sie starteten, er freute sich.*
- Suche eine passende Überschrift.

So kannst du beginnen: Kurz vor Aquatanien ging es plötzlich nicht mehr weiter. Die Strecke war gesperrt, der Seeigel musste stoppen. Es fand doch tatsächlich ein Seepferdchenrennen statt. Was nun? Als Erstes …

Lernbegleitbogen *Tiefseeabenteuer*: Erdachtes erzählen

Kompetenz / Inhalt Ich kann …	Selbsteinschätzung ☺ 😐 ☹	Fremdeinschätzung ☺ 😐 ☹	Bemerkungen	Hier kannst du weiterüben:
eine Geschichte mithilfe einer Erzählkarte erzählen (S. 37)				
den Erzählvortrag eines anderen bewerten (S. 37)				
einen Text mit der Lesemethode erschließen (S. 38, 54): – unbekannte Wörter klären – Textstellen markieren – wichtige Informationen in Stichpunkten festhalten				SB, S. 288–289
mein Textverständnis sichern, indem ich dazu einen eigenen kurzen Text verfasse (S. 40)				
erzählerische Mittel in einem Text aufspüren (S. 41)				
einen Textanfang fortsetzen oder eine eigene Erzählung entwickeln: – dazu einen Schreibplan erstellen (S. 42–43, 45) – eine passende Überschrift formulieren (S. 43, 45) – folgende erzählerische Mittel verwenden: Gedanken und Gefühle der Personen: wörtliche Rede (S. 43, 45, 51) treffende Verben (S. 43, 45) beschreibende Adjektive (S. 43, 45) – im Präteritum schreiben (S. 43, 45)				AH, S. 13–15 AH, S. I, II
fremde oder eigene Texte mithilfe der Checkliste überarbeiten (S. 46–47)				
die Erweiterungsprobe und / oder die Ersatzprobe sowie die Umstellprobe anwenden (S. 50)				SB, S. 239 AH, S. 57
Zeichen der wörtlichen Rede richtig setzen (S. 51)				SB, S. 272 AH, S. 77–78
eine kürzere Erzählung verstehen und vorlesen (S. 52–54)				

AH = Arbeitsheft, SB = Schülerband

Trainiere die Kompetenzen, bei denen du selbst oder ein anderer ein 😐 oder ☹ eingetragen hat. Tipps zum Üben findest du in der letzten Spalte.

→ Überprüfe anschließend dein Wissen und Können, indem du einen der **Kompetenz-Checks** bearbeitest: **Kompetenz-Check A** (Seite 48) oder **Kompetenz-Check B** (Seite 49).
Vergleiche dein Ergebnis mit dem Mustertext im Lösungsheft.

Wir sprechen von Tieren und meinen uns

1 Schaut euch die Tiere oben an. Welche Tiere erkennt ihr? Tauscht euch darüber aus.

Folie

2 **a)** Häufig ordnen wir Tieren menschliche Eigenschaften zu. Lies die folgende Liste mit Adjektiven und unterstreiche unbekannte Wörter.
schnell, stark, pfiffig, schwach, listig, dumm, stolz, mächtig, eigenwillig, herablassend, langsam, stur, fleißig, stark, faul, ausdauernd, mutig, ängstlich, störrisch, eingebildet, majestätisch …

b) Klärt gemeinsam die Bedeutung dieser Wörter: Listig ist man, wenn …

c) Schreibe zu den Tieren auf dem Bild passende Adjektive auf:
der Löwe: stark, stolz …

d) Sammelt auf einem Plakat die Tiernamen, Bilder und Eigenschaften.

☆ **3** Sammelt Redewendungen, in denen menschliche Eigenschaften Tieren zugeordnet werden: schlau wie ein Fuchs, störrisch wie ein …

4 **a)** Lies die Fabel oben.
b) Gib den Inhalt der Fabel mit eigenen Worten wieder.

5 **a)** Welches Tier könnte Tier A sein und welches Tier B?
b) Untersuche, welche Eigenschaften die beiden Tiere in dieser Fabel haben. Begründe deine Aussagen mit passendenTextstellen.

6 Welche der folgenden Sätze passt am besten zu dieser Fabel? Begründe.
A Es kommt nicht auf das Äußere an, sondern auf das, was man kann.
B Man sollte sich nicht streiten.
C Wer schön ist, hat es leichter im Leben.

In diesem Kapitel lernst du, eine Fabel aus der Sicht eines Tieres neu zu erzählen. Dazu ist es wichtig, die Merkmale einer Fabel zu kennen.

Nur Tiergeschichten? – Merkmale von Fabeln kennenlernen

1 **a)** Schaut euch das Bild und die Überschrift unten an. Tauscht euch aus, worum es in dieser Fabel gehen könnte.
b) Lest den Text zu zweit mit Murmelstimmen.

Die Schildkröte und der Hase

Nach Äsop

Ein Hase machte sich über eine Schildkröte lustig, weil sie so langsam war. Da forderte die Schildkröte den Hasen zu einem Wettlauf auf. Der Hase hielt dies für einen Scherz, nahm aber die Herausforderung an.
Der Tag des Wettlaufs kam und das Ziel wurde bestimmt. Beide betraten zum gleichen Zeitpunkt die Bahn. Die Schildkröte kroch langsam, jedoch unermüdlich. Um die Schildkröte zu verspotten, machte der Hase unendlich viele Seitensprünge.
Schließlich legte er sich – nur noch wenige Schritte vom Ziele entfernt – in das Gras nieder und schlief vor Müdigkeit ein. Plötzlich weckte ihn der laute Jubel der Zuschauer, und er erblickte die Schildkröte bereits oben am Ziel.

2 **a)** Erkläre, woran es liegt, dass der Hase verliert. Nenne dazu Textstellen.
b) Wie würdest du den Hasen beschreiben? Nenne Eigenschaften des Hasen und begründe deine Einschätzung.

Seite 71–72

3 **a)** Diese Erzählung ist eine Fabel. Lies dazu die **LERNBOX** auf Seite 59.
b) Stelle fest, welche Merkmale auf diese Fabel zutreffen und welche fehlen. Begründe dein Ergebnis mithilfe des Textes:
Merkmal 1 trifft für diese Fabel zu, denn ...
Merkmal 2 ...

4 Der Leser dieser Fabel soll selbst überlegen, welche Lehre er aus dieser Fabel zieht. Welche Formulierung findest du zutreffend? Begründe.

A: Übermut tut selten gut.

B: Fleiß und Ausdauer werden belohnt.

C: Wer einen Gegner nicht erst nimmt, verliert den Kampf.

5 Erkläre dem Hasen in einem kurzen Brief, warum er verloren hat.

Äsop
Der Überlieferung nach war Äsop ein Sklave. Er lebte im 6. Jahrhundert vor Christus in Griechenland. Seine Fabeln wurden sehr oft nacherzählt und auch verändert.

6 Lies die Angaben über Äsop links. Berechne, wie alt diese Fabel ungefähr ist.

TIPPBOX

Zu 2 b): Du kannst aus folgenden Adjektiven wählen:
dumm, unzuverlässig, übermütig, hochmütig.

7 **a)** Lies die Überschrift der folgenden Fabel und benenne die Eigenschaften der beiden Tiere. Nutze dazu euer Plakat (Seite 56, Aufgabe **1 d)**).
b) Was könnte passieren, wenn sie aufeinandertreffen?
c) Was vermutest du jedoch aufgrund der Bilder?

A

Der Löwe und der Fuchs

Iwan Andrejewitsch Krylow

Der Fuchs, als er den König Leu[1]
erstmals im Leben sah,
starb fast vor Schreck und Scheu[2].
Als er ihn später wieder kriegte zu Gesichte,
blieb er schon mehr im innern Gleichgewichte[3].
Beim dritten Mal sodann
knüpft mit dem Löwen er
ein kleines Schwätzchen an.
Auch wir, wir fürchten manchen Knaben
nur, bis wir ihn beschnüffelt haben.

[1] der Leu: altertümliche Bezeichnung für Löwe

[2] die Scheu: hier: Angst

[3] im inneren Gleichgewicht bleiben: innerlich ruhig sein

B

8 **a)** Lies die Fabel. Welche Vermutungen zum Inhalt haben sich als richtig beziehungsweise als falsch erwiesen?
b) Vergleiche die Bilder mit den Versen und ordne sie einander zu:
Bild A: Vers 1- …, Bild B: …, Bild C: …
c) Fasse das Ergebnis dieses Zusammentreffens in einem Satz zusammen.

C

9 Erkläre die Lehre der Fabel, die in den letzten beiden Versen steht:
a) Was bedeutet „beschnüffeln" im Tierreich und welche Bedeutung hat es in dieser Fabel?
b) Erkläre, wer mit *wir* gemeint ist.
c) Gib die Lehre mit eigenen Worten wieder.

10 Nenne Situationen aus deinem Alltag, zu denen diese Lehre passt.

Weitere Übungen zur Lehre in einer Fabel findest du im Arbeitsheft.

AH, Seite 18

! LERNBOX

Was ist eine Fabel?

1. Unter einer Fabel versteht man eine **kurz gefasste Erzählung**, die meistens von **Tieren oder Pflanzen** handelt. Diese können **wie Menschen denken, fühlen, reden** und **handeln**.
2. Häufig stehen sich Tiere / Pflanzen **mit gegensätzlichen Eigenschaften** gegenüber, z. B. *klug – dumm, schön – hässlich …*
3. Die Fabel zeigt am Beispiel der Tiere, wie sich Menschen oft verhalten. In vielen Fabeln wird am Schluss in einem Satz zusammengefasst, was die Menschen daraus lernen können (**= die Lehre**).
4. Fabeln gibt es auch als Gedicht mit Strophen, Versen und Reimen.

TIPPBOX

Zu 10:
Denke z. B. an Personen in der Schule oder in der Nachbarschaft, vor denen du großen Respekt hast.

Aktion und Gegenaktion – Fabeln untersuchen

Die beiden Ziegen

Albert Ludwig Grimm

Zwei Ziegen begegneten sich auf einem schmalen Steg[1], der über einen tiefen, reißenden Waldstrom[2] führte. Die eine wollte hinüber, die andere herüber. „Geh mir aus dem Wege!“, sagte die eine. – „Das wäre mir schön!“, rief die andere, „geh du zurück und lass mich hinüber! Ich war zuerst auf der Brücke.“ – „Was fällt dir ein?“, versetzte die erste, „Ich bin so viel älter als du und sollte dir weichen? Nimmermehr[3]!“ Keine wollte nachgeben. Jede wollte zuerst hinüber, und so kam es vom Zank zum Streit und zu Tätlichkeiten. Sie hielten ihre Hörner vorwärts und rannten zornig gegeneinander.
Von dem heftigen Stoße verloren beide das Gleichgewicht und sie stürzten von dem schmalen Steg hinab in den reißenden Waldstrom, aus welchem sie sich nur mit großer Anstrengung ans Ufer retteten.

Folie

[1] der Steg: eine Brücke ohne Geländer

[2] der Waldstrom: ein Fluss, der durch einen Wald fließt

[3] nimmermehr: niemals

1 **a)** Lies die Fabel still.
b) Bereitet in kleinen Gruppen die Fabel zum Vorlesen mit verteilten Rollen vor (Erzähler, Ziege A, Ziege B). Unterstreicht dazu auf einer Folie die Sätze der verschiedenen Rollen mit unterschiedlichen Farben.
c) Tragt die Fabel vor der Klasse vor. Welcher Gruppe gelingt es am besten, den Streit zwischen den Ziegen durch das Vorlesen darzustellen?

2 Diese Fabel lässt sich auch vorspielen. Bildet dazu neue Gruppen.
a) Unterteilt das Spielstück in Abschnitte (Szenen).
b) Schreibt auf jede Szenenkarte eine Überschrift und haltet fest, was in dieser Szene geschieht. Die Farben zeigen euch die Textabschnitte an.
c) Lasst mehrere Gruppen das Stück vorspielen. Sprecht die wörtlichen Reden mit euren Worten: „Hau ab! Ich will auf die andere Seite!“ – „Ich zuerst!“

Szene 1: Die beiden Ziegen begegnen sich: 2 Schüler stehen sich gegenüber.

Szene 2: ...

Szene 3: ...

3 **a)** Ordnet eure Szenen-Überschriften den Aufbauschritten einer Fabel zu. Lest dazu die **LERNBOX** auf Seite 61.
b) Stellt fest, welcher Schritt in dieser Fabel fehlt.

4 **a)** Welche Lehre könnte am Schluss dieser Fabel stehen? Entscheidet in eurer Gruppe, welcher Vorschlag die Lehre der Fabel am besten trifft:
A Wenn zwei sich streiten, freut sich der Dritte.
B Der Klügere gibt bei einem Streit nach.
C Wenn in einem Streit keiner nachgibt, haben alle den Schaden.
b) Tauscht euch in der Klasse über eure Lösungen aus.

5 Beschreibe eine alltägliche Situation, auf die sich diese Lehre anwenden lässt.

☆ **6** Bringe die Fabel zu einem guten Ende. Überlege selbst, ab welcher Stelle du dazu die Fabel umschreiben musst.

Rabe und Fuchs

Nach Äsop

Ein Rabe hatte einen Käse gestohlen, flog damit auf einen Baum und wollte dort seine Beute in Ruhe verzehren. Da aber Raben beim Essen nicht schweigen können, hörte ein vorbeikommender Fuchs den Raben über dem Käse krächzen.

Er lief eilig hinzu und begann den Raben zu loben: „O Rabe, was bist du für ein wunderbarer Vogel! Wenn dein Gesang ebenso schön ist wie dein Gefieder[1], dann sollte man dich zum König aller Vögel krönen[2]!“ Dem Raben taten diese Schmeicheleien so wohl, dass er seinen Schnabel weit aufsperrte, um dem Fuchs etwas vorzusingen. Dabei fiel der Käse aus seinem Schnabel.

Den nahm der Fuchs schnell, fraß ihn und lachte über den törichten[3] Raben. So kann es auch Menschen ergehen, die auf Schmeicheleien hereinfallen.

[1] das Gefieder: die Federn

[2] krönen: jemandem eine Krone aufsetzen, ihn zum König machen

[3] töricht: dumm

7 Bearbeite mit einem Partner die folgenden Aufgaben:

a) Nennt die Zeilen, auf die sich das Bild bezieht.

b) Beschreibt, wie der Fuchs vorgegangen ist, um an den Käse zu kommen.

c) Nennt eine Eigenschaft des Raben, die der Fuchs bei seiner List ausnutzt, und erklärt, wie diese List des Fuchses gelingt.

d) Sucht gemeinsam ein Beispiel aus dem menschlichen Bereich, auf das die Lehre dieser Fabel passt.

e) Tauscht in der Klasse eure Ergebnisse aus.

8 Überprüfe, ob du die **LERNBOX** auf diese Fabel anwenden kannst. Schreibe so:

1. Ausgangssituation: Fuchs sieht Raben mit einem Käse im Schnabel. (Zeile: ...)
2. Aktion des Fuchses: ... Gegenaktion des Raben: ...
3. Ergebnis: ...
4. Lehre: ...

9 Gestalte zu dieser Fabel einen Comic in vier Bildern und ergänze passende Sprechblasen.

LERNBOX

Wie ist eine Fabel aufgebaut?

Viele Fabeln haben folgenden Aufbau:

1. **Beschreibung der Ausgangssituation:** Wie ist die Situation zu Beginn der Fabel?
2. **Aktion eines Tieres und Gegenaktion des anderen Tieres:** Was macht Tier A? Wie handelt daraufhin Tier B?
3. **Ergebnis:** Wie ist die Situation am Ende der Fabel?
4. **Lehre:** Was können wir Menschen daraus lernen?

TIPPBOX

Zu 7 c):
Aus diesen Adjektiven kannst du wählen: *töricht, dumm, eitel, stolz, selbstverliebt.*

Ich bin der Löwe – eine Erzählung aus der Sicht eines der Tiere planen

„Ich bin heute viel zu müde, um noch zu jagen. Also tue ich so, als wollte ich dem Pferd als Arzt helfen …“

„Hallo, mein Freund, wie geht es dir? …“

„Ich schaue mir wie ein Arzt den Fuß an, aber dann …“

1 Lies die Überschrift der Fabel: Wer wird vermutlich überlegen sein?

Der Löwe und das kluge Pferd

Nach Äsop

Ein Löwe sah ein Pferd auf der Wiese grasen. Um es zu täuschen, näherte er sich ihm freundlich und sagte, er sei Arzt.
Das Pferd durchschaute seine List und ihm kam ein guter Gedanke. Das Pferd hob seinen rechten Hinterhuf und sagte: „Bruder, bitte hilf mir doch und befreie mich von dem Dorn in meinem Fuß.“
Der Löwe trat näher und tat, als wollte er den Fuß untersuchen. Da gab ihm das Pferd schnell einige grobe Huftritte vor die Stirn, sodass der Löwe zusammenbrach und lange Zeit ohnmächtig dalag.
Als er wieder zu sich kam, sah er weit und breit kein Pferd mehr, fühlte aber Kopf, Gesicht und Körper zerschlagen und sprach: „Sonst bin ich immer als wütender Angreifer gekommen, heute aber als Freund und Arzt. Ich hätte lieber als Feind kommen sollen.“

2 **a)** Erschließe die Fabel und fasse jeden Handlungsschritt in einer Überschrift zusammen: 1. Der Löwe gibt sich dem Pferd als Arzt aus. 2. …
b) Vergleiche deine Überschriften mit denen eines Partners.
c) Tauscht euch aus, worin die List des Pferdes besteht.
d) Welche Lehre hat der Löwe aus diesem Erlebnis gezogen? Gib die Lehre in der Ich-Form wieder: Das nächste Mal werde ich …

Folie

3 **a)** Erzähle die Fabel aus der Sicht des Löwen. Lies die **LERNBOX**.
b) Untersuche, zu welchen Textstellen die Denkblasen und die Sprechblasen oben jeweils passen. Unterstreiche die Textstellen und ergänze den Text in den Denk- und Sprechblasen.
c) Schreibe zu weiteren Textstellen Denk- oder Sprechblasen auf: Zu Z. …: „…“

LERNBOX

Was heißt es, eine Fabel aus der Sicht eines der Tiere zu erzählen?

1. Fabeln sind sehr kurz erzählt und stehen in der **Er-/Sie-Form**.
2. Um eine Fabel aus der Sicht eines der Tiere (hier: des Löwen) zu erzählen, musst du dich **in die Rolle dieses Tieres versetzen** und in der **Ich-Form** erzählen: *Ich, der berühmte Löwe Leo, hatte heute einen ganz schlechten Tag, und das kam so: …*
3. Verwende **wörtliche Rede**, um die Gedanken und Gefühle dieses Tieres auszudrücken. Dadurch erklärst du, was dieses Tier will und warum es etwas tut.
4. Über das andere Tier (hier: das Pferd) kannst du nur schreiben, was es tut oder was es sagt, nicht aber, was es denkt.

TIPPBOX

Zu 2 a): Ordne die Überschriften in der richtigen Reihenfolge:
- *Das Pferd zeigt dem Löwen seinen Fuß.*
- *Der Löwe gibt sich als Arzt aus.*
- *Der Löwe will in Zukunft wie früher jagen.*
- *Der Löwe bekommt Hufschläge auf den Kopf.*

4 Plane deine Erzählung der Fabel aus der Sicht des Löwen.

a) Lies die **LERNBOX** und beantworte anschließend mit einem Partner die folgenden Fragen zum Schreibplan:
- Wo sind die Handlungsschritte angegeben?
- Was denkt / sagt der Löwe?
- Was sagt das Pferd?

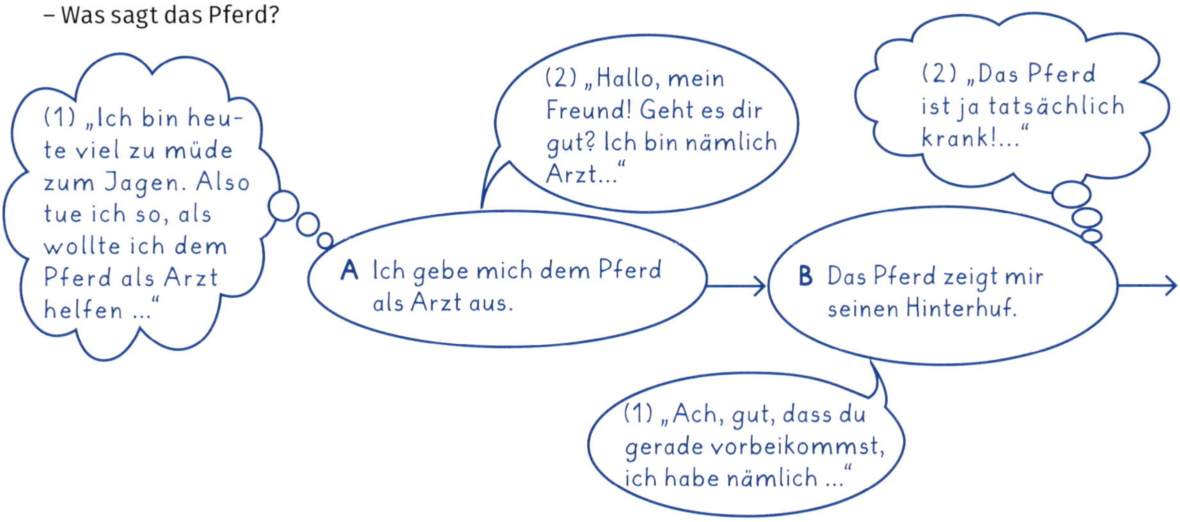

b) Lege auf einer querliegenden A4-Seite deinen Schreibplan an. Du kannst diesen Anfang übernehmen oder einen eigenen Vorschlag entwickeln.

5 Du kannst die Fabel auch aus der Sicht des Pferdes erzählen. Lege dir zur Vorbereitung einen Schreibplan an.

LERNBOX

So planst du die Erzählung der Fabel aus der Sicht eines der Tiere:

1. Lege einen **Schreibplan** an, indem du in Kreisen die Abfolge der Handlungsschritte der Fabel wiedergibst. Verändere Handlung und Lehre nicht.
2. Schreibe die **Handlungsschritte in der Ich-Form** auf.
3. Überlege zuerst aus der **Sicht deines Tieres Denk- und Sprechblasen**, z. B. *Warum will der Löwe das Pferd täuschen? Warum will er sich als Arzt ausgeben?*
4. Ergänze, was **das andere Tier sagt** oder antwortet.

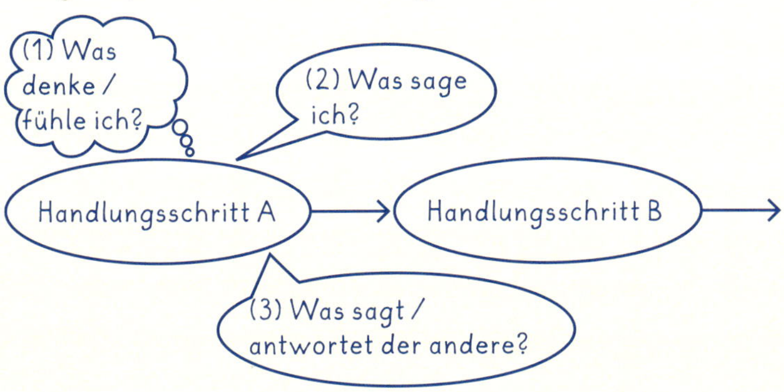

TIPPBOX

Zu 4 b):
Lass dich von folgenden Beispielsätzen für Gedanken und Gefühle des Löwen anregen:
- *„Das läuft ja wie geschmiert!"*
- *„Jetzt muss ich mich nur wie ein Arzt verhalten und mir ganz ruhig den Fuß des Pferdes anschauen."*
- *„Was ist denn jetzt passiert? Das Pferd ist weg und mir tun alle Knochen weh."*

Plötzlich passierte es – lebendig und anschaulich erzählen

1 **a)** Lest in Partnerarbeit die beiden Anfänge abwechselnd vor.
b) Welchen Anfang würdet ihr gerne weiterlesen? Begründet eure Meinung.

Als ich einmal ein Pferd jagen wollte

Vor einigen Tagen sah ich ein Pferd auf der Wiese stehen. Ich hatte eine gute Idee, wie ich mich dem Pferd nähern konnte. Ich sagte dem Pferd, dass ich ein Arzt bin. Das Pferd schaute mich an. Das Pferd sagte dann: „Ich habe hinten rechts einen Dorn im Fuß." ...

Pech gehabt

Gestern hab ich, der gefürchtete Löwe, mich schrecklich blamiert. Den ganzen Tag war ich herumgelaufen. Hungrig machte ich mich abends auf den Heimweg, als ich plötzlich auf einer Wiese ein Pferd sah. „Das wäre jetzt ein richtiger Sonntagsbraten", dachte ich bei mir, „nur wie komme ich an das Pferd heran? Zum Jagen bin ich zu müde." Da hatte ich auf einmal die gute Idee, mich als Arzt auszugeben. Also sagte ich zum Pferd: „Hallo mein Freund, wie geht es dir? Ich hoffe gut. Wenn nicht, dann helfe ich dir gerne, denn ich bin ein erfahrener Pferdearzt". Das Pferd schaute mich zuerst misstrauisch an. Dann aber sagte es: „Du kommst ja wie gerufen, denn ich habe hinten einen Dorn im rechten Fuß. Kannst du mir den rausziehen?" ...

2 **a)** Untersuche, wodurch der zweite Textanfang anschaulicher wirkt. Lies dazu die **LERNBOX**.
Folie **b)** Unterstreiche die Textstellen, die den Text lebendig und anschaulich machen
c) Tauscht eure Beobachtungen in der Klasse aus. Nennt gelungene Stellen.

3 **a)** Erzähle selbst die Fabel von Seite 62 neu. Verwende deinen Schreibplan.
b) Erzähle die Fabel aus der Sicht des Pferdes.

AH, S. 19–20 Weitere Übungen zum Erzählen einer Fabel findest du im Arbeitsheft.

Seite 202–203

LERNBOX

So erzählst du lebendig und anschaulich:

1. Wähle eine **Überschrift**, die neugierig macht.
2. Schreibe in der **Ich-Form** und verwende das **Präteritum**:
   Heute sah ich auf einer Wiese...
3. **Schmücke die Handlungsschritte aus**, ohne die Handlung zu verändern:
   Wann und wo geschieht die Handlung? Was ging voraus?
4. Verwende **wörtliche Rede**, um die Gedanken und Gefühle der Tiere wiederzugeben. Beachte dabei die Regeln der Zeichensetzung. Seite 70
5. Verwende treffende **Verben**, anschauliche **Adjektive** und **Spannungswörter** (*auf einmal, plötzlich ...*).
6. Vermeide gleiche **Satzanfänge**.

Was raschelt im Stroh? – Klassen auf dem Bauernhof

Was frisst ein Schwein, wie viel Milch gibt eine Kuh? Wie fühlt sich Schafwolle an? Was ist ein Knick? Woher kommen die Steine auf den Äckern? Aktives Erleben mit allen Sinnen weckt Neugier und Wissensdurst. Bei uns in Schleswig-Holstein könnt ihr auf einer Klassenfahrt Themen rund um Natur, Landwirtschaft und Umwelt intensiv erleben. Untergebracht seid ihr auf einem großen Bauernhof und ihr könnt sogar im Stroh schlafen. Das Essen bereitet ihr aus landwirtschaftlichen Produkten selbst zu, macht vielleicht ein Picknick im Maisfeld. Ihr lernt Trecker fahren, könnt Kühe melken und Kälbchen die Flasche geben. Außerdem lernt ihr viel über Tierhaltung ...
Wendet euch unter dem Stichwort „Schulklassen auf dem Bauernhof“ an Frau Diana Schneider. Wir freuen uns auf euch!

Adventure-Camp im Sauerland

Wollt ihr mit uns ein Floß bauen? Oder lieber einen Ausflug mit Sesselbahnfahrt, Hochheideturm, Glasbläserei und Sommerrodelbahn unternehmen?
Wir bieten euch eine aufregende Klassenfahrt nach Willingen ins Hochsauerland. Ihr wohnt in Zelten und kocht im Küchenzelt oder über offenem Feuer. Natürlich machen wir auch eine aufregende Nachtwanderung und schlafen in einem selbstgebauten Biwak. Zum Programm gehören auch das Klettern in einem Hochseilgarten, das Abseilen von einer extrem hohen Felswand und eine Hochseilrutsche. Und selbstverständlich führen wir Spiele durch und besuchen eine unterirdische Höhle. Nichts für Langweiler!
Ganz wichtig: Auf moderne Sanitäranlagen müsst ihr nicht verzichten.

Ort	Brandenburg / Boitzenburg	Schleswig-Holstein	Willingen / Sauerland
Unterkunft	Kinderschloss		
Sehenswürdigkeiten	Stadtbesichtigungen		Hochheideturm
Freizeitangebote		picknicken ...	

5 Wo würdest du gerne hinfahren? Entscheide dich für einen der Orte und begründe mithilfe deiner Tabelle. Markiere vorher, was dich besonders interessiert. **Folie**

Auf den folgenden Seiten lernst du, deine Meinung zu formulieren und fair zu vertreten. Du lernst auch, aus welchen Bausteinen ein Argument besteht. Dein Ziel ist es, ein Reise- oder Ausflugsziel zu nennen, dein Anliegen mit Argumenten zu stützen und Einwände zu berücksichtigen.

Der Klassenrat tagt – über die Klassenfahrt diskutieren

Julia: Wir haben den Klassenrat einberufen, um uns auf ein gemeinsames Ziel für die Klassenfahrt zu einigen. Denkt bitte daran, dass jeder seine Meinung äußern darf.

Lara: Ich habe richtig Lust auf ein Abenteuer, weil wir zum Klettern und Abseilen sonst nie die Gelegenheit haben. Außerdem schlafe ich gerne im Freien.

Nick: Das könntest du auch auf dem Bauernhof. Und da kannst du auch gleich üben, die Flasche zu geben …

Julia: Moment mal! Das bringt uns doch nicht weiter! Sag uns lieber, wohin du gerne fahren möchtest. Du bist noch einmal dran.

Nick: Entschuldigung! Also, ich würde gerne wissen, was man in einer Zauberschule lernen kann, denn ein paar Tricks kenne ich schon, zum Beispiel kann ich eine Münze verschwinden lassen …

Timur: Mann, Zauberschule ist ja okay, aber reiten würde ich auf keinen Fall. Außerdem ist Boitzenburg auch ziemlich weit weg.

Baris: In Brandenburg wohnt meine Oma.

Lara: Das gehört doch jetzt nicht zum Thema.

Kristina: Also, ich würde gerne mal eine Woche mit Tieren verbringen, da wir keine Haustiere haben. Und ehrlich gesagt, würde ich auch mal gerne Trecker fahren.

Göknur: Das ist doch nur was für Jungen! Aber ich muss sagen, ein Picknick im Freien stelle ich mir schön vor.

Dario: Ich finde, Göknur hat recht. Aber noch spannender ist es, über offenem Feuer zu kochen. Und ich war noch nie in einer Höhle.

Chrisoula: Der Bauernhof bietet auch noch ein interessantes Programm über Landwirtschaft und so. Das wäre nützlich, denn das brauchen wir für Bio. Da würde unser Klassenlehrer sofort zustimmen.

Thomas: Wenn du mit dem Schleimen nicht aufhörst, dann …

Julia: So kommen wir nicht weiter! Damit jeder seinen Standpunkt deutlich machen kann, solltet ihr eure Meinung erst mal schriftlich abgeben und sie auch vernünftig begründen.

<u>Aufgaben im Klassenrat:</u>

Diskussionsleiter:
- eröffnet das Gespräch und nennt das Thema
- …

Gesprächsbeobachter:
- …

Diskussionsteilnehmer:
- …

1 Die Klasse 6 d führt eine Diskussion in einem Klassenrat durch:
a) Lest die Diskussion mit verteilten Rollen.
b) Stellt Vermutungen darüber an, welche Funktionen ein Klassenrat hat.
c) Sprecht darüber, welches Reiseziel die einzelnen Schüler bevorzugen.

2 **a)** Erschließe aus den Äußerungen, wer den Klassenrat leitet. Erkläre, woran du das erkennen kannst.
b) Sprecht darüber, welche Aufgaben der Diskussionsleiter während des Klassenrates hat. Setzt dazu die Notizen links fort.

3 Die Klasse hat zwei Gesprächsbeobachter ausgewählt.
a) Schau dir das Foto genau an und erkläre ihre Aufgaben.
b) Ergänze deine Notizen.

Auf dem Weg nach Bonn – einen argumentativen Brief schreiben

1 Plane deinen Brief an die Eltern, in dem du sie überzeugst, den Ausflug nach Bonn zu unterstützen. Gehe so vor:

a) Übertrage den Schreibplan unten in dein Heft.

b) Fülle den Schreibplan aus. Nutze dafür deine Ergebnisse von Seite 83.

c) Berücksichtige einen Einwand der Eltern und entkräfte ihn.
Folgende Formulierungen kannst du dazu nutzen:
aber – dennoch – trotzdem – allerdings – Auch wenn Sie denken, dass … – Es ist zwar richtig, doch … – Sicherlich denken Sie, dass … – obwohl

d) Überlege, an welcher Stelle deines Briefes du den Einwand sinnvoll berücksichtigen kannst.

An wen schreibe ich?	Eltern der Klasse		
Was ist der Anlass?	Tagesausflug nach Bonn		
Welche Meinung/welches Anliegen habe ich?	Unsere Klasse möchte nach … Wir möchten Sie davon überzeugen, dass …		
Welche Argumente (Aspekte + Begründungen + Beispiele) nenne ich?	Aspekte	Begründungen	Beispiele
	abwechslungsreiches Programm	verschiedene Unternehmungen	Innenstadt, Schifffahrt, Drachenfels
Was ist der Einwand?			
Wie entkräfte ich den Einwand?			
Wie greife ich meine Meinung/mein Anliegen noch einmal auf?	Wir würden uns freuen, wenn …		
Wie formuliere ich den Gruß am Ende?			

2 Schreibe deinen argumentativen Brief. Orientiere dich dabei an der **LERNBOX** auf Seite 80. So kannst du beginnen:

Neuss, 13.04.20..

Liebe Eltern,
nachdem wir in der Klasse über unseren Tagesausflug diskutiert haben, sind wir zu dem Entschluss gekommen, eine Städtetour zu machen.
Wir möchten Sie davon überzeugen …

Weitere Übungen findest du im Arbeitsheft. **AH, Seite 22**

Einen argumentativen Brief überarbeiten

Ort und Datum fehlen; Anrede fehlt
Anliegen fehlt
Absatz lassen

R, R; denn wir
Satzverknüpfung fehlt; Einwand zu ungenau
Aspekt gut – aber anders ausdrücken und entfalten!

Nachdem wir in der Klasse über unseren Tagesausflug diskutiert haben, haben wir beschlossen, nach Bonn zu fahren. Uns allen macht es Spaß, eine Stadtralley zu unternehmen, und vielleicht bleibt ja noch Zeit, um shoppen zu gehen.
Auch wenn sie meinen, das der Ausflug nicht sinnvoll ist, finden wir das Ziel gut. Wir würden den ganzen Tag an der frischen Luft sein. Das wollen Eltern doch immer!
Vielleicht hat eine andere Klasse auch noch Bock auf diesen Ausflug, dann wird die Busfahrt total billig. So können auch die fahren, die sich das sonst nicht leisten könnten.
In Bonn gibt es außerdem ein abwechslungsreiches Programm, wie zum Beispiel eine Schifffahrt und eine Fahrt mit der Drachenfelsbahn. Wenn jemandem schlecht wird, denken wir uns etwas aus.
Wir denken, das dieser Ausflug als Vorbereitung auf die Klassenfahrt das Gemeinschaftsgefühl in unserer Klasse stärken würde.
Unser Klassenlehrer könnte testen, ob er sich auf uns verlassen kann. Deshalb unterstützen sie das doch!

Tschüss
die Klasse 6d

Folie

1 **a)** Lies den Brief und überprüfe ihn mithilfe der **CHECKLISTE**.
b) Setze die Bearbeitung wie im Beispiel fort. Verwende die Korrekturzeichen.

2 Schreibe den Brief mithilfe deiner Anmerkungen verbessert in dein Heft.

3 Überprüfe nun deinen eigenen Brief von Seite 85 mithilfe der **CHECKLISTE**.

CHECKLISTE

Seite 89
Seite 90

Einen argumentativen Brief überarbeiten

1. Nennst du den **Anlass** deines Briefes und wird deine **Meinung** / dein **Anliegen** dazu deutlich?
2. Werden die **Aspekte** durch **Begründungen** und **Beispiele** entfaltet, sodass deine **Argumente** überzeugend sind?
3. Nennst du einen **Einwand** und **entkräftest** ihn sinnvoll?
4. Greifst du am **Ende** noch einmal deine Meinung/dein Anliegen auf?
5. Gliederst du deinen Brief durch **Absätze**?
6. Formulierst du **höflich** und **angemessen**?
7. Sind die **Anredepronomen** richtig geschrieben?
8. Formulierst du eine **höfliche Anrede** und eine höfliche **Grußformel**?
9. Sind **Rechtschreibung** und **Zeichensetzung** richtig?

Lernbegleitbogen *Und schon geht die Reise los …*: begründet Stellung nehmen

Kompetenz / Inhalt Ich kann …	Selbsteinschätzung ☺ 😐 ☹	Fremdeinschätzung ☺ 😐 ☹	Bemerkungen	Hier kannst du weiterüben:
Texten Informationen entnehmen (S. 74–75)				
erkennen, welche Aufgaben Schülerinnen und Schüler in einem Klassenrat übernehmen (S. 76)				
Gesprächsregeln für eine Diskussion aufstellen und Störungen in Gesprächsabläufen erkennen (S. 77)				
meine eigene Meinung formulieren und mit einem Argument stützen (S. 78)				
einen argumentativen Brief planen (S. 79)				
einen argumentativen Brief in Einleitung, Hauptteil und Schluss gliedern (S. 80)				
mich inhaltlich und organisatorisch auf eine Diskussion vorbereiten (S. 81)				
das Gesprächsverhalten während einer Diskussion beobachten und auswerten (S. 82)				
Argumente untersuchen und selbst überzeugende Argumente formulieren, indem ich Aspekte durch Begründungen und Beispiele entfalte (S. 83)				SB, S. 78 AH, S. 21
einen Einwand erkennen, benennen und entkräften (S. 84)				AH, S. 23–24
einen argumentativen Brief planen und verfassen (S. 85)				SB, S. 79 AH, S. 22 AH, S. III, IV
einen argumentativen Brief überarbeiten (S. 86)				
Forderungen und Bitten sprachlich unterscheiden (S. 89)				SB, S. 224–225
die Konjunktion *dass* und das Relativpronomen *das* voneinander unterscheiden und richtig schreiben (S. 90)				SB, S. 222, 263
einen erzählenden Text erschließen und Fragen zum Inhalt beantworten (S. 91–92)				

AH = Arbeitsheft, SB = Schülerband

Trainiere die Kompetenzen, bei denen du selbst oder ein anderer ein 😐 oder ☹ eingetragen hat. Tipps zum Üben findest du in der letzten Spalte. → Überprüfe anschließend dein Wissen und Können, indem du einen der **Kompetenz-Checks** bearbeitest. **Kompetenz-Check A** (Seite 87) oder **Kompetenz-Check B** (Seite 88). Vergleiche dein Ergebnis mit dem Mustertext im Lösungsheft.

Zeit für Gedichte

1 **a)** Beschreibe, was in den einzelnen Bildteilen dargestellt ist, und ordne den Situationen eine Tageszeit oder eine Jahreszeit zu.
b) Tausche dich mit einem Partner über deine Zuordnungen aus und begründe sie.

2 Sprecht darüber, welche Jahreszeit euch am besten gefällt und was ihr in den einzelnen Jahreszeiten am liebsten macht.

Seite 112

3 **a)** Welche Erwartungen verbindest du mit dem Titel „Zeit für Gedichte"? Tausche dich mit einem Partner darüber aus.
☆ **b)** Überprüfe, wie die Aussage des Titels sich verändert, wenn du eine andere Präposition, z. B. *in* oder *mit*, einsetzt: *Zeit in Gedichten, Zeit mit Gedichten …*

4 Schreibe ein eigenes Gedicht zu einer Tages- oder Jahreszeit. Wähle aus den Möglichkeiten von Seite 95 eine aus:

A Schreibe zu einer Jahreszeit passende Wörter auf:
Weihnachten
Iglu bauen
N
T
E
R

B Schreibe ein Haiku. Ordne die Silben an wie im Beispiel:
Sterne und Neumond (5)
glitzern am Abendhimmel, (7)
erhellen den Raum. (5)

☆ **D** Schreibe ein Gedicht mit dem Titel:
Lustiger Herbst

C Schreibe ein Elfchen. Ordne die Wörter an wie im Beispiel:
Heiß (1)
die Sonne (2)
brennt am Meer (3).
Kinder spielen im Sand. (4)
Sommerferien! (1)

In diesem Kapitel liest du Gedichte, die etwas mit einer Tages- oder Jahreszeit zu tun haben. Du lernst, wie man Gedichte genauer untersucht. Dazu fasst du die Inhalte zusammen, bearbeitest Fragen zu Inhalt und Form und ermittelst die Wirkung.

Es wird Nacht – Merkmale von Gedichten erfassen

Die Sonne sinkt

Volksgut

1. Strophe:
- es wird Abend, 9 Uhr
- Reime

Die Sonne sinkt,
Der Vollmond blinkt;
Nun schließt der Bauer Stall und Scheun';
Denn auf dem Turme schlägt es neun.

Und nah und fern
Glänzt Stern an Stern
Jetzt wollen wir zu Bette gehn;
Denn auf dem Turme schlägt es zehn.

Wer in dir ruht,
Gott, schläft so gut;
Dem Kranken auch zum Schlummer helf'!
Denn auf dem Turme schlägt es elf.

Die Fledermaus
Kriecht in ihr Haus;
Die Eulen heulen und die Wölf';
Denn auf dem Turme schlägt es zwölf.

Das Mäuslein schlüpft
Herum und hüpft;
Sonst aber rührt und regt sich keins;
Die Uhr schlägt eins.

Der Wächter schreit
Schon lange Zeit
Und bläst ins Horn nach jedem Schrei;
Denn auf dem Turme schlägt es zwei.

Jetzt fängt der Hahn
zu krähen an
Und weckt den Bauern frank und frei;
Denn auf dem Turme schlägt es drei.

Nun macht der Knecht
Den Pflug zurecht
Und spannt daran den starken Stier;
Denn auf dem Turme schlägt es vier.

Das Posthorn schallt,
Der Fuhrmann knallt,
Der Handwerksbursch zieht an die Strümpf';
Denn auf dem Turme schlägt es fünf.

Die Mutter sagt
Zur munter'n Magd:
Flink zu den Kindern hin und weck's!
Denn auf dem Turme schlägt es sechs.

Dann bring den Tee
Und den Kaffee;
Doch nichts bekommt, wer liegen 'blieben;
Denn auf dem Turme schlägt es sieben.

Rasch auf den Stuhl
Und in die Schul'
Und lernet brav und gebt fein acht!
Denn auf dem Turme schlägt es acht.

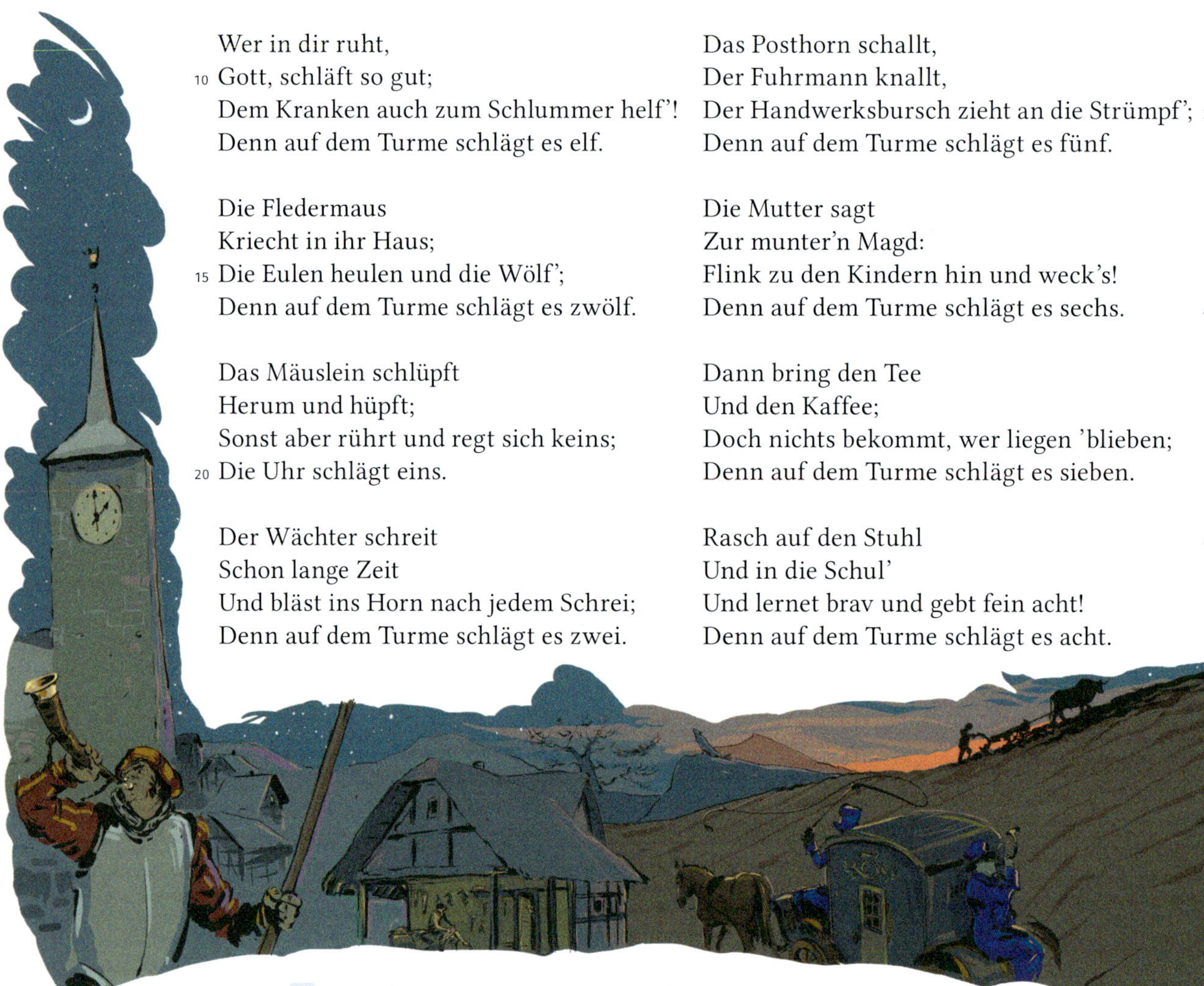

1 Erschließe den Inhalt des Kinderliedes.

a) Ordne die Situationen im Bild begründet den Strophen zu.

b) In diesem Gedicht gibt es einige Ausdrücke, die veraltet sind. Erschließe sie aus dem Zusammenhang oder kläre sie mit einem Partner.
c) Wähle eine Strophe aus, die dir gut gefällt, und erzähle einem Partner mit eigenen Worten, was darin passiert.

2 **a)** Beschreibe die äußere Form des Gedichts (**LERNBOX**, Hinweise 1 und 2).
b) Erkläre anhand des letzten Verses jeder Strophe, wie die Form den Ablauf der Nacht widerspiegelt.

Weitere Übungen zum Aufbau von Gedichten findest du im Arbeitsheft. **AH, Seite 25**

3 Tragt das Gedicht in Vierergruppen vor. Geht so vor:
a) Teilt die Strophen untereinander auf. Besprecht, ob ihr Verse gemeinsam vortragen wollt, um sie besonders hervorzuheben.
b) Bereite deine Strophen zum Vortrag vor. Ergänze Pausenzeichen (/ = kurze Pause, // = lange Pause) und unterstreiche die Wörter, die du betonen willst.

Seite 187

Seite 204–205

Sprecher 1: Jetzt fängt der Hahn (laut)
zu krähen an /
Und weckt den Bauern frank und frei / (frank und frei = frei heraus, offen)
Alle: Denn auf dem Turme schlägt es drei. //

c) Lies deine Strophen in Murmelstimme. Übe schwierige Wörter. Überlege, in welcher Stimmlage du vortragen möchtest, z. B. *geheimnisvoll flüstern, müde oder bedrohlich sprechen* …
d) Stellt euch eure Strophen in der Gruppe vor und macht, wenn nötig, Verbesserungsvorschläge zu Pausen, Betonungen und Stimmlage.
e) Übt den gemeinsamen Vortrag und stellt ihn in der Klasse vor.

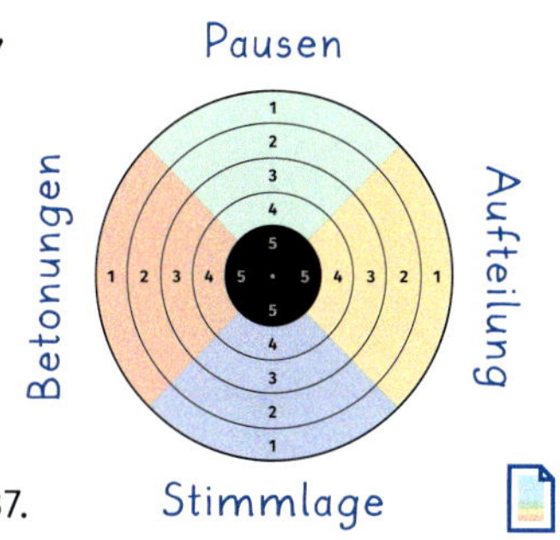

4 Gebt euch gegenseitig mithilfe der Zielscheibe Rückmeldungen zu folgenden Kriterien: Pausen, Betonungen, Stimmlage, Aufteilung der Verse auf die Sprecher. Lest dazu die **LERNBOX** auf Seite 37.

LERNBOX

Aufbau von Gedichten

1. Die Zeile in einem Gedicht nennt man **Vers**. Mehrere Verse bilden eine Strophe. Eine neue **Strophe** beginnt, wenn eine Leerzeile zwischen den Versen steht.
2. Dichter lassen ihre Gedichte häufig durch **Reime** klingen. Es gibt **drei Reimschemata**:

Paarreim		**Kreuzreim:**		**umarmender Reim:**	
fern	a	*fern*	a	*fern*	a
Stern	a	*geh'n*	b	*geh'n*	b
geh'n	b	Stern	a	*zehn*	b
zehn	b	*zehn*	b	*Stern*	a

3. Wenn ein Reim nur ungefähr stimmt, spricht man von einem **unreinem Reim**: *Strümpf' – fünf.*

TIPPBOX

Zu 2 a):
Das Gedicht besteht aus … Strophen. Jede Strophe hat … Immer zwei Verse werden mit … verbunden.
Zu 2 b):
Der letzte Vers ist in jeder Strophe fast … . Es ändert sich nur … Dadurch wird der Ablauf der Nacht …

Es wird Tag – sprachliche Mittel erkennen und erklären

1 Schau dir Bild und Titel an. Was passiert, wenn „ein Tag erwacht“?

Ein Tag erwacht

Hannes Fuchs (geb. 1958)

Morgens, wenn die Dämmerung grüßt
Und der Mond die Läden schließt,
Hüpft die Sonne durch die Fenster
Und vertreibt die Nachtgespenster.

Kirchturm lässt die Glocken klingen,
Blumen fangen an zu singen,
Selbst vorm Haus der Apfelbaum,
Grüßt ganz leis, man hört ihn kaum.

Wolken jagen um die Wette,
Jede will die erste sein.
Auch der Fluss in seinem Bette
Lässt sich auf den Wettlauf ein.

Nur die großen, weisen Berge
Bleiben still am Platze stehn,
Können immer von ganz oben
All das bunte Treiben sehn.

2 Welcher Satz fasst welche Strophe zusammen? Ordne zu.

A Der Wind wird stärker und treibt Wolken und Flüsse an.
B Am frühen Morgen geht der Mond unter und die Sonne auf.
C Es gibt auch ruhige Orte in der Natur.
D Man hört die Glocken und der Wind rauscht in Blumen und Bäumen.

3 **a)** Welche Stimmung entsteht beim Lesen des Gedichts? Schließe dich einer Schülermeinung begründet an oder formuliere eine eigene Aussage.

A In dem Gedicht wird der Tagesanfang sehr anschaulich beschrieben. Ich habe die Bilder eines fröhlichen und friedlichen Morgens vor Augen. Das stimmt mich auch fröhlich.

B Der Dichter zählt ganz unterschiedliche Ereignisse am frühen Morgen auf. Dadurch wirkt das Gedicht auf mich sehr unruhig.

C Das Gedicht löst in mir gar keine Stimmung aus. Ich finde es albern, weil es das so gar nicht in der Natur gibt.

b) Stelle einem Partner deine Einschätzung vor und begründe deine Meinung.

! LERNBOX

Sprachliche Mittel im Gedicht

1. In Gedichten werden Gefühle oder Vorgänge häufig bildlich beschrieben. Dazu nutzen Dichter **sprachliche Mittel**:
   a) **Personifikationen**: Menschliche Tätigkeiten oder Eigenschaften werden auf die Natur oder auf Gegenstände übertragen: *Wolken jagen um die Wette* (Tätigkeit), *jede will die erste sein* (Eigenschaft).
   b) **Vergleiche**: Mit einem Vergleich (*wie, als ob*) wird ein Gefühl oder eine Handlung bildlich veranschaulicht: *Er ist stark wie ein Löwe.*
   c) **Metaphern**: Die Metapher ist ein bildhafter Vergleich ohne *wie* oder *als ob*. Die Bedeutung muss übertragen werden: *Du bist mein Sonnenschein.* Gemeint ist: *Du machst mich glücklich.*

Lernbegleitbogen *Zeit für Gedichte*: ein Gedicht untersuchen

Kompetenz / Inhalt Ich kann ...	Selbstein- schätzung 🙂 😐 ☹	Fremdein- schätzung 🙂 😐 ☹	Bemer- kungen	Hier kannst du weiter- üben:
eigene Gedichte nach Mustern verfassen (S. 94, S. 104)				
den Aufbau eines Gedichts beschreiben (S. 97)				SB, S. 103 AH, S. 25
einen Gedichtvortrag in der Gruppe planen und durchführen (S. 97)				SB, S. 204–205
sprachliche Mittel im Gedicht erkennen und erklären (S. 99)				SB, S. 103 AH, S. 27
ein Gedicht mit der Lesemethode für Gedichte erschließen und dabei – unbekannte Begriffe klären, – Schlüsselstellen markieren, – Überschriften formulieren, – Wichtiges herausschreiben (S. 100–101)				SB, S. 290–291
den Inhalt eines Gedichts mit eigenen Worten wiedergeben (S. 101)				AH, S. 26
Aufgaben zu einem Gedicht erarbeiten (S. 103)				
zu einem Gedicht begründet Stellung nehmen (S. 104)				
eine Textuntersuchung planen und ausformulieren (S. 105–106)				AH, S. 28 AH, S. V, VI
eine Textuntersuchung überarbeiten (S. 107)				
mit dem Präsens und Zeitadverbien oder mit dem Futur über die Zukunft reden (S. 110)				SB, S. 217
mithilfe der Ableitung Wörter mit *äu* richtig schreiben (S. 111)				SB, S. 257 AH, S. 66
Aufgaben zum Textverständnis (Gedicht) lösen (S. 112)				

Trainiere die Kompetenzen, bei denen du selbst oder ein anderer ein 😐 oder ☹ eingetragen hat. Tipps zum Üben findest du in der letzten Spalte.

→ Überprüfe anschließend dein Wissen und Können, indem du einen der **Kompetenz-Checks** bearbeitest: **Kompetenz-Check A** (Seite 108) oder **Kompetenz-Check B** (Seite 109). Vergleiche dein Ergebnis mit dem Mustertext im Lösungsheft.

Essen verbindet

1 Schaut euch das Bild oben an:
a) Beschreibt, was dort abgebildet ist.
b) Tauscht euch darüber aus, zu welchem Anlass eine Klasse oder eine Schule ein solches Buffet anbieten könnte.
c) Überlegt, was der Titel des Kapitels „Essen verbindet" bedeuten könnte.

2 Die angebotenen Speisen stammen aus unterschiedlichen Ländern.
a) Aus welchen Ländern kommen die Gerichte?
b) Ordne die Kärtchen auf dem Tisch links unten den abgebildeten Speisen zu.

3 **a)** Welche der Gerichte kennst du schon? Tausche dich mit einem Partner darüber aus, woher ihr sie kennt.
b) Suche dir eines der Gerichte aus, das du schon einmal gegessen hast, und beschreibe, aus welchen Zutaten es besteht.

4 **a)** Sammelt in der Klasse weitere typische Gerichte aus verschiedenen Ländern. Formuliert so: Bei uns zu Hause gibt es oft … Wenn wir beim Italiener sind, essen wir …
b) Haltet eure Ideen in einem Cluster fest. So könnt ihr später darauf zurückgreifen, wenn ihr beispielsweise ein Klassenrezeptbuch zusammenstellt.
c) Ordnet die Gerichte in einer Tabelle nach den Herkunftsländern.
d) Welches dieser Gerichte würdest du für ein Schulbuffet am „Tag der Nationalitäten" vorbereiten? Begründe deine Wahl.

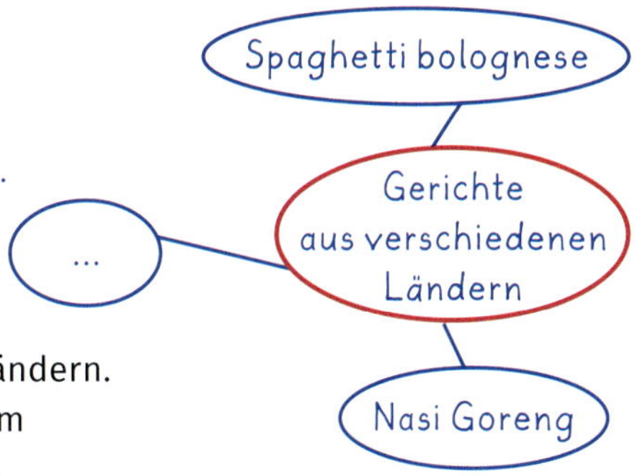

In diesem Kapitel erfahrt ihr, wie ihr Rezepte so aufschreibt, dass ein anderer sie nachkochen kann. Sammelt eure Lieblingsrezepte in einem Klassenrezeptbuch.

„Küchenlatein" – Geräte, Tätigkeiten und Abkürzungen genau benennen

Bevor Greta und Furkan für das Klassenrezeptbuch ein Rezept aufschreiben, wollen sie es ausprobieren. Dazu müssen sie sich erst in der Küche orientieren und herausfinden, wie die Geräte heißen und was man mit ihnen machen kann.

1 Worüber unterhalten sich Greta und Furkan? Findet eine Erklärung dafür, warum sie sich missverstehen.

A B C

Seite 127

A + B + C

2 Wie heißen die einzelnen Geräte, die ihr in dieser Küche seht?

a) Setzt euch zu dritt zusammen und teilt die Ziffern folgendermaßen unter euch auf: A: 1–10, B: 11–20, C: 21–30.

b) Schreibe zu den dir zugewiesenen Ziffern die Namen der Küchengeräte auf: 1 = die Bratpfanne.

c) Stellt euch eure Ergebnisse vor. Einigt euch, falls es andere Vorschläge gibt.

Im Blickpunkt: Lesen

Schlangen

Sharon Creech
Aus: Glück mit Soße

Die zwölfjährige Rosie und der blinde gleichaltrige Bailey sind unzertrennlich, seit sie denken können. Rosie tut alles, um Baileys Welt mit ihm zu teilen. Sie will sogar Blindenschrift[1] lernen. Aber das scheint Bailey gar nicht recht zu sein: Es kommt zu einem großen Streit zwischen ihm und Rosie. Als dann noch im Haus gegenüber ein gleichaltriges Mädchen einzieht, wird Rosie unglaublich eifersüchtig. Doch zum Glück gibt es Großmutter Granny[2] Torrelli! Diese hört Rosie immer zu und bringt sie mit ihren Kochkünsten auf andere Gedanken. Während Granny eines ihrer wunderbaren Gerichte zubereitet, versucht sie, die zerstrittenen Freunde wieder zusammenzubringen.

Granny blickt sich um. Sie spürt, dass sie vielleicht noch ein bisschen länger hätte wegbleiben können, und sie sieht aus, als würde sie sich überlegen, ob sie noch mal verschwinden soll, aber dann geht sie entschlossen an die Theke und hebt die Teigschüssel hoch.

„Bene[3]“, sagt sie, „jetzt vollbringe ich eins meiner kleinen Wunder und dann machen wir Schlangen.“

„Schlangen?“, wiederholt Bailey. „Macht Spaß“, sagt Granny, „wirst schon sehen.“ Sie streut Mehl auf das Backbrett, knallt den Teig darauf und dann knetet und walkt[4] und rollt sie den Teig mit den Händen, so elegant, so sanft, bis der Teig ganz glatt ist und sanft schimmert. Keine klebrigen Stellen mehr. Wunderschön sieht er aus. Danach formt sie die Masse zu einem Oval[5], nimmt ein großes Messer und schneidet lauter kleine Stücke ab, jedes etwa so groß wie eine winzige Zitrone. Eins der zitronengroßen Teigstücke legt sie vor Bailey hin, eins vor mich.

„Bestäubt eure Hände mit Mehl“, sagt sie. „So etwa.“ Sie zeigt es Bailey, indem sie ihn ihre eigenen Hände abtasten lässt. „Und jetzt macht ihr Schlangen. Rosie, zeigst du es Bailey?“ Ich funkle sie empört an. Ich habe keine Lust, das Bailey zu zeigen! Aber Granny zwinkert mir zu. Also gehe ich zu Bailey, nehme seine Hände und lege sie auf den Teig, meine Hände auf seine. Ich zeige ihm, wie er den Teig mit den Fingern rollen soll, damit er immer länger und dünner wird. Meine Wut auf Bailey verfliegt, während meine Hände auf seinen liegen. „Ah, verstehe“, sagt er. Ich lasse seine Hände los, trete einen Schritt zurück und beobachte, wie flink er seinen Teig zu einer perfekten Schlange rollt. Innen drin denke ich gute und schlechte Dinge. Am liebsten würde ich immer so dastehen und Bailey zuschauen. Ich möchte, dass er niemals weggeht. Ich will nicht, dass

[1] die Blindenschrift: Schrift, die Blinde mit den Fingern lesen können

[2] Granny: englisches Wort für *Großmutter*

[3] bene: italienisches Wort für *gut*

[4] walken: hin- und herdrücken

[5] das Oval: geometrische Form:

er sich mit Janine abgibt[6]. Ich bin sauer auf Janine, weil sie hier in unser Viertel gezogen ist. Am liebsten würde ich die Schlangen lebendig machen, sie sollen vom Tisch hinuntergleiten, unter der Tür durch und rüber zum Haus, in dem sie wohnt, und ...

„Hilfst du uns, Rosie?“, fragt Granny Torrelli und reißt mich aus meinen Gedanken, holt mich zurück in die Küche und zum Nudelteig.

Wir rollen ganz viele Schlangen und dann sagt Granny zu mir, ich soll die Schlangen in Stücke schneiden, also zerhacke ich sie in Minischlangen, die vielleicht zwei Zentimeter lang sind. Und das, was jetzt kommt, gefällt mir besonders gut, weil wir jetzt kleine Cavatelli[7] formen.

„Rosie, zeigst du es Bailey?“, sagt Granny Torrelli, und ich finde es angenehm, meine Hände wieder auf Baileys zu legen. Ich tunke seine Finger ins Mehl, dann zeige ich ihm, wie er eins der Schlangenstückchen zwischen Zeigefinger und Daumen rollen und gleichzeitig ein bisschen drücken soll, damit die ideale Form entsteht: ein winziges Teigschiffchen.

„Bene, bene“, murmelt Granny Torrelli, die uns gegenübersitzt und beobachtet, wie wir Seite an Seite die kleinen Teigschiffchen herstellen, die Cavatelli. Und in der Küche ist es jetzt ganz friedlich. In mir und um mich herrscht eine herrliche Ruhe.

[6] sich mit jemandem abgeben: mit jemandem zusammen sein

[7] die Cavatelli:

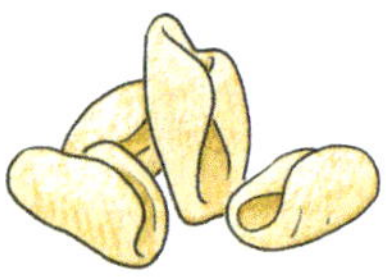

Seite 288–289

Folie

1 **a)** Erschließe den Textauszug mit der **Lesemethode für erzählende Texte.**
b) Stelle einem Partner drei Fragen zum Text und lass sie beantworten, z. B.: *Was meint Granny Torrelli mit „Schlangen“?* Tauscht dann die Rollen.

2 Das folgende Schema stellt die Beziehungen der Personen im Text dar. Übertrage es in dein Heft und vervollständige es, indem du die Pfeile mit Stichpunkten beschriftest, z. B.: *ist eifersüchtig auf* →

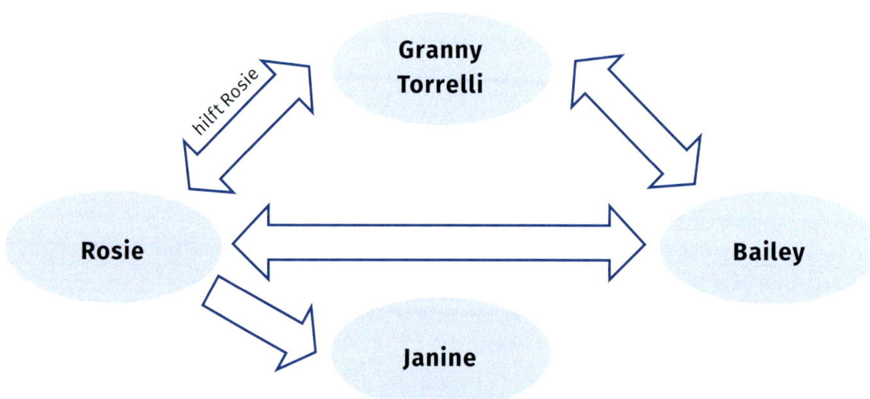

3 Erkläre, wie es Granny Torrelli schafft, den Konflikt zwischen Rosie und Bailey zu lösen.

4 **a)** Erläutere den letzten Satz: *„In mir und um mich herrscht eine herrliche Ruhe.“* (Z. 51–52)
b) Wie könnt ihr euch am besten beruhigen? Sprecht darüber, was euch entspannen lässt.

☆ **5** Schreibe eine eigene Geschichte, in der Essen die Menschen verbindet.

Lernbegleitbogen *Essen verbindet*: ein Rezept überarbeiten

Kompetenz / Inhalt Ich kann ...	Selbsteinschätzung ☺ 😐 ☹	Fremdeinschätzung ☺ 😐 ☹	Bemerkungen	Hier kannst du weiterüben:
Informationen aus Bildern entnehmen, eigene Kenntnisse in einem Cluster sammeln (S. 114–115)				
mit treffenden Nomen und Verben Küchengeräte und Tätigkeiten bezeichnen (S. 116–117, 119)				AH, S. 30
eine Wörterliste anlegen (S. 117)				
Abkürzungen erklären und verwenden (S. 118–119)				AH, S. 29
die Reihenfolge von Arbeitsschritten sprachlich deutlich machen (S. 120)				
einzelne Arbeitsschritte übersichtlich gegliedert darstellen (S. 121)				
ein Rezept übersichtlich sowie verständlich aufschreiben und dabei den Adressaten ansprechen (S. 122)				
ein Rezept anhand von Kriterien überarbeiten (S. 123)				AH, S. 31–32 AH, S. VII, VIII
Wortzusammensetzungen bilden (S. 127)				SB, S. 244 AH, S. 60
Wörter mit doppeltem Konsonanten richtig schreiben (S. 128)				SB, S. 250–251 AH, S. 62
einen Auszug aus einem Jugendroman lesen und verstehen (S. 129–130)				

AH = Arbeitsheft, SB = Schülerband

Trainiere die Kompetenzen, bei denen du selbst oder ein anderer ein 😐 oder ☹ eingetragen hat. Tipps zum Üben findest du in der letzten Spalte.

→ Überprüfe anschließend dein Wissen und Können, indem du einen der **Kompetenz-Checks** bearbeitest: **Kompetenz-Check A** (Seite 124–125) oder **Kompetenz-Check B** (Seite 124 und 126). Vergleiche dein Ergebnis mit dem Mustertext im Lösungsheft.

Sagenhaft

1 Oben in der Karte findest du die Namen von Orten, zu denen Sagen erzählt werden.
a) Ordne die Abbildungen den auf der Karte genannten Sagen zu. Begründe deine Zuordnungen.
b) Vergleicht eure Ergebnisse untereinander.
c) Welche der Sagen kennst du bereits? Tauscht euch darüber aus.

2 **a)** Wähle eine Sage aus der Karte aus. Suche sie im Internet oder in einer Bücherei.
b) Lest die ausgewählten Sagen in der folgenden Stunde in der Klasse vor.
c) Vergleicht sie und überlegt, was sie gemeinsam haben.
d) Findet heraus, was an den vorgelesenen Sagen wahr sein könnte.

3 Tauscht euch darüber aus, was man unter einer „Sage“ versteht.

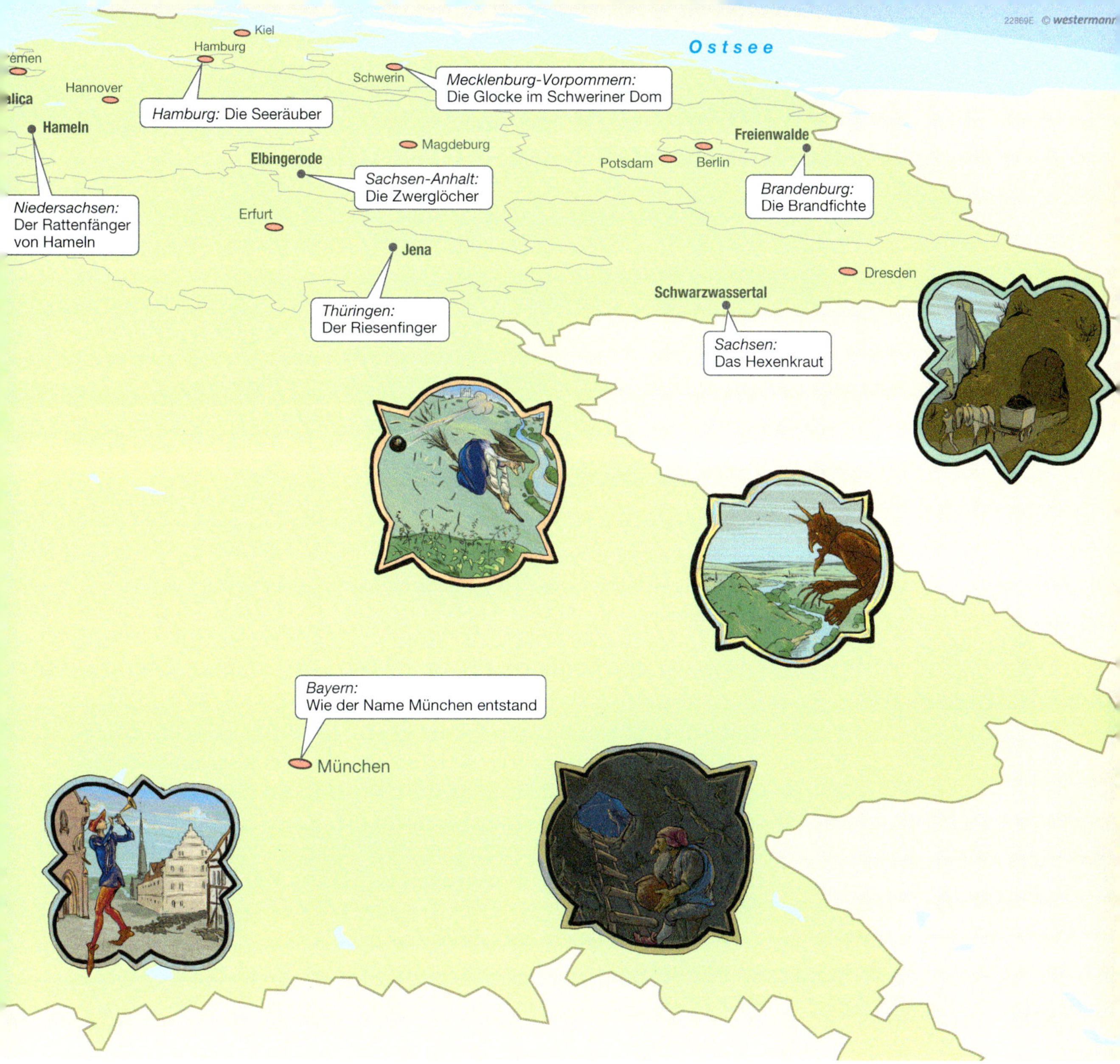

4 Suche eine Sage aus deinem Heimatort oder aus der näheren Umgebung. Gib zum Beispiel den Suchbegriff „Sage Düsseldorf" in eine Internet-Suchmaschine ein.
Lies die Sage deinen Mitschülerinnen und Mitschülern vor.

In diesem Kapitel beschäftigst du dich mit Sagen aus verschiedenen Bundesländern. Du lernst typische Merkmale von Sagen kennen und bekommst Tipps, wie du Sagen mündlich erzählst. Du untersuchst Sagen schriftlich, indem du sie zusammenfasst, Fragen zu ihrem Inhalt beantwortest und Stellung zu einer Äußerung nimmst.

Von Riesen und Bergen – Merkmale von Sagen erkennen

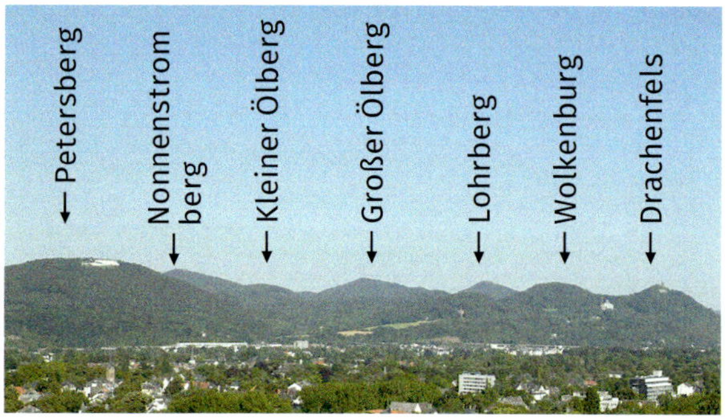

1 Beschreibe das Foto:
a) Erkläre den Namen „Siebengebirge“.
b) Vermute, wie sich die Menschen die Entstehung des Siebengebirges vorgestellt haben.

Die Entstehung des Siebengebirges

(1) Im Rheinland, zwischen Bonn und Bad Honnef, liegt rechts des Rheins das Siebengebirge. Wie das Siebengebirge entstanden ist, erzählt man sich dort so: In uralten Zeiten war der Drachenfels mit dem Berg, auf dem der Rolandsbogen[1] steht, durch einen Höhenzug[2] verbunden. Dahinter staute[3] sich der Rhein zu einem gewaltigen See. Da es jedoch oft zu Überflutungen kam, die die Menschen auf der anderen Seite des Höhenzuges bedrohten, waren die Menschen sehr in Furcht.

(2) Eines Tages riefen sie daher sieben kräftige Riesen und versprachen reichlich Lohn, wenn sie ihnen einen Durchgang durch den Höhenzug graben würden. Die Riesen waren einverstanden, kamen, jeder mit einer großen Schaufel auf der Schulter, und machten dem Rhein in nur drei Monaten einen Weg frei. Als nun der Fluss mit seinen Wassermassen ins Tal strömte. bildeten sich dort an seinen Ufern fruchtbare Ebenen[4].

(3) Die Riesen wurden reichlich entlohnt und machten sich für ihre Heimreise fertig. Sie wollten jedoch nicht mit schmutzigem Gerät davongehen und so klopfte ein jeder mit seiner riesigen Schaufel kräftig auf den Boden. Die Erde löste sich Klumpen für Klumpen von den Schaufeln, und so wuchsen sieben große Berge, die dem Siebengebirge der Sage nach den Namen gaben.

(4) Weiter südlich war noch ein weiterer Berg entstanden: der Himmerich, der im Volksmund auch der „Riesenschiss“ genannt wird. Denn der Sage nach sollen die Riesen während ihrer Arbeit seitwärts dorthin gegangen sein, wenn sie mal „mussten“.

[1] der Rolandsbogen:

[2] der Höhenzug: mehrere Berge nebeneinander

[3] sich stauen: sich ansammeln

[4] die Ebene: flaches Land

2 **a)** Erschließt die Sage durch **Partnerlesen**. Nutzt dabei auch die Worterklärungen und die Illustration.
b) Vergleicht eure Vermutungen mit dem Inhalt der Sage.

Seite 292

3 **a)** Lies in der **LERNBOX** nach, welche Merkmale Sagen haben.
b) Markiere im Text, welche Sagenmerkmale du in dieser Sage findest.
c) Lege zu jedem Sagenmerkmal eine Karteikarte an. Notiere zu den Merkmalen, die in dieser Sage vorkommen, je ein Beispiel. Gib auch den Titel der Sage und Zeilenangaben in Klammern an.
Im Laufe des Kapitels wirst du deine Karteikarten vervollständigen.

Folie

auffällige Naturerscheinungen / besondere Bauwerke:
- ...

konkreter Ort / konkrete Zeit:
- Orte: Rheinland, zwischen Bonn und Bad Honnef, Siebengebirge, Drachenfels („Die Entstehung des Siebengebirges“: Z. 1, Z. 2, Z. 3)
- ...

Menschen, die wirklich gelebt haben:
- ...

wahrer Kern:
- ...

Sagen wurden früher mündlich erzählt:
- ...

Personen werden für ihre bösen Taten bestraft:
- ...

übernatürliche Wesen mit besonderen Kräften:
- ...

Weitere Übungen zu Sagenmerkmalen findest du im Arbeitsheft. AH, Seite 33

LERNBOX

Diese Merkmale kannst du in Sagen finden, aber nicht alle kommen in jeder Sage vor:

1. Da Sagen **früher mündlich erzählt** wurden, findet man oft Formulierungen wie *„In ... erzählt man sich ...“*.
2. Sagen erklären, wie **auffällige Naturerscheinungen** (*Felsen, Berge*) oder **besondere Bauwerke** entstanden sind.
3. Daher werden **konkrete Orte** (*die Stadt Hameln*) und **konkrete Zeiten** (*im 18. Jahrhundert*) genannt.
4. Manchmal handeln Sagen auch von **Menschen, die wirklich gelebt haben** (*Klaus Störtebeker*).
5. Oft kommen in Sagen **übernatürliche Wesen mit besonderen Kräften** vor (*Riesen*).
6. Vielfach werden in Sagen **Personen für ihre bösen Taten bestraft** (*Bischof Hatto*).
7. Sagen haben oft einen **wahren Kern**, das heißt, sie erklären etwas, das es noch gibt oder früher gab (*Bauwerke, Personen*).

TIPPBOX

Zu 3 b):
In dieser Sage kommen fünf Sagenmerkmale vor: die Merkmale 1, 2, 3, 5 und 7 aus der **LERNBOX**.

Die Seeräuber – eine Sage anhand von Bildern erzählen

1 Schau dir die Comicbilder genau an und tausche dich mit deinem Tischnachbarn darüber aus, was auf den Bildern dargestellt ist.

Kompetenz-Check: eine Sage untersuchen

Die erste Kohlenzeche an der Ruhr[1]

(1) ……………………………………………………………

Vor etwa tausend Jahren hütete[2] einmal ein Schweinejunge[3] an den Hügeln zwischen Hattingen und Langenberg Schweine. Der raue Herbstwind wehte ihnen die reifen Eicheln[4] zum Fressen von den Bäumen; aber die Kälte machte auch dem Hirten die Nase rot und die Hände steif. Um sich zu wärmen, machte der Junge in einem Loch, das die Schweine gewühlt hatten, aus kleinen Zweigen ein Feuerchen. Als es zu dämmern begann, lockte er seine Tiere: „Mutt, Mutt, Mutt!" Während sie zusammenliefen, warf er die Asche an der Brandstelle auseinander und bemerkte mit Erstaunen, dass der Boden noch immer brannte und glühte.

(2) ……………………………………………………………

Am nächsten Tag trieb er wieder die Herde[5] aus, und siehe da, von ferne schon leuchtete ihm an dem Berge ein langer rot glühender Streifen entgegen! Als er näherkam, erkannte er, dass die schwarzen Steine brannten, die seine Schweine mit Vorliebe auswühlten und zerknabberten. Er holte seinen Vater zu dem sonderbaren Feuer.

(3) ……………………………………………………………

Der alte Mann wunderte sich auch, nahm eine Mütze voll der seltsamen Steine mit nach Hause und versuchte, sie mit Holzstücken zusammen auf dem Herde zu verfeuern. Wie das Süppchen über dieser Hitze anfing zu kochen! Kein Wunder, dass er sich bald einen Sack voll des neuen Brennstoffes holte und dass viele Nachbarn es genauso machten. „Hätten wir doch auch Steinkohlen!", sagten die Schmiede. „Wir haben keine Zeit, sie auszugraben." Da füllten fleißige Männer ab und zu eine Schubkarre[6] mit der neuen Kohle und fuhren sie vor die Schmiede[7]. So ging es einige hundert Jahre lang.

(4)……………………………………………………………

Dann aber kam ein reicher Mann auf den Berg und sprach: „Ich will einen bequemen Gang in den Berg graben und Steinkohlen aus der Tiefe holen lassen, um sie zu verkaufen. Wer mir hilft, soll einen guten Lohn erhalten." Es meldeten sich viele zu der Arbeit im Berge, und bald brachten Fuhrleute mit Pferd und Wagen die Kohlen über Land. Die Bergleute erzählten dem Unternehmer, wie einst der Hirtenjunge die Steinkohlen entdeckt hatte, und sie nannten ihre Arbeitsstätte: „Op der Mutte". Das ist die älteste Kohlenzeche an der Ruhr.

[1] die Ruhr: Fluss im Ruhrgebiet

[2] hüten: auf jemanden aufpassen

[3] der Schweinejunge: Junge, der Schweine hütet

[4] die Eichel: Frucht des Eichenbaums

[5] die Herde: Gruppe von Tieren (hier: Schweinen)

[6] die Schubkarre: Karre mit einem Rad und zwei Stangen zum Anheben und Schieben

[7] die Schmiede: Werkstatt, in der Metall verarbeitet wird

Kompetenz-Check A

Schreibe eine Textuntersuchung zu der Sage „Die erste Kohlenzeche an der Ruhr“. Bearbeite folgende Teilaufgaben in einem zusammenhängenden Text:
a) Schreibe eine Einleitung, in der du den Titel und die Textart benennst und das Thema formulierst (TTT-Satz).
b) **Fasse** den Inhalt mit eigenen Worten **zusammen**.
c) Im Text heißt es: *„Er holte seinen Vater zu dem sonderbaren Feuer.“* (Z. 12 / 13)
Erkläre, warum das Feuer als sonderbar bezeichnet wird.
d) **Erläutere** anhand eines Beispiels aus dem Text, warum es sich um eine Sage handelt.
e) Ein Schüler sagt über die Sage: *„Der Hirte und die Schmiede waren nicht besonders klug. Sie hätten doch selbst reich werden können.“*
Nimm Stellung zu der Aussage und **begründe** deine Meinung.

1 Plane deine Textuntersuchung:

Folie

a) **Erschließe** die Sage mithilfe der **Lesemethode für erzählende Texte**.
b) Lege dir einen Schreibplan als Tabelle an. Orientiere dich dabei an den Teilaufgaben **a)–e)** und trage deine Vorarbeiten in den Schreibplan ein:

Teilaufgabe	Arbeitsschritte	meine Ergebnisse in Stichpunkten
a)	Textsorte, Titel und Thema nennen	– Sage …
b)	Inhalt wiedergeben	– Schweinehirt zündet Feuer an / „Steine“ glühen weiter … – …
c)	erklären, warum das Feuer …	…
d)	…	…
e)	…	…

2 Schreibe einen Entwurf deiner Textuntersuchung.

Folgende Stichworte kannst du zur Wiedergabe des Inhalts (Aufgabe **b)**) ausformulieren:
vor etwa tausend Jahren / zwischen Hattingen und Langenberg / Schweinehirte hütet Schweine / zündet Feuer an und lässt es später erlöschen / Boden glimmt aber immer weiter / Vater nimmt glühende Steine mit nach Hause …

Folgende Satzanfänge kannst du verwenden:
zu **c)**: – *Das Feuer wird als sonderbar bezeichnet, weil es …*
zu **d)**: – *Bei dem Text „Die erste Kohlenzeche an der Ruhr“ handelt es sich um eine Sage, weil …*
zu **e)**: – *Der Schüler ist der Meinung, dass … Ich …*

3 Überarbeite deine Textuntersuchung mithilfe der **CHECKLISTE** auf Seite 144.

Im Blickpunkt: richtig schreiben

Das Komma zwischen Haupt- und Nebensätzen

Das steinerne Brot

[Im Dreißigjährigen Kriege (1618–1648) wurde das Brot so knapp], | [dass selbst der reichste Bauer seinen ältesten Sohn zum Kloster schickte]. || Er sollte dort um Brot betteln. Abends ging der Junge vergnügt heim, weil er einen ganzen großen Laib bekommen hatte.

Der Junge begegnete einer Frau mit einem kleinen Kind als er an einer Brücke vorbeikam. Sie war so schwach vor Hunger dass sie es nicht mehr bis zum Kloster hinauf schaffte. Sie flehte den Jungen um ein Stück Brot an. Der Junge gab ihr kein Brot obwohl er eins in der Tasche hatte. Er habe bloß einen Stein geholt weil sie zuhause den kleingeschnittenen Kohl beschweren wollten. Dann ging er von der Straße herunter damit er nicht noch einmal angebettelt werden konnte. Der Vater wollte zu Hause das Brot anschneiden da alle Kinder sehr hungrig waren. Aber das Messer ging nicht in das Brot weil es zu Stein geworden war.

1 Sprecht darüber, ob die Strafe gerecht ist.

2 a) Unterstreiche die Verben und kennzeichne die Sinneinheiten in den ersten drei Sätzen (Z. 1–4) wie im Beispiel. Erkläre, wie sie mit der Kommasetzung zusammenhängen.
b) Kennzeichne die Sinneinheiten in den restlichen Sätzen. Setze die Kommas.

Folie

3 Verbinde jeweils zwei Sätze durch die Konjunktion in Klammern zu einem Satzgefüge und setze die Kommas. Achte auf die Stellung des Verbs im Nebensatz.
A Da erschrak der Bursche. Er hatte gelogen. (*weil*)
B Er wollte für seine Sünde büßen. Er verrichtete die härteste Arbeit. (*indem*)
C Er durfte ins Kloster kommen. Er hatte der Frau nicht geholfen. (*obwohl*)
D Der Abt bewahrte das Brot in der Kirche auf. Alle konnten es sehen. (*damit*)
E Das steinerne Brot wurde verschüttet. Später zerfiel die Kirche. (*als*)

Seite 271

4 Fasse die Sage in eigenen Worten zusammen. Verwende Satzgefüge und achte dabei besonders auf die Kommasetzung.

LERNBOX

Die Kommasetzung in Satzgefügen

1. **Hauptsatz** und **Nebensatz** werden immer **durch Komma getrennt**.
2. Ein Nebensatz kann nicht allein ohne einen Hauptsatz stehen:
   Als ich krank war → geht nicht.
   Aber: *Als ich krank war, blieb ich im Bett.*
3. Ein Nebensatz beginnt mit einer **Konjunktion**:
   Die Kinder gehen ins Bett, weil sie müde sind.
   Konjunktionen sind z. B. *weil, indem, damit, dass, obwohl, als, wenn.*

TIPPBOX

Zu 2 a):
Zu einer Sinneinheit zählen die Wörter, die zu einem Verb gehören. Sprechpausen zeigen dir das Ende einer Sinneinheit an.

Im Blickpunkt: Lesen

Die Siegfriedsage entstand in den Zeiten der Völkerwanderung im frühen Mittelalter. Sie wurde mündlich weitererzählt und als Teil des Nibelungenliedes erst um 1200 nach Christus aufgeschrieben.
Die Siegfriedsage ist eine Heldensage. Heldensagen erzählen von Menschen mit außerordentlichen Kräften. Siegfried war zum Beispiel nicht nur sehr stark, tapfer und listig, sondern er besaß auch ein besonderes Schwert und eine Tarnkappe[1].
Die folgende Sage erklärt, wieso Siegfried auch fast unverletzlich war.

[1] die Tarnkappe:

Siegfrieds Kampf auf dem Drachenfels

In einer Felshöhle hauste einst ein Drache. Die Menschen waren ihm schutzlos ausgeliefert, und er konnte nur freundlich gestimmt werden, indem ihm jedes Jahr eine Jungfrau geopfert wurde.
Weit weg in Xanten am Niederrhein hatten zu jener Zeit der König der Niederlande, Siegmund, und seine Frau Sieglinde einen Sohn bekommen. Sie nannten ihn Siegfried. Als junger Mann machte er sich auf, die Welt zu erkunden.
Unterwegs suchte er in einer Schmiede Schutz vor einem Unwetter. Der Schmied[2], der ihm öffnete, war Mime, der Bruder von Alberich, dem König der Zwerge – und ein kunstreicher Fürst des Schmiedehandwerks. Siegfried verpflichtete sich, dem Schmied ein Jahr als Geselle zu dienen. So kam Siegfried in die Lehre beim besten aller Schmiede und brachte es innerhalb kurzer Zeit sehr weit in dieser Kunst. Dann, nach einem heftigen Streit, verließ Siegfried den Zwerg. Mit seinem selbst geschmiedeten Schwert Balmung ritt er rheinabwärts, bis er in die Gegend von Heisterbach kam.
Vor den Gipfeln des Siebengebirges traf er auf zahlreiche Männer und Frauen, die ein vor Angst zitterndes Mädchen herbeiführten. Es sollte dem Drachen geopfert werden. Siegfried erkannte, dass nur der Tod des Drachens das Leben des Mädchens retten würde. Und als die Ärmste von der Menschenmenge den Berg hinauf zur Höhle geführt wurde, lief auch er los. Er nahm jedoch eine steile Abkürzung, um vor ihnen dort zu sein.
Der Drache witterte den Menschenduft und kroch voll Vorfreude aus seiner Höhle hervor. Doch als er statt eines Mädchens den jungen Kämpfer erblickte, wurde er wütend. Sein Kamm[3] schwoll an, rauchender Zorn stieg aus seinen Nüstern[4] auf, sein Schwanz peitschte Laub und Erde in die Luft.
Siegfried merkte schnell, dass er mit dem Schwert keine Chance hatte. Die Hornplatten[5] des Ungeheuers waren zu hart und schützten es vor seinen Hieben. Doch er entdeckte die verwundbare Stelle des Drachen und sammelte hastig trockenes Reisig[6] zusammen.
Als der Drache nun erneut mit weit aufgerissenem Maul Feuer spuckend angriff, war der entscheidende Moment gekommen! Siegfried warf ihm das Reisigbündel in den Rachen, das dort sofort Feuer fing. Das Untier bäumte sich vor Schmerz auf, sodass sein Hals einen Augenblick lang frei lag. Darauf hatte Siegfried gewartet, denn dies war die einzig ungeschützte Stelle des Ungeheuers. Blitzschnell stieß er sein Schwert hinein, und aus der Wunde schoss ein riesiger Blutstrom. Der Drache verendete[7] unter wilden Zuckungen.

[2] der Schmied: Handwerker, der Geräte aus Metall baut

[3] der Kamm:
[4] die Nüster:
[5] die Hornplatte:

[6] das Reisig: dünne Zweige

[7] verenden: sterben

Als sich Siegfried für einen Augenblick zu Boden setzte, um auszuruhen, bemerkte er, dass das Gemisch aus Blut und geschmolzenem Drachenhorn auf seiner Haut getrocknet war und einen undurchdringlichen Schutzpanzer gebildet hatte. Nun wusste Siegfried, wie er sich in Zukunft vor Feinden schützen konnte. Hastig riss er sich die Kleider vom Leib und wälzte sich nackt in der noch warmen Pfütze, die sich neben dem toten Drachen gebildet hatte. So erhielt er am ganzen Körper Schutz – und damit den Ruf[8], unverwundbar zu sein. Nur eine kleine Stelle auf seinem Rücken, auf die ein Lindenblatt heruntergefallen war, blieb unbedeckt. Als er dies bemerkte, war es zu spät, denn die Pfütze war bereits im Boden versickert. Bekanntlich kostete ihn dies, so die Nibelungensage, später das Leben.

[8] den Ruf haben: die Meinung, die die Leute von jemandem haben

1 Erschließe die Sage durch **Partnerlesen** (→ **S. 292**).

2 Die folgenden Sätze geben den Inhalt der Sage wieder. Die Reihenfolge der Sätze ist jedoch durcheinandergeraten. Ordne die Sätze und nummeriere sie so, dass sie den Inhalt der Sage richtig wiedergeben. Notiere hinter den Sätzen die jeweilige Nummer. Wenn du die Sätze richtig geordnet hast, erhältst du ein Lösungswort.

A Siegfried trifft auf die Leute von Heisterbach. (NF) ___
B Siegfried wird durch das Bad des Drachens unverwundbar. (ER) ___
C Siegfried von Xanten wird geboren. (AC) ___
D Siegfried erlernt das Schmiedehandwerk. (HE) ___
E Der Drache bekommt jedes Jahr eine Jungfrau als Opfer. (DR) ___
F Siegfried tötet den Drachen. (EU) ___

Notiere hier dein Lösungswort: ___ ___ ___ ___ ___ ___

Folie

Folie

3 **a)** Wo stehen im Text die folgenden Aussagen? Notiere die Zeilen:

A Der Drachen lässt sich nur besänftigen, wenn man ihm ein Menschenopfer bringt. _____
B Der Bruder des Königs der Zwerge ist Schmied. _____
C Siegfried ist ein guter Schmied. _____
D Siegfried kann am Körper des Drachen sehen, dass dieser wütend ist. _____
E Siegfried ist nach dem Kampf sehr erschöpft. _____
F Hätte Siegfried das Lindenblatt von seinem Rücken entfernt, wäre er später nicht gestorben. _____

b) Formuliere den unterstrichenen Ausdruck mit eigenen Worten um:
„Mit seinem selbst geschmiedeten Schwert Balmung ritt er <u>rheinabwärts</u>." (Z. 13)

4 Gib den Inhalt der folgenden Textstellen mit eigenen Worten wieder:
Z. 10–12, Z. 17–18, Z. 36–39.

5 Siegfried bemerkt, dass er mit seinem Schwert keine Chance gegen den Drachen hat. Suche die Textstelle und erkläre mit eigenen Worten, wieso er trotzdem den Kampf gewinnt.

Folie

6 Finde die Textstellen, die belegen, dass es sich um eine Sage handelt.
a) Kreuze an, welche Sagenmerkmale in dieser Sage zu finden sind:

Sagenmerkmal	X	Beispiele	Zeile
Formulierungen wie „In ... erzählt man sich ..."			
auffällige Naturerscheinungen, besondere Bauwerke			
konkrete Orte und / oder konkrete Zeiten			
Menschen, die wirklich gelebt haben			
übernatürliche Wesen mit besonderen Kräften			
Bestrafung von Personen für ihre bösen Taten			

b) Notiere in der Tabelle Beispiele aus dem Text und die Zeilenangabe.

Folie

7 **a)** Welche Aussage trifft am besten auf die Sage zu? Entscheide dich für einen der folgenden Sätze:
Die Sage erzählt, wie Siegfried ...
– ... durch eine List getötet wird. *
– ... unverwundbar wird. *
– ... eine Jungfrau befreit. *
b) Begründe deine Entscheidung mit passenden Textstellen.

8 Wähle eine Aufgabe aus:
☆ **a)** Zeichne eine Bildergeschichte zu der Sage.
b) Schreibe eine eigene Geschichte über den (fast) unbesiegbaren Siegfried.
c) Erzähle die Sage aus der Perspektive eines Menschen aus Heisterbach, der unter dem Drachen zu leiden hatte. So kannst du beginnen:
Wir hatten große Angst vor dem Drachen, denn ...

Lernbegleitbogen *Sagenhaft*: eine Sage untersuchen

Kompetenz / Inhalt Ich kann ...	Selbsteinschätzung ☺ 😐 ☹	Fremdeinschätzung ☺ 😐 ☹	Bemerkungen	Hier kannst du weiterüben:
meine Vorkenntnisse darstellen und eine Sage recherchieren (S. 132–133)				
Sagenmerkmale erkennen (S. 134–135)				AH, S. 33
eine Sage anhand von Bildern lebendig und anschaulich erzählen (S. 136–137)				
Einen Text mithilfe der Lesemethode für erzählende Texte erschließen und dabei ... – unbekannte Wörter klären – Sinnabschnitte erkennen – Zwischenüberschriften formulieren – Sinnabschnitte stichwortartig zusammenfassen (S. 138–139)				SB, S. 140
eine Inhaltszusammenfassung schreiben und dabei ... – eine Einleitung mit Textart, Titel und Thema formulieren (TTT-Satz) – den Inhalt mit eigenen Worten und sachlich wiedergeben (S. 139)				
Fragen zu einem Text beantworten und dabei Textstellen berücksichtigen (S. 140)				
meine Meinung zu einer Aussage über den Text äußern und begründen (S. 141)				
eine vollständige Textuntersuchung planen und schreiben (S. 142–143)				AH, S. 34–36 AH, S. V, VI
eine Textuntersuchung überarbeiten (S. 144)				AH, S. 34–36
Haupt- und Nebensätze miteinander verknüpfen (S. 148)				SB, S. 222, 229 AH, S. 51
das Komma zwischen Haupt- und Nebensätzen setzen (S. 149)				SB, S. 271 AH, S. 76
eine Sage verstehen (S. 150–152)				

Trainiere die Kompetenzen, bei denen du selbst oder ein anderer ein 😐 oder ☹ eingetragen hat. Tipps zum Üben findest du in der letzten Spalte. → Überprüfe anschließend dein Wissen und Können, indem du einen der **Kompetenz-Checks** bearbeitest: **Kompetenz-Check A** (Seite 145–146) oder **Kompetenz-Check B** (Seite 145 + 147). Vergleiche dein Ergebnis mit dem Mustertext im Lösungsheft.

A

B

(3) Wattwandern bedeutet Wandern auf dem Meeresboden. Dabei kann man Muscheln, Krebse und andere Tiere entdecken.

(1) 1884 wurde der Leuchtturm „Roter Sand“ erbaut. Heute kann man dort übernachten.

(4) Ganz im Norden Deutschlands liegt im Wattenmeer die größte deutsche Insel. Sie ist über einen Bahndamm mit dem Festland verbunden.

(2) Heuler nennt man kleine Seehunde, die man auch als Urlauber auf einer Sandbank sehen oder hören kann. In Friedrichskoog gibt es eine Seehundstation.

(5) Beim großen Sturm am 5. Dezember 2013 war auf den Halligen „Land unter“. Nur die Häuser auf den aufgeschütteten Hügeln ragten aus dem Meer.

Mehr als Sand und Meer

1 **a)** Schau dir die Bilder und die Karte genau an und ordne sie den Texten zu:
A → 3, B → ? ...

Folie

Seite 170–172

b) Löse das Rätsel. Achte auf die vorgegebene Buchstabenzahl.

A „Roter Sand“ heißt ein berühmter _ _ _ _ _ t t _ _ _.

B Ganz junge Seehunde nennt man _ _ _ _ _ _ _.

C Inseln mit aufgeschütteten Hügeln zum Schutz der Häuser vor dem Meer heißen _ _ _ _ _ _ _ _ _ _.

D Wandern auf dem Meeresboden nennt man W _ _ _ w _ _ _ _ _ _ _ _.

E Die größte deutsche Insel im Wattenmeer heißt _ y _ _.

c) Vergleiche deine Lösungen mit denen deines Nachbarn.

☆ **2** Lass dich von den Bildern anregen und erzähle, was man an der Nordsee alles erleben kann. Du kannst auch berichten, was du über die Nordsee im Fernsehen gesehen oder in einem Buch gelesen hast.

Lernbegleitbogen *Mehr als Sand und Meer*: Informationen ermitteln, vergleichen und daraus Schlüsse ziehen

Kompetenz / Inhalt Ich kann ...	Selbstein-schätzung ☺ 😐 ☹	Fremdein-schätzung ☺ 😐 ☹	Bemer-kungen	Hier kannst du weiter-üben:
Fragen zu Texten und Bildern beantworten (S. 154–155)				
eine Wörterliste mit Fachwörtern anlegen (S. 156–157)				
ein Kurvendiagramm auswerten (S. 158)				
einen Text mithilfe der Lesemethode erschließen und dabei – Vermutungen zum Inhalt anhand der Überschrift und / oder anhand von Bildern äußern – unbekannte Begriffe aus dem Textzusammenhang erschließen – Schlüsselstellen im Text aufspüren – zu jedem Sinnabschnitt eine Überschrift formulieren (S. 159–160)				SB, S. 286–287
eine Tabelle auswerten (S. 161)				
Informationen entnehmen, vergleichen und Schlüsse ziehen (S. 159–161)				
ein Piktogramm auswerten (S. 163)				SB, S. 168
Materialien vergleichen und Schlüsse ziehen, dabei – Aufgaben und Fragen zu Texten und Grafiken bearbeiten – Informationen miteinander vergleichen und Schlüsse ziehen – Ergebnisse in einem kurzen Text zusammenfassen und in einer Schlussfolgerung erläutern (S. 162–163)				AH, S. 37–40 AH, S. VII, VIII
einen Textvergleich überarbeiten (S. 164)				
Aufforderungssätze formulieren (S. 168)				SB, S. 224–225
Lernwörter mit Doppelvokal richtig schreiben (S. 169)				
einen Sachtext verstehen und dies durch die Beantwortung von Fragen nachweisen (S. 170–172)				

AH = Arbeitsheft, SB = Schülerband

Trainiere die Kompetenzen, bei denen du selbst oder ein anderer ein 😐 oder ☹ eingetragen hat.
Tipps zum Üben findest du in der letzten Spalte.
→ Überprüfe anschließend dein Wissen und Können, indem du **Kompetenz-Check A** (Seite 165–166) oder **Kompetenz-Check B** (Seite 165 + 167) bearbeitest.
Vergleiche dein Ergebnis mit dem Mustertext im Lösungsheft.

Alle mal herhören: Der Vorlesewettbewerb

1 Was macht die Klasse 6b in der Bücherei? Beschreibt die Situation.

2 In den meisten Schulen findet in der 6. Klasse der Vorlesewettbewerb statt. Erarbeitet die folgenden Aufgaben und haltet eure Ergebnisse in einem Wandspeicher fest:

a) Tauscht euch darüber aus, was ihr schon über den Vorlesewettbewerb wisst.

b) Welche zusätzlichen Informationen zum Wettbewerb erhaltet ihr aus der Abbildung?

c) Recherchiert unter www.vorlesewettbewerb.de weitere Informationen zum nächsten Vorlesewettbewerb.

Folie

3 Beim Vorlesewettbewerb geht es darum, vor Zuhörern einen Textauszug wirkungsvoll und gut verständlich vorzulesen. Wie du dich auf den Vorlesewettbewerb vorbereitest, verrät dir der durcheinandergeratene Text rechts. Die richtige Reihenfolge der Sätze ergibt ein Lösungswort: _________.

So bereitet ihr euch auf den Vorlesewettbewerb vor:

(R) Stelle dich darauf ein, dass du während des Vorlesewettbewerbs nach deinem vorbereiteten Beitrag auch eine dir unbekannte Textstelle vorlesen musst.

(D) Nach dem Auswählen der Textstelle bereitest du diese zum Vorlesen vor.

(E) Dazu gehört auch, dass du deine Zuhörer über die Textstelle informieren kannst: Bereite dich darauf vor, Titel und Autor des Buches zu nennen und den Inhalt bis zur Textstelle zusammenzufassen.

(N) Du solltest für die ausgewählte Textstelle nicht mehr als drei Minuten Vorlesezeit brauchen.

(W) Zuerst wählst du ein Buch aus, aus dem du vorlesen möchtest.

(U) Danach liest du es, um es kennenzulernen und um eine geeignete Textstelle zum Vorlesen zu finden.

In diesem Kapitel bereitest du dich mithilfe des Jugendromans „Wunder“ von Raquel J. Palacio auf den Vorlesewettbewerb vor: In sechs Schritten trainierst du für den Wettbewerb. Du lernst z. B., wie du eine Textstelle auswählst und diese zum wirkungsvollen Vorlesen vorbereitest.

1. Schritt: ein Buch auswählen

Für den Vorlesewettbewerb suchst du dir zunächst ein Buch zum Lesen aus.
In der Bücherei erhältst du viele Tipps und Anregungen. Diese Bücher könntest du beispielsweise auswählen:

1 Welches Buch würdest du gerne lesen? Begründe, warum es dich anspricht.

2 Kennst du eines der abgebildeten Bücher? Erzähle etwas über den Inhalt.

3 **a)** Auf fast jedem Buch ist ein Klappentext abgedruckt. Besprecht, wozu ein Klappentext hilfreich ist.
b) Lies die Klappentexte auf der nächsten Seite und ordne sie den Titelbildern auf dieser Seite zu. Begründe deine Zuordnung.

4 Bücher werden verschiedenen Themenbereichen, den Genres, zugeordnet.
a) Lies die **LERNBOX** und ordne die oben abgebildeten Bücher passenden Genres zu. Tauscht euch zu zweit über eure Begründungen aus.
b) Nennt weitere Bücher, die ihr kennt, und ordnet sie ebenfalls einem Genre zu. Auf diese Weise erhaltet ihr schon eine kleine Literaturliste.

! LERNBOX

Bücher nach Themenbereichen unterscheiden
Je nach Inhalt unterscheidet man bei Büchern verschiedene Themenbereiche. Diese **Themenbereiche** nennt man auch **Genres**. Die meisten Bücher kannst du einem Genre zuordnen, manche Bücher auch mehreren Genres.
Beispiele für verschiedene Genres sind:
- Fantasy
- Abenteuer
- Detektivgeschichten / Krimis
- Pferdegeschichten
- Freundschaft und Liebe
- ...

b) Vergleicht die Ergebnisse innerhalb der Gruppe.
Welche Gemeinsamkeiten und Unterschiede gibt es?
Was ist auffällig? Welche Schlussfolgerungen
könnt ihr daraus ziehen?
Folgende Formulierungen könnt ihr nutzen:
- *Wir alle nutzen ... gleich lange, aber ... unterschiedlich lange.*
- *Auffällig sind große Abweichungen bei der Nutzung von ...*
- *Besonders das Medium ... wird nicht von allen genutzt.*

5 Vergleicht eure Gruppenergebnisse in einem Klassengespräch.
Sprecht über auffällige Besonderheiten eurer Mediennutzung.
So könnt ihr formulieren:
- *In unserer Klasse werden ... besonders häufig genutzt.*
- *Dagegen werden ... gar nicht verwendet.*
- *Auffällig ist, dass ...*
- *Überrascht hat mich, dass ...*
- *Vielleicht liegt es daran, dass ...*

6 Das Diagramm zeigt ein Ergebnis der KIM-Studie (Kinder und Medien).
Diese Studie wird einmal im Jahr durchgeführt und befragt Kinder und Eltern bezüglich ihrer Mediennutzung.
a) Beschreibe das Diagramm: Was kann man aus ihm ablesen?
b) Vergleiche dieses Diagramm mit euren eigenen Werten.
Haben die Erziehungsberechtigten richtig geschätzt?

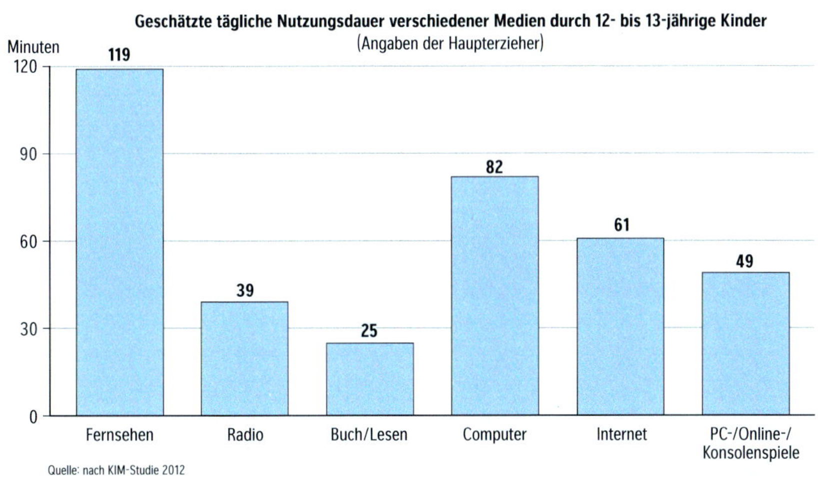

Quelle: nach KIM-Studie 2012

TIPPBOX

Zu 3 b): Du kannst für die vierte Spalte (Zweck) folgende Formulierungen zu Hilfe nehmen:
zum Abschalten / zur Unterhaltung / aus Gewohnheit / aus Langeweile / aus Interesse / zum Spielen / zum Informieren / um mich nicht allein zu fühlen

Medienkritik – Grafiken und Sachtexte verstehen

Auch Wissenschaftler beschäftigen sich mit der Frage, wie viel Kinder und Jugendliche fernsehen und welche Auswirkung das haben kann.
Zum Beispiel untersuchten Forscher die geistige Entwicklung von etwa 1900 Vorschulkindern. Diese Kinder bekamen die Aufgabe, einen Menschen zu zeichnen. Diese Zeichnungen stammen von Vorschulkindern, die ...

... pro Tag bis zu einer Stunde fernsehen.

... pro Tag mindestens drei Stunden fernsehen.

1 Schau dir die Abbildungen an. Beantworte die folgenden Fragen:
- Was mussten die Vorschulkinder bei dem Test tun?
- Beschreibe, was man aus der Abbildung ablesen kann.
- Je genauer die Abbildung war, desto höher wurde die Leistung des Kindes von den Wissenschaftlern eingestuft. Welchen Rat würdest du Eltern von Vorschulkindern geben?

Zu viel Fernsehen ist ungesund

(1) Unkontrolliertes Fernsehen

häufiges Fernsehen verhindert andere Beschäftigungen

Knapp zwei Drittel aller deutschen Kinder und Jugendlichen zwischen zwölf und neunzehn Jahren besitzen einen eigenen Fernseher. Kinder starren, wenn man sie lässt, stundenlang auf den Bildschirm. Die Lust auf sportliche oder auch kreative Aktivitäten wie Basteln, Malen oder Musizieren sinkt und schulische Leistungen lassen bei übermäßigem Medienkonsum deutlich nach. Für Hausaufgaben und körperliche Bewegung bleibt kaum noch Zeit.

(2) Fernsehen wirkt sich negativ auf das Lernen aus

spannende und schockierende Filme nach der Schule gefährden das Abspeichern von Gelerntem

Hirnforscher erläutern die Auswirkungen exzessiven[1] Fernsehkonsums auf das Lernen von Kindern und Jugendlichen: Was Kinder in der Schule hören oder sich zu Hause an Schulwissen aneignen, landet zunächst im Kurzzeitgedächtnis. Die danach folgende Abspeicherung im Langzeitgedächtnis dauert mindestens zwölf Stunden. Dabei ist es von entscheidender Bedeutung, was das Kind nach dem Lernen emotional[2] erlebt. Das Hirn reagiert sehr empfindlich auf starke Gefühle und konzentriert seine Gedächtnisarbeit auf die Eindrücke, die es emotional stark bewegen. Schaut sich das Kind nach dem Lernen spannende oder schockierende Filme an, die es in den Bann ziehen, wird das, was vorher im Kurzzeitgedächtnis gespeichert wurde, gewissermaßen verdrängt. Auf diese Weise verblasst das erlernte Schulwissen.

[1] exzessiv: übermäßig, sehr häufig

[2] emotional: gefühlsmäßig

(3) Medien bieten auch Chancen

Zu viel Fernsehen ist also ungesund, aber dennoch muss man wissen: In allen Medien stecken Chancen und Risiken für die Kinder. Nur wer die „Mediensprache“ versteht, kann mit ihnen wirklich umgehen und ihre Botschaften richtig einschätzen. Nicht Fernseher, Computer oder Smartphones sind das Problem, sondern der falsche Umgang damit. Als „Fenster zur Welt“ vermittelt der Fernseher Eindrücke, die andere Medien nicht bieten können. Bestimmte Sendungen können helfen, komplexe Geschehnisse leichter zu erfassen, und bieten Gesprächsstoff. Aber meistens ist es eben eine Scheinwelt, die über die Bildschirme flackert.

Chance: im Fernsehen kann man wichtige Dinge erfahren

Risiko: eine nicht wirkliche Welt wird gezeigt

(4) Empfehlungen der Bundeszentrale für gesundheitliche Aufklärung[3]

Die Bundeszentrale für gesundheitliche Aufklärung (BZgA) empfiehlt, dass Kinder zwischen zehn und dreizehn Jahren nicht mehr als 90 Minuten täglich fernsehen sollten. Forschungsergebnisse zeigen sogar, dass bereits mehr als eine Stunde Fernsehen am Tag zu Beeinträchtigungen führt. Generell gilt: Je jünger die Kinder, desto weniger dürfen sie fernsehen. Für alle Familienmitglieder sollte gelten, die Sendungen anhand von Programmzeitschriften auszuwählen und nach der Sendung den Fernseher auch konsequent abzuschalten.

[3] Eine Aufgabe der Bundeszentrale für gesundheitliche Aufklärung (BZgA) ist es, den Menschen zu erklären, wie sie gesund leben können.

2 Lies den Text mithilfe der **Lesemethode für Sachtexte**.

Seite 286–287

3 Überprüfe, ob du den Text verstanden hast. Bearbeite folgende Aufgaben:

a) Kreuze die richtigen Aussagen an:

A Der Autor möchte erreichen, dass Kinder nicht mehr fernsehen. [*]
B Der Autor möchte über Gefahren von Medien aufklären. [*]
C Der Text stellt nur die negativen Folgen des Fernsehens dar. [*]
D Der Text stellt das Fernsehen als „Fenster zur Welt“ dar. [*]

b) Beantworte die folgenden Aufgaben in ganzen Sätzen:

- Nenne Folgen unkontrollierten Fernsehens.
- Erkläre, warum das erlernte Schulwissen verblasst, wenn Kinder gleich nach der Schule fernsehen.
- Stelle dar, welche Chancen und Risiken von Medien der Text nennt.
- Gib die Empfehlungen der BZgA mit eigenen Worten wieder.

4 **a)** Erstellt in Partnerarbeit auf Grundlage der Abbildung und des Sachtextes fünf Regeln, die helfen, einen gesunden Umgang mit Medien einzuhalten.

b) Vergleicht eure Ergebnisse mit denen einer Partnergruppe und ergänzt sie, wenn nötig.

c) Veröffentlicht eure Regeln, zum Beispiel auf eurer Schulhomepage. ☆

TIPPBOX

Zu 1: Du kannst folgende Formulierungen nutzen:

- *Die Vorschulkinder mussten ...*
- *Die Abbildung zeigt Zeichnungen von Kindern, die ... / Man kann erkennen, dass ...*
- *Die Darstellung des Menschen ist realistisch / genau / Man kann Einzelheiten gut erkennen ...*
- *Die Zeichnung ist eher ungenau / Man kann wenige Einzelheiten erkennen ...*
- *Ich würde den Eltern raten, dass ... / Sie sollten beachten, dass ...*

Was guckst du? – Sendungen zuordnen

1 **a)** Betrachte die Fotos. Um welche Art von Sendung könnte es jeweils gehen? Lies dazu die **LERNBOX**.
b) Suche weitere Beispiele für die verschiedenen Sendungsformate. Du kannst dazu die Programmübersicht auf Seite 197 verwenden.
c) Handelt es sich bei den abgebildeten Sendungen jeweils um Informations- oder Unterhaltungssendungen? Begründe deine Meinung.

2 **a)** Lege dir ein Medienlexikon in Form einer Wörterliste an (siehe **LERNBOX**, Seite 117). Erkläre die Begriffe „Informationssendung“ und „Unterhaltungssendung“. Schreibe so:
Informationssendung: Unter einer Informationssendung versteht man …
Unterhaltungssendung: Eine Unterhaltungssendung gucke ich, wenn …
b) Führe deine Wörterliste fort: Wähle fünf Sendungsformate aus der **LERNBOX** aus und schreibe Erklärungen dazu auf. Wenn du nicht sicher bist, recherchiere im Internet. So kannst du formulieren:
Soap Opera:
Die Soap Opera (dt. Seifenoper) oder kurz Soap ist eine kitschige, übertrieben dramatische Fernsehserie, die regelmäßig gesendet wird.

☆ **3** Recherchiere, wie der Begriff „Soap Opera“ entstanden ist.

☆ **4** Recherchiere und erkläre den Unterschied zwischen einer „Reality Show“ und einer „Scripted Reality“.

! LERNBOX

Folgende Formate (Arten von Sendungen) kannst du unterscheiden:

– Spielfilm	– Science-Fiction	– Talkshow
– Zeichentrickfilm	– Musiksendung	– Castingshow
– Krimi	– Nachrichten	– Reality Show
– Komödie	– Dokumentation	– Scripted Reality
– Comedy	– Magazin	
– Soap Opera	– Sportsendung	

Viele Sendungen erscheinen auch als Serie, z. B. einmal in der Woche.

Die Qual der Wahl – das Fernsehprogramm untersuchen

Es gibt so viele verschiedene Sender, dass man oft nicht weiß, was man anschauen soll. Daher kann man sich mithilfe von Zeitschriften, Apps oder im Internet über das Fernsehprogramm informieren. Sie geben einen Überblick und bewerten einzelne Sendungen.

SA – 7. FEBRUAR

HD Das Erste

5.30 Kinderprogramm Durch die Wildnis 7-066-736 **5.55** dasbloghaus.tv (k. VPS) 2-721-804 **7.10** Anna 4-389-755 **7.35** motzgurke.tv 4-270-262 **8.00** Checker Can 92-668 **8.25** neuneinhalb 2-986-200 **8.35** Die Pfefferkörner (k. VPS) 4-563-378 **10.03** tierisch gut! 305-410-129
10.45 Die gefährlichsten Schulwege der Welt Dokureihe. Kenia UT HD 1-052-533
11.30 Kopfball Magazin UT HD 3-991
12.00 Tagesschau UT HD 92-674
12.05 Kritisch reisen UT HD 3-390-533
3-tlg. Doku (3) Alpen abgezockt…
12.50 Tagesschau UT HD 635-113
14 **13.00 Sterne über dem Eis** 5.1 UT HD 504-200
Liebesdrama, Dtl. 2009. Mit Michael Fitz, Birge Schade **90 Min.**
14.30 Die Dienstagsfrauen UT HD 689-945
FILM TV-Komödie, Dtl. 11. Mit Ulrike Kriener, Inka Friedrich, S. Vester **90 Min.**
16.00 W wie Wissen Blut UT HD 8-804
16.30 Hebamme am Limit UT HD 9-113
17.00 Tagesschau UT HD 67-378
17.10 Brisant Magazin UT HD 984-007
16 **17.50 Tagesschau** UT HD 8-584-561
18.00 Sportschau 3. Liga UT HD 4-858
18.30 Sportschau 20. Spielt. 5.1 UT HD 56-705
SPORT U. a.: VfL Wolfsburg – Hoffenheim, Stuttgart – Bayern München, Mainz 05 – Hertha BSC, HSV – Hannover 96
19.57 Lotto am Samstag 205-633-939

						Superzahl	
Super 6				Spiel 77			

20.00 Tagesschau UT HD 75-113

20 **TV-KRIEGSDRAMA**

20.15 Laconia 5.1 UT HD 89-260-552
FILM ★★★ TIPP TV-Kriegsdrama, Dtl. / GB 2011
Mit Ken Duken, Andrew Buchan, Jacob Matschenz, Matthias Koeberlin Regie: Uwe Janson – Juli 1942: Ein deutsches U-Boot torpediert den englischen Transporter „Laconia". Kommandant Hartenstein (**Ken Duken, mit Franka Potente**) sieht erschüttert 2000 Zivilisten im Wasser ums Überleben kämpfen. Er trifft eine mutige Entscheidung. **170 Min.**
22 **23.05 Tagesthemen** UT HD 7-427-484
Moderation: Thomas Roth

ZDF HD

5.35 Tivi – Kinder-TV www.tivi.de Löwenzahn 2-732-910 **6.00** Take-off 72-842 **6.25** pur+ 2-740-939 **6.50** Kein Keks für Kobolde 8-544-200 **7.10** Wickie… (kein VPS) **7.35** Dschungelbuch (k. VPS) **8.10** 1, 2 oder 3 4-298-668 **8.35** Bibi Blocksberg (kein VPS) **9.25** Bibi und Tina 4-562-649 **9.50** Mia and Me 2-961-129 **10.10** Das Haustiercamp (kein VPS) **10.35** Löwenzahn (kein VPS)
11.05 Sport extra UT HD 21-448-179
SPORT TIPP **LIVE Skeleton** Weltcup in in Igls. Damen, 1. Lauf **11.20 Snowboard** Weltcup in Sudelfeld. Parallelriesenslalom **12.20 Biathlon** Weltcup in Nove Mesto. 7,5 km Sprint Damen **13.50 Skeleton** Weltcup, Damen, 2. Lauf **14.10 Freestyle** Weltcup. Skicross **14.20** Skispringen, Damen **14.40 Skeleton** Weltcup, Herren, 2. Lauf
15.15 heute 2-560-259
15.20 Sport extra UT HD 90-708-115
SPORT **LIVE Biathlon** Weltcup. 10 km Sprint Herren **17.00 Skispringen** Weltcup in Titisee-Neustadt/Dtl. 1. Durchgang **17.30 Eisschnelllauf** Weltcup in Heerenveen/Niederlande. Zusammenfassung **17.40 Skispringen** Weltcup 2. Durchgang **18.20 Eisschnelllauf** Weltcup. Zsfg. – Dazw.: **17.25 heute**
18.30 hallo deutschland UT HD 7-991
19.00 heute/Wetter UT 29-910
19.15 Alpine Ski-WM 5.1 UT HD 4-035-910
SPORT TIPP **LIVE** aus Vail/Beaver Creek/USA Abfahrt Herren. Moderation: Jana Thiel. Experte: Marco Büchel

TV-KRIMIKOMÖDIE

20.15 Friesland: Familiengeheimnisse UT HD 3-345-216
FILM ★★★ TIPP **NEU** TV-Krimikomödie, Dtl. 2015. Mit Sophie Dal, Holger Stockhaus, Tayfun Bademsoy. R.: Dominic Müller – Als Apothekerin und Hobby-Kriminalistin Insa Scherzinger (**Theresa Underberg, mit Florian Lukas**) auf die Leiche eines Türstehers der ortsansässigen Großraumdisko stößt, ist es mit der Ruhe im beschaulichen Friesland recht schnell vorbei. **90 Min.**
21.45 Ein Fall für zwei UT HD 4-515-303
TIPP Krimiserie, Dtl. / Österr. / Schweiz

NDR HD

6.00 Hablamos Español Reihe 664-620
6.30 Türkei Die Sonne v. Antalya 689-939
7.00 Sendung mit der Maus (ab 3) 680-668
7.30 Sehen statt Hören HD 683-755
8.00 Service: Zuhause Magazin 684-484
8.30 Die Reportage: Unter deutschen Dächern (3 / Wh.) UT HD 575-179
9.00 Ländermagazine Mecklenb.-Vorp. 125-638 **9.30** Hamb. Journal 975-115 **10.00** SH-Mag. 525-674 **10.30** buten un binnen 670-723 **11.00** Hallo Nieders. 220-282
11.30 Wir Europäer Doku UT 1-206-026
(5) Europa entdeckt die Nation
12.15 China Extrem Doku UT HD 354-858
Mit dem Rad an Tibets Grenzen
12.45 Kuren wie die Könige 4-865-113
Doku. Die Böhmischen Bäder: Karlsbad, Marienbad, Franzensbad
13.30 Elefant, Tiger & Co. HD 213-533
Zoogeschichten aus Leipzig
13.55 Das Geschäft mit unserer Gesundheit Doku (Wh. vom Mi.) UT 6-339-571
14.40 Die Schlager des Jahres 1-961-674
Show, Dtl. 2014. Gäste: Andrea Berg, Jürgen Drews, Beatrice Egli, Ute Freudenberg, Nik P., die Amigos u. a.
16.45 Elvis und der Kommissar 9-066-755
(1/6) Krimiserie, Dtl. 07. Heiße Ware
17.35 Tim Mälzer kocht! UT HD 923-113
Reihe. Entenbrust mit Linsensalat
18.00 Nordtour 552-674
Norddeutsches Reisemagazin UT
18.45 DAS! Mit H. Baumgarten 3-592-674
Radio Bremen Regionales bis 20.00
19.30 Ländermagazine 152-200
20.00 Tagesschau UT HD 274-484

TV-KOMÖDIE

20.15 Mit fünfzig küssen Männer anders UT 5-496-842
FILM ★★★ TV-Komödie, Dlt. 98. Mit Konstantin Wecker. Regie: Margarethe v. Trotta – Einst hat Marie (**Senta Berger**) Kunst studiert. Nun sind die Kinder flügge, und die Hausfrau versucht, sich als Malerin. Das geht schief – bis Marie ihr Leben mit Gatte Dietrich (**Ulrich Pleitgen**) infrage stellt… **90 Min.**
21.45 Neue Freunde, neues Glück
FILM ★★ TV-Tragikomödie, Dtl. 2005 2-694-858
Mit Christiane Hörbiger, Ernst Jacobi, Anian Zollner Regie: C. Kabisch

RTL HD

5.40 Betrugsfälle Reihe 1-526-303
6.10 Verdachtsfälle Reihe 1-720-002
7.10 Verdachtsfälle Reihe 3-064-465
8.15 Familien im Brennpunkt 6-777-113
9.15 Yolo Magazin 4-519-668
Challenge Day: Praktikantin in der Stadt der Tiere – Hinter den Kulissen des größten Tierheims Europas
9.45 Yolo Magazin. Challenge Day Reportage: Dogs with Jobs – Assistenzhunde als fleißige Helfer HD 1-384-842
10.00 Exclusiv (Wh. von gestern) HD 73-587
10.10 Berlin Models – Unser Leben, unser Traum HD 7-495-709
(48) Serie, Deutschland 2014
10.40 Berlin Models – Unser Leben, unser Traum HD 6-023-026
(49) Serie, Deutschland 2014
11.10 Gute Zeiten, schlechte Zeiten HD
(5674–5678) (Wh. v. Mo.–Fr.) 36-292-823
13.45 Der Lehrer (3/6) HD 8-045-587
Comedyserie, Dtl. 2014. Die sind verliebt, die zählen nicht! (vom Do.)
14.45 Verdachtsfälle 8-471-129
Reihe, Deutschland 2015
15.45 Die Trovatos – Detektive decken auf Dokusoap 3-762-736
16.45 Die Trovatos – Detektive decken auf Dokusoap 8-304-465
17.45 Best of…! Deutschlands schnellste Rankingshow Show 1-826-277
18.45 Aktuell HD 226-674
19.03 Wetter HD 300-019-587
19.05 Explosiv – Weekend HD 4-669-246
Boulevardmagazin
Moderation: Janine Steeger

SHOW

20.15 Deutschland sucht den Superstar HD 9-712-858
Show, Dtl. 2015. Die Castings (6) – Die Jurymitglieder **Heino (l.)** und **DJ Antoine** trennen fast 40 Lebensjahre. In einem aber sind sie sich einig: Die Stimme zählt! Gemeinsam mit Pop-Titan Dieter Bohlen und Mandy Capristo beurteilen sie in der sechsten Castingrunde die Sangesqualitäten der Kandidaten.
22.15 Paul Panzer live! Alles auf Anfang
TIPP Show, Deutschland 2014 HD 932-858
– Hatte der Urzeitmensch ein bes-

HD auch in HDTV empfangbar VPS senden (nur analog): ARD / ZDF / NDR SW Schwarzweiß UT Untertitel Dolby Surround 5.1 Dolby Digital 5.1 OO Zweikanalton (nicht über Satellit) Für Sehbehinderte HD HDTV OmU Original mit Untertiteln
HD auch in HDTV empfangbar VPS senden (nur analog): ARD / ZDF / NDR SW Schwarzweiß UT Untertitel Dolby Surround 5.1 Dolby Digital 5.1 OO Zweikanalton (nicht über Satellit) Für Sehbehinderte HD HDTV OmU Original mit Untertiteln

Kinder-Sendung Theater/Klassikkonzert Sportübertragung TIPP siehe Höhepunkt-Seiten Serieninfo: Sendungs- o. Folgentitel (1/2) = 1. Staffel / 2. Folge

1 Untersuche das Fernsehprogramm zusammen mit einem Partner. Bearbeitet dazu die folgenden Fragen und Aufgaben:
a) Woran könnt ihr erkennen, ob eine Sendung besonders empfohlen wird?
b) Welche Sendung würdet ihr auswählen, wenn ihr nur eine Sendung am Tag anschauen dürftet? Begründet eure Meinungen.
c) Stellt in einer Liste Sendungen zusammen, z. B. für Tierfreunde oder Krimifans.
d) Welche Sendungen gibt es speziell für Kinder? Begründet, ob ihr die Sendezeiten angemessen findet.
e) Unter welchen Sendungen könnt ihr euch nichts vorstellen? Nennt Beispiele.
f) Sprecht darüber, welche Informationen zum Fernsehprogramm für euch besonders wichtig sind.

2 Tauscht eure Ergebnisse mit einem weiteren Team aus.

Kinder als Detektive – eine Fernsehserie untersuchen

1 Kennt ihr die Sendung „Die Pfefferkörner“? Sammelt eure Vorkenntnisse in einem Cluster an der Tafel.

2 In der Folge „Verseuchte Erde“ ermitteln die vier Hobby-Detektive Luis, Nina, Jessi und Max mit Hündin Feline. Vermute, worum es in der Folge gehen könnte. Die Bilder auf der nächsten Seite können dir helfen.
Achtung: Sie stehen *nicht* in der richtigen Reihenfolge.

(1) Luis geht mit Hündin Feline im Hafen spazieren. Doch plötzlich reißt sie sich los und läuft auf ein abgesperrtes Baugelände. ______
(2) Luis bekommt daraufhin Ärger mit dem Bauleiter und versteht die Welt nicht mehr – auf dem Gelände ist doch gar nichts! ______
(3) Als Luis seine Hündin dann nicht anfassen darf, bevor der Bauleiter sie nicht abgespritzt hat, hat er den Verdacht, dass dort etwas Illegales vor sich geht. ______
(4) Er erzählt den anderen Pfefferkörnern davon. ______
(5) Plötzlich wird Feline auch noch krank. Sie übergibt sich. Hat sie etwas Giftiges gefressen? ______
(6) Nina analysiert das Erbrochene. ______
(7) Das Ergebnis: Feline hat das hochgiftige Pflanzenschutzmittel Parathion gefressen. Die Erde ist verseucht! Offenbar ein Fall illegaler Giftmüll-Entsorgung. ______
(8) Daraufhin spionieren Luis und Max das Baugelände mit einer Drohne aus. Dieses Flugobjekt macht Videos des Geländes. Dort herrscht Hektik: Arbeiter in Schutzkleidung schaufeln die Erde weg und füllen sie in Tonnen. ______
(9) Die Aufschrift der Fässer macht die beiden Pfefferkörner stutzig: „Deutsche Blumenerde“? ______
(10) Die Pfefferkörner wollen die Polizei rufen, da stoßen sie auf ein Problem: Der Hotel-Entwurf von Jessis Vaters soll ausgerechnet auf diesem Grundstück verwirklicht werden. Der Architekt braucht dringend den Auftrag, sonst verliert er viel Geld. ______

Folie

3 Lies die Bildkommentare und ordne die Fotos von Seite 199 den Bildkommentaren zu. Hast du richtig zugeordnet, ergeben die Buchstaben ein Lösungswort. Trage die Buchstaben rechts neben den Bildkommentaren ein.

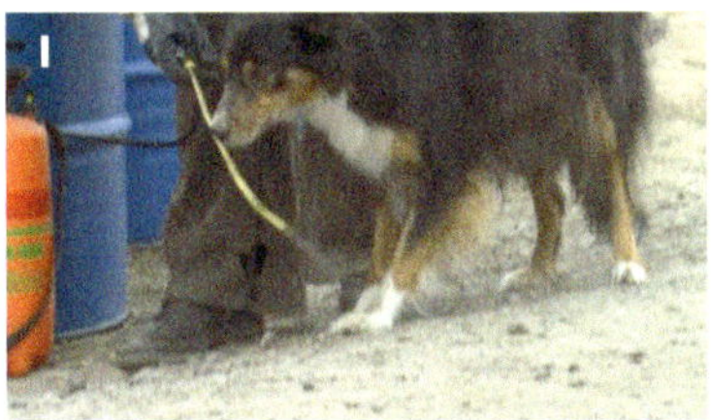

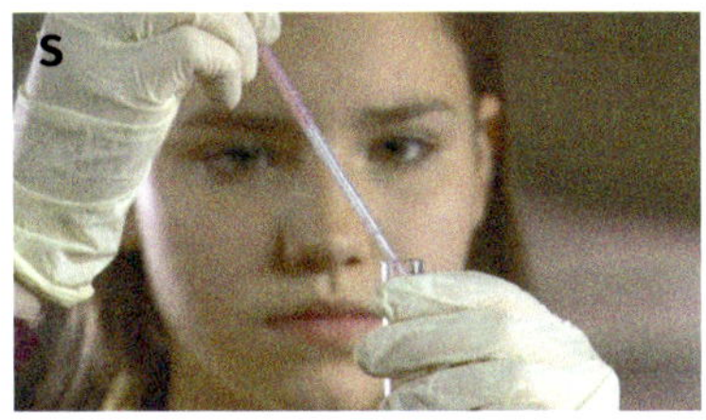

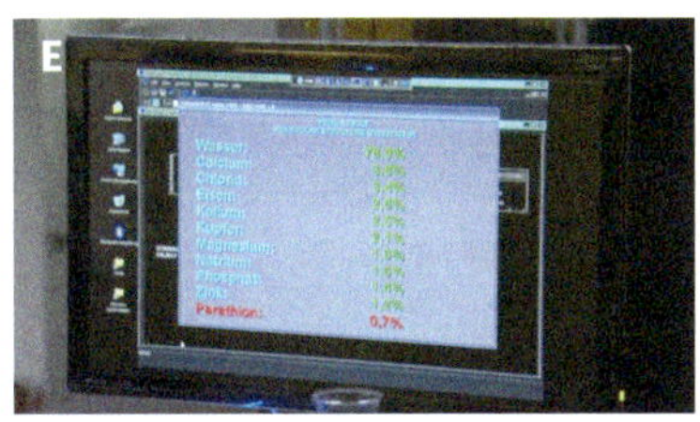

4 Schreibe zu Bild M ein Gespräch auf. So kannst du beginnen:
Luis: „Ich muss euch was erzählen! Beim Spaziergang mit Feline ist etwas Komisches passiert!“
Max: „Was ist denn nun schon wieder los? …“

5 Wie könnte die Folge ausgehen? Schreibe einen Schluss.

TIPPBOX

Zu 3:
- Zu Bildkommentar 7 gehört ein Bild, auf dem du einen Computerbildschirm erkennen kannst.
- Zu Bildkommentar 8 gehört ein Bild, auf dem du eine Drohne (= ein Flugobjekt mit Kamera) erkennen kannst, die über das Baugelände fliegt.

Ganz nah dran – mit Kameraeinstellungen Wirkungen erzielen

Folie

1 **a)** Sieh dir das Bild aus der Folge „Verseuchte Erde“ genau an.
Was wird in dieser Kameraeinstellung besonders betont? Wähle aus:

A Nina als Hauptperson wird besonders betont. *
B Das konzentrierte Arbeiten wird besonders dargestellt. *
C Die Umgebung soll hervorgehoben werden. *

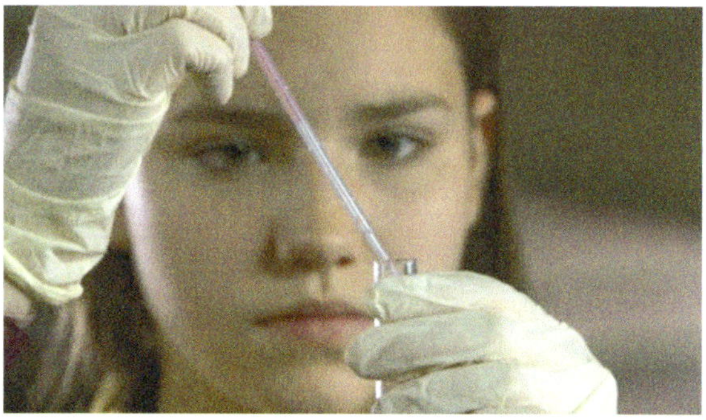

b) Lies die **LERNBOX** und begründe, weshalb die Regisseure für dieses Bild *nicht* die Totale gewählt haben.

2 In einem Film werden verschiedene Kameraeinstellungen verwendet.
a) Ermittle, welche Kameraeinstellungen in den Bildern auf Seite 199 verwendet wurden. Lies dazu die **LERNBOX**. Notiere deine Ergebnisse in der richtigen Abfolge der Handlung in einer Tabelle.
b) Erkläre genau, warum diese Kameraeinstellungen gewählt wurden. Wie wirken diese Einstellungen? Was wird betont?

Bild	Kameraeinstellung	Funktion/Wirkung
K	Totale	Man erkennt das gesamte Gelände ...
...		

3 Diskutiert in der Klasse darüber, an welcher Stelle die Regisseure auch eine andere Einstellung hätten wählen können. Begründet eure Meinungen.

! LERNBOX

Kameraeinstellungen

Ein Film besteht aus verschiedenen Bildschnitten. Nach einem Bild kann die Kameraeinstellung wechseln.

1. **Die Totale:** Der gesamte Ort des Geschehens ist zu sehen. Die Personen sind kleiner.

2. **Die Nahaufnahme**: Die Personen erscheinen in normaler Größe. Man kann gut die Körperbewegung und die Gesichter erkennen.

3. **Die Großaufnahme:** Einzelheiten, wie z. B. ein Gesicht oder ein Gegenstand, füllen das ganze Bild aus. Sie werden dadurch besonders hervorgehoben.

„Die Pfefferkörner“ – eine eigene Folge entwickeln

1 Stellt euch vor, ihr seid die „Pfefferkörner“ und ermittelt in der Schule. Erstellt eine eigene Folge der Serie in Form einer Fotostory mit sechs bis acht Bildern. Lest die **LERNBOX** und geht anschließend so vor:

a) Setzt euch in Kleingruppen zusammen. Überlegt gemeinsam, was die „Pfefferkörner“ ermitteln sollen. Ihr könnt die folgende Idee nutzen oder eigene entwickeln.

b) Plant eure Fotostory. Nehmt die unten stehende Tabelle zu Hilfe.

c) Fotografiert die geplanten Szenen, indem ihr die Szenen in **Standbildern** nachstellt. **Seite 207**

d) Druckt die Fotos aus und klebt sie auf ein Plakat. Ergänzt Bildunterschriften, Sprech- und Denkblasen.

	Skizze des Bildes	Beschreibung
1	 **Kameraperspektive:** Nahaufnahme	**Personen:** „Pfefferkorn“ Nina, Schüler Timon **Handlung:** Nina beobachtet durch die halb geöffnete Klassenraumtür, dass Timon in der Tasche eines Lehrers kramt. **Handlungsort:** Schule **Regieanweisung:** Nina verhält sich ruhig hinter der Tür, Timon kramt hastig in der Tasche des Lehrers. **Texte:** **Bildunterschrift:** Nina bemerkt in der Pause, dass Timon sich noch im Klassenzimmer aufhält. **Nina denkt:** „Timon! Was sucht er denn da?!“ **benötigte Requisiten (Gegenstände):** Tasche
2		**Personen:** ...

2 Stellt eure Folgen im Klassenraum aus und sprecht über eure Fotostorys: Begründet, ob ihr die Handlung nachvollziehbar findet und wie die verwendeten Kameraperspektiven auf euch wirken.

LERNBOX

Was ist eine Fotostory?
In einer Fotostory wird eine **Geschichte mithilfe von Fotos** erzählt.

1. Die **Handlung** wird **verkürzt** dargestellt: Z. B. wird der Schulweg nicht dargestellt, wenn er zur Handlung nichts Wichtiges beiträgt. Trotz der Kürzung muss der Leser verstehen, was passiert ist. Deshalb beschreiben **Überschriften** oder **kurze Texte unter dem Bild**, was geschehen ist.
2. **Sprech-** und **Denkblasen** sorgen dafür, dass der Leser die Handlung versteht.

TIPPBOX

Zu 1 a): Zwei weitere Ideen für die Handlung:

- In der Mensa herrscht große Aufregung: Die Tomatensoße ist durch scharfe Chillisoße ausgetauscht worden. Jedoch war dies nicht ein einmaliger Streich: Die Tat kommt wiederholt vor! Wer steckt dahinter?
- Jemand treibt sein Unwesen an den Fahrradständern: Ständig fehlen teure Anbauteile: Fahrradklingeln, Sättel und Fahrradkörbe sind verschwunden.

Wir spielen Theater

1 Erzähle die Fabel von Stadtmaus und Landmaus mithilfe der Bilder.

a) Notiere die Handlungsschritte in der Reihenfolge der Bilder.

b) Formuliere Gedanken für die Stadtmaus und die Landmaus wie in Bild 1.

c) Wer sagt was? Ordne die folgenden Aussagen der Stadtmaus oder der Landmaus in den einzelnen Bildern zu. Ergänze weitere Aussagen.

A **„Du bist wirklich dumm, dass du hier in solcher Armut lebst!"**

B **„Das hört sich ja toll an. Ich komme gerne mit!"**

C **„Uih, ist das hier das Schlaraffenland?"**

d) Erzähle die Fabel einem Partner. Wechselt euch nach vier Bildern ab.

2 Schreibt in Partnerarbeit zu jedem Bild einen kurzen Dialog. Nutzt eure Gedanken- und Sprechblasen aus Aufgabe **1**. Ergänzt auch, *wie* die Sätze gesprochen werden sollen. Ihr könnt die Adjektive am Rand verwenden.

Bild 1: Landmaus (freundlich): Schön, dass du da bist …
Stadtmaus (abwertend): Danke, aber ich bin gar nicht …

fröhlich, stolz, abwertend, gehässig, ängstlich, überheblich, verzweifelt, flüsternd

3 Entwickelt zu der Fabel gemeinsam ein eigenes Ende.
a) Beantwortet zunächst die folgenden Fragen:
Werden beide Mäuse in der Stadt bleiben? Was spricht für die Stadt, was dagegen? Was sollen die Leser aus der Fabel lernen?
b) Schreibt euren Dialog zu Ende und zeichnet das letzte Bild.

4 **a)** Verteilt die Rollen unter euch und übt die Dialoge zu den Bildern. Macht mit eurer Stimme deutlich, wie sich die Figur gerade fühlt. Beachtet dazu die Adjektive, die ihr in Aufgabe **2** ausgewählt habt.
b) Stellt eure Fabeln in der Klasse vor und gebt euch gegenseitig Rückmeldungen zum Spiel: Passen die Texte zu den Bildern?
Wurden die Gefühle der Figuren durch die Stimmlage deutlich?
Beantwortet das Ende die Fragen aus Aufgabe **3 a)**?
c) Vergleicht jeweils den Schluss. Welche Gemeinsamkeiten oder Unterschiede stellt ihr fest? Woran kann das liegen?

Heinzelmännchen – pantomimisches Spiel

Die Heinzelmännchen zu Köln

August Kopisch (1799–1853)

Wie war zu Köln es doch vordem / verträumt
Mit Heinzelmännchen so bequem! // allein
Denn, war man faul, ... // man legte sich
Hin auf die Bank und pflegte sich: //
Da kamen bei Nacht, schnell, abwechselnd
Ehe man's gedacht, } Sprecher A
Die Männlein und schwärmten
Und klappten und lärmten, } Sprecher B
Und rupften
Und zupften, } Sprecher A
Und hüpften und trabten
Und putzten und schabten ... } Sprecher B
Und eh ein Faulpelz noch erwacht, ... // ruhig; allein
War all sein Tagewerk ... // bereits gemacht!
[...]

Beim Bäckermeister war nicht Not,
Die Heinzelmännchen backten Brot.
Die faulen Burschen legten sich,
Die Heinzelmännchen regten sich –
Und ächzten[1] daher
Mit den Säcken schwer!
Und kneteten tüchtig
Und wogen es richtig,
Und hoben
Und schoben,
Und fegten und backten
Und klopften und hackten.
Die Burschen schnarchten noch im Chor:
Da rückte schon das Brot, ... das neue, vor!
[...]

[1] ächzen: stöhnen

Seite 290–291

1 **a)** Überfliege alle vier Strophen des Gedichts: Worum geht es?
b) Lies das Gedicht nun genau und betrachte die Bilder. Ordne die auf den Bildern dargestellten Tätigkeiten passenden Verben im Gedicht zu.
c) Kläre mit einem Partner folgende Fragen:
Warum ging es den Kölnern früher so gut? Wem halfen die Heinzelmännchen? Was erfahrt ihr über die Frau des Schneiders?
d) Sprecht darüber, woran man erkennt, dass das Gedicht schon fast 200 Jahre alt ist.

2 **a)** Wählt zu zweit eine Strophe (2–4) aus und übt den flüssigen Vortrag (siehe **LERNBOX**, Seite 187). Bearbeitet die Strophe wie die erste und überlegt, ob ihr alle Verse gemeinsam oder abwechselnd sprechen wollt.
b) Setzt euch mit einem weiteren Paar zusammen und tragt eure Strophe vor. Wechselt anschließend die Rollen.
c) Gebt euch Rückmeldungen, ob der Inhalt und auch die Stimmung durch euren Vortrag verständlich geworden ist.

☆ **3** **a)** Sammelt in der Gruppe Ideen, welche Tätigkeiten die Heinzelmännchen heute für euch übernehmen könnten.
b) Schreibt eine oder mehrere Strophen, die eure Ideen enthält bzw. enthalten. Haltet euch dabei an den Aufbau der zweiten Strophe.

4 Schreibt zu viert ein Ende für das Gedicht, in dem deutlich wird, wie sich das Leben der Kölner nach dem Verschwinden der Heinzelmännchen verändert.

1 **a)** Würdest du auch gerne an diesem Sommer-Tisch sitzen? Begründe deine Meinung.
b) Erkläre, warum das andere Mädchen Summer wieder an ihren Tisch holen möchte.
c) Kennst du ähnliche Situationen aus der Schule? Erzähle davon.

2 Schreibt das Kapitel aus dem Roman „Wunder“ so um, dass ihr es vorspielen könnt. Legt euch hierzu in der Gruppe ein Drehbuch (siehe **LERNBOX**) an.
a) Sammelt aus dem Text Hinweise zum Handlungsort und zu den Personen.
b) Notiert, welche Requisiten ihr braucht. Sprecht darüber, was in der Schule vorhanden ist und was ihr mitbringen müsst.
c) Schreibt das Gespräch zwischen den Schülern als Rollentext auf. Ihr könnt den folgenden Anfang übernehmen oder einen eigenen entwickeln. Notiert die notwendigen Regieanweisungen wie im Beispiel.

Handlungsort: Mensa
Requisiten: Tisch, Stühle ...
1. Szene:
Summer: (steht mit Tablett vor dem Tisch, an dem August sitzt, sagt freundlich) „Hey, ist der Platz noch frei?“
August: (begutachtet Summer, antwortet schüchtern) „Äh, ja, der Platz ist wie immer frei.“
Summer: (stellt ihr Tablett ab ...) ...

d) Fügt weitere Schüler hinzu, die das Treffen zwischen Summer und August kommentieren. ☆
e) Verteilt die Rollen und übt euer Spiel, bis ihr euren Text sicher sprechen könnt.

3 Spielt eure Szene vor. Eure Zuschauer geben euch Rückmeldungen
- zum Inhalt: Habt ihr ihn richtig wiedergegeben?
- zu euren Ergänzungen: Passen sie zu den Vorgaben des Textes?
- zu eurer Sprechweise, Mimik und Gestik: Drücken sie die Gefühle der Personen angemessen aus?

! LERNBOX

So schreibst du ein Drehbuch:
1. Ein **Drehbuch** enthält alle **Informationen**, die ein Schauspieler braucht.
2. Notiere zuerst den **Handlungsort** und die benötigten **Gegenstände** (Requisiten) für den **Ort** und die **Schauspieler**: *Mensa, Tische und Stühle, Teller, Besteck, Schultaschen ...*
3. Schreibe den **Rollentext**, d. h. das, was die Personen sagen, auf. Ergänze in den **Regieanweisungen**, *wie* sie sprechen (*erstaunt, neugierig, schnippisch ...*) und *was* sie dabei tun (*Summer isst Makkaroni, August schaut auf den Boden ...*).
4. Wenn der Ort wechselt oder ein neuer Handlungsabschnitt eintritt, beginnt eine neue Szene.

Sprache betrachten

Kleiner Anfangstest

Seite 301–311

1 **a)** Erklärt euch gegenseitig, wofür die Fachbegriffe in den Koffern des Zuges stehen. Wenn ihr unsicher seid, schlagt im **Basiswissen** nach.
b) Ordne die Wörter und die in den Sätzen unterstrichenen Satzglieder den Fachbegriffen zu. Bestimme so genau wie möglich, also bei Verben auch die Zeitform. Schreibe so:
Nomen (Plural): die Hotelgäste / viele Strandkörbe ...
c) Vergleiche dein Ergebnis mit dem eines Partners.

A Gestern fuhr ich mit dem Zug. / Ich wollte nach Köln.
B planen / buchen / reservieren
C der / die / das
D ich packte / wir lasen / er flog
E die Zimmer des Hotels / den Gipfel des Berges
F am schnellsten / am höchsten / am weitesten
G fröhlich / sonnig / wunderschön
H m, q, x, z, t ...
I teurer / heller / vergnügter
J die Hotelgäste / viele Strandkörbe / bunte Handtücher
K Tim zeigte dem Schaffner seine Fahrkarte. / Mir gab er den Fahrplan.
L einer / eine / ein
M ich / mir / du / euch
N Vater checkte den Ölstand. / Tina holte die Koffer.
O ich schwimme / wir fliegen los / sie essen
P ein Flughafen / das Strandcafé / der Sonnenschirm
Q Die Mutter holt die Kühlbox. / Sie füllt sie mit Getränken.
R Didem schreibt Postkarten. / Wir bestellen zwei Cola.

2 **a)** Finde für zehn Fachbegriffe drei weitere Beispiele zum Thema „Reisen und Urlaub“ und packe sie in die Koffer, indem du sie in deiner Liste ergänzt.
☆ **b)** Ergänze zu allen Fachbegriffen drei weitere Beispiele.

Nomen und ihre Begleiter

Der Löwe und der Hase

nach Äsop

Ein Löwe überraschte einen kleinen Hasen in seinem Schlaf. Als der Löwe ihn verschlingen wollte, bemerkte er einen Hirsch, der vorbeieilte. Weil der Hirsch eine größere Beute für den Löwen bedeutete, ließ er seinen Hasen liegen und jagte den Hirsch. Als er merkte, dass er diesen Hirsch nicht mehr einholen konnte, dachte er wieder an den Hasen und kehrte zurück. An dem Platz angekommen, sah er, dass der schlafende Hase verschwunden war. Da sagte er zu sich selber: „Das geschieht mir recht, ich ließ die kleine, aber sichere Beute liegen, weil ich die fette Beute wollte."

1 **a)** Lies den Text und erkläre, warum es sich um eine Fabel handelt.
b) Besprecht, welche Lehre der Leser daraus ziehen kann.

2 **a)** Unterstreiche in der Fabel die Nomen und ihre Begleiter wie im Beispiel. Folie
b) Übertrage die Tabelle in dein Heft. Ergänze die Überschriften (**LERNBOX**).
c) Schreibe die Nomen und ihre Begleiter geordnet in die Tabelle.

Nomen mit ...	Nomen mit ...	Nomen mit ...	Nomen mit ...
ein Löwe	der Löwe	einen kleinen Hasen	in seinem Schlaf

? Leiter / ? Fossil / ? Pionier / ? Band / ? Schutt / ? Gang /
? Laster / ? Chance / ? Kiefer / ? Steuer / ? Galaxis / ? Junge

3 **a)** Ergänze zu jedem der Wörter den passenden bestimmten oder unbestimmten Artikel. Schlage, wenn nötig, den Artikel und die Bedeutung des Wortes nach.
b) Bei sieben Wörtern sind verschiedene Artikel möglich. Schreibe zu jedem dieser Wörter einen Beispielsatz, der die unterschiedliche Bedeutung zeigt.

LERNBOX

Begleiter von Nomen

1. Der Artikel ist der wichtigste Begleiter des Nomens. Er zeigt das grammatische Geschlecht des Nomens an: *maskulin (der Löwe), feminin (die Maus), neutrum (das Glück).*
2. Je nachdem, ob es sich bei dem Nomen um etwas Bestimmtes oder um etwas Unbestimmtes handelt, unterscheidet man zwischen **bestimmtem** (*der, die, das*) und **unbestimmtem** (*ein, eine, ein*) **Artikel.**
3. Wenn du dir nicht sicher bist, welches Geschlecht ein Nomen hat, schlage im Wörterbuch nach.
4. Auch **Adjektive** und **Pronomen** begleiten Nomen: *der kleine Hase, dieser Hirsch, seine Beute.*

TIPPBOX

Zu 1 a): Lies dir dazu noch einmal die **LERNBOX** auf Seite 59 durch.
Zu 2 a): Du musst 18 Nomen und ihre Begleiter unterstreichen.
Zu 2 b): Nutze die fett gedruckten Wörter als Überschriften.
Zu 2 c): Orientiere dich beim Einordnen an dem Begleiter, der direkt vor dem Nomen steht.

Der Hund und der Hase

Ein Hund fing einen Hasen. Mal beleckte er ihn und mal biss er ihn. Der Hase versuchte, den Hund davon abzubringen, und sagte dem Hund: „Entweder du hörst auf, mich zu beißen, oder du hörst auf, mich zu belecken, damit ich endlich weiß, ob du mein Freund oder mein Feind bist." Die Antwort des Hundes lautete: „..."

4 **a)** Überlege, warum das Nomen *Hund* im Text unterschiedliche Begleiter und Endungen hat.
b) Mit welchen Fragewörtern fragst du nach den unterstrichenen Nomen?
c) Ordne die Nomen den vier Fällen zu. Lies dazu die **LERNBOX**.
d) Ergänze eine sinnvolle Anwort des Hundes am Ende der Fabel.

Das Pferd und der Esel

(1. Ein Bauer) besaß *(2. ein Pferd und ein Esel)*. Als einmal beide Tiere schwer beladen *(3. der Weg)* entlanggingen, sagte der Esel *(4. das Pferd)*: „Pferd, ich kann nicht mehr. *(5. die Last)* ist mir zu schwer. Wenn du mich retten willst, nimm mir etwas von (6. *die Last*) ab." (7. *das Pferd*) war nicht einverstanden und *(8. der Esel)* brach tot zusammen. Der Bauer nahm die Ladung (9. *der Esel*), dazu auch noch *(10. das abgezogene Fell)* und belud damit *(11. der Gaul)*. Das Pferd weinte und klagte: „Oh weh, ich armes Pferd. Ich wollte *(12. der Esel)* nicht *(13. ein kleiner Teil)* seiner Last abnehmen. Und jetzt muss ich nicht nur *(14. das Doppelte)*, sondern auch noch das Fell *(15. der Esel)* tragen.

5 **a)** Sprecht darüber, ob diese Aussage zu der Fabel passt: *„Wenn die Großen die Lasten der Kleinen mittragen, ist das Leben für beide leichter."*
b) Schreibe die Fabel ab und setze die Wörter in Klammern im richtigen Fall ein.
Seite 239
c) Mache die **Erweiterungsprobe**: Ergänze die folgenden Adjektive: *erschöpft, reich, stolz, schwer, verzweifelt, schwach*. Achte auf die richtigen Endungen.

LERNBOX

Das Nomen und seine vier Fälle
Nomen können in **vier Fälle** gesetzt werden. Dabei verändern sich ihre Begleiter (z. B. die Endungen der Adjektive und Pronomen) und manchmal auch die Endungen der Nomen. Die vier Fälle kannst du durch Fragen ermitteln:

1. **Fall (Nominativ) => *Wer oder was?*:** *Wer oder was fing einen Hasen? => Ein Hund fing einen Hasen.*
2. **Fall (Genitiv) => *Wessen?*:** *Wessen Antwort lautete ...? => Die Antwort des Hundes ...*
3. **Fall (Dativ) => *Wem?*:** *Wem sagte der Hase etwas? => Dem Hund sagte er etwas.*
4. **Fall (Akkusativ) => *Wen oder was?*:** *Wen oder was versuchte der Hase davon abzubringen? => Er versuchte, den Hund davon abzubringen.*

TIPPBOX

Zu 4 b):
Bilde Fragen mit folgenden Fragewörtern:
Wer oder was?, Wessen?, Wem?, Wen oder was?

Zu 5 b):
Setze 4x den Nominativ, 2x den Genitiv, 3x den Dativ und 6x den Akkusativ ein.

Zu 5 c):
Je nach Fall musst du das Adjektiv anpassen:
Ein reicher Bauer ...

Personalpronomen – Bezüge herstellen

Die Mücke und der Löwe

Eine Mücke traf einen Löwen. Die Mücke sprach zu dem Löwen: „Weißt du was, ich habe keine Angst vor dir, und ich glaube auch nicht, dass du stärker bist als ich. Lass uns ringen." Die Mücke flog auf den Löwen zu und stach dem Löwen ins Maul. Sein Maul begann zu jucken und mit seinen Pranken zerriss sich der Löwe das Maul, bis der Löwe erschöpft umfiel. Die Mücke hatte den Löwen besiegt. Die Mücke flog davon. In ihrem Siegestaumel verfing sich die Mücke in einem Spinnennetz. Die Mücke schrie verzweifelt: „Ein Sieger gegen die mächtigen Tiere stirbt durch eine unbedeutende Spinne!"

1 **a)** Wenn du die Fabel gelesen hast, wirst du feststellen, dass sie wenig abwechslungsreich klingt. Vermute, woran das liegen könnte.
b) Überprüfe deine Vermutungen mithilfe der **LERNBOX** (Hinweise 1–2).
c) Entscheide, welche Wörter du durch Personalpronomen ersetzen möchtest. Markiere sie auf einer Folie mit diesem Zeichen: .
d) Schreibe den Text ab und ersetze die markierten Wörter durch Personalpronomen. Finde durch Fragen heraus, in welchen Fall du diese setzen musst. Nutze dazu die Tabelle aus der **LERNBOX** (Hinweis 3).
e) Ändere den Text, sodass er zum Titel „Die Mücke und die Löwin" passt.

Eigentlich ist sie klein und schwach. Aber diesmal tritt sie sehr selbstbewusst ihm gegenüber auf. Sie lacht über ihn. Dafür wird sie bestraft.

2 **a)** Besprecht, warum die Meinung des Schülers schwer verständlich ist.
b) Schreibe sie so um, dass klar wird, wer gemeint ist.

! LERNBOX

Mit Personalpronomen Bezüge herstellen

1. Mit den Personalpronomen (*ich, du, er / sie / es, wir, ihr, sie*) kannst du in einem Text Bezüge herstellen und Wiederholungen vermeiden.
2. Wenn du ein Nomen durch ein Personalpronomen ersetzt, achte darauf, dass weiterhin klar ist, wer oder was gemeint ist. Der **Bezug zum vorausgehenden Nomen** muss deutlich sein.
3. Auch Personalpronomen treten in verschiedenen Fällen auf:

	Fall	1. Person	2. Person	3. Person		
				männlich	weiblich	sächlich
Singular	**Nominativ** (*Wer / was?*)	ich	du	er	sie	es
	Dativ (*Wem?*)	mir	dir	ihm	ihr	ihm
	Akkusativ (*Wen / was?*)	mich	dich	ihn	sie	es
Plural	**Nominativ** (*Wer / was?*)	wir	ihr	sie	sie	sie
	Dativ (*Wem?*)	uns	euch	ihnen	ihnen	ihnen
	Akkusativ (*Wen / was?*)	uns	euch	sie	sie	sie

Possessivpronomen – Zugehörigkeit ausdrücken

Was nimmst du denn jetzt mit auf unsere Klassenfahrt? Ich brauche dringend deine Tipps!

Also, ist doch klar, dass ich auf den Reiterhof meine Reithose und die Reitstiefel mitnehme. Den Helm habe ich mir von meiner Cousine geliehen. Ihr Helm passt mir gut! Außerdem wollte ich unsere Spielesammlung einpacken, damit wir in unserem Zimmer keine Langeweile haben. Dann habe ich mir den MP3-Player von meinem Bruder geliehen. Sein Player hat mehr Speicherplatz als mein Player. Du solltest auch an deinen Badeanzug denken, falls wir schwimmen gehen …

Okay, ich wiederhole nochmal. Du nimmst deine Reithose …

1 **a)** Lies das Telefongespräch: Welche Sachen packt Sina in ihren Koffer?
b) Welche Dinge würdest du noch einpacken? Schreibe auf:
meinen Tischtennisschläger …
c) Tauscht eure Ideen in der Klasse aus.

Folie **2** **a)** Markiere in den Aussagen die Wörter, die anzeigen, wem oder zu wem etwas oder jemand gehört. Lies dazu die **LERNBOX**.
b) Vergleiche deine Markierungen mit denen eines Partners.
c) Clara will sich alles merken und wiederholt, was Sina gesagt hat. Setze Claras Sprechblase fort.

3 Sina und Clara schreiben vom Reiterhof aus an die Schulsekretärin, weil sie bei der Organisation der Reise geholfen hat. Vervollständige Sinas und Claras Text:
Sehr geehrte Frau Weber,
wir möchten uns ganz herzlich für Ihre tolle Organisation bedanken …

LERNBOX

Mit Possessivpronomen Zugehörigkeiten ausdrücken

1. Mit **Possessivpronomen** kannst du Besitz und Zugehörigkeit ausdrücken:
   Singular: *mein – meine / dein – deine / sein – seine / ihr – ihre.*
   Plural: *unser – unsere / euer – eure / ihr – ihre.*
2. Die Possessivpronomen werden wie Nomen und Artikel **in die vier Fälle gesetzt**: *mein Bruder (Nominativ), meines Bruders (Genitiv), meinem Bruder (Dativ), meinen Bruder (Akkusativ).*
3. In der **Höflichkeitsform** werden diese Pronomen großgeschrieben: *Wir haben uns über Ihre Urlaubskarte gefreut.*

TIPPBOX

Zu 1 b):
Denke zum Beispiel an sportliche Aktivitäten, unterschiedliches Wetter, Waschzeug …
Zu 2 a):
Markiere in den Sprechblasen insgesamt 12 Possessivpronomen.

Demonstrativpronomen – auf etwas hinweisen

Hast du die Seehundstation schon besucht?

Nein, die kenne ich noch nicht.

Welche Muscheln möchtest du haben?

Mir gefallen diese.

1 **a)** Lies die Dialoge und überlege, wofür die unterstrichenen Wörter stehen.
b) Woher weiß der Gesprächspartner, was der Antwortende meint?

A In Bensersiel verbrachten wir die Sommerferien. Diese waren erlebnisreich.
B Wir haben auch den Strand besucht. Das war ziemlich aufregend.
C Die Strandkörbe waren alle besetzt. Das war aber vorauszusehen.
D Deshalb bauten wir uns eine Sandburg. Diese hatte hohe Mauern.
E Wir schmückten sie mit Muscheln. Solche findet man nur an der Nordsee.

2 **a)** Lies in der **LERNBOX** nach, worauf sich das Demonstrativpronomen beziehen kann.
b) Übertrage die Sätze in dein Heft. Kreise im zweiten Satz das Demonstrativpronomen ein und unterstreiche im ersten Satz, worauf es sich bezieht.

Dieser Tag am Strand war richtig schön. Am besten gefielen mir die frischen Krabben auf den Brötchen. Jene kommen direkt vom Krabbenkutter und werden frisch gepult. Ich sah den Fischern beim Krabbenpulen zu. Das war spannend. Ich möchte denselben Urlaub gerne noch einmal machen. Der war klasse.

3 Untersuche den Text: An welchen Stellen wird das Demonstrativpronomen als Begleiter eines Nomens verwendet, an welchen Stellen verweist es auf ein Nomen oder auf einen ganzen Satz?

LERNBOX

So nutzt du Demonstrativpronomen:

1. **Demonstrativpronomen** sind:
   der, die, das / dieser, diese, dieses / jener, jene, jenes / solcher, solche, solches / derselbe, dieselbe, dasselbe.
2. Mit ihnen kannst du auf etwas **zurück-** oder **vorausweisen.**
3. Das Demonstrativpronomen steht stellvertretend für ein **Wort**, eine **Wortgruppe** oder einen **ganzen Satz.**

   Wir beobachteten die Fischer bei ihrer Arbeit. Das war toll.
4. Das Demonstrativpronomen kann auch Begleiter eines Nomens sein: *Ein Ostfriese führte uns durchs Watt. Dieser Mann kannte sich gut aus.*

TIPPBOX

Zu 2 b):
Das Demonstrativpronomen steht stellvertretend für:
A Wortgruppe,
B ganzer Satz,
C ganzer Satz,
D Wortgruppe,
E Wort.
Im zweiten Satz steht es jeweils am Anfang.

Verben

Präteritum und Plusquamperfekt – Abfolgen aufzeigen

Nachdem Göknur mit ihrer Mutter gefrühstückt hatte, ...

1 **a)** Betrachte die Bilder und setze den Satzanfang fort.
b) Lies die **LERNBOX**. Fasse zusammen, was du beachten musst, wenn zwei Handlungen aufeinanderfolgen.

Göknurs Erdbeermarmelade

Göknur hatte zwei Kilo Erdbeeren eingekauft. Sie kam zu Hause an. Sie schüttete die Erdbeeren in ein Sieb. Sie wusch die Früchte gründlich. Sie entfernte die Blätter und schnitt die Früchte klein. Dann holte sie einen großen Topf aus dem Schrank. Göknur schüttete die Erdbeeren in den Topf. Sie fügte zwei Kilo Gelierzucker hinzu. Sie schaltete die Herdplatte ein, um die Erdbeeren schnell zu erwärmen. Sie rührte drei Minuten und schüttete die Masse in kleine Gläser. Göknur schraubte die vollen Gläser zu. Sie stellte sie zum Abkühlen auf die Fensterbank.

2 Schreibe den Text ab und überlege, an welchen Stellen du die Sätze sinnvoll verknüpfen kannst. Verwende die Konjunktionen *nachdem* oder *als*, um die zeitliche Abfolge deutlich zu machen. Achte auf die richtige Zeitform: Als Göknur zu Hause angekommen war, schüttete sie die Erdbeeren in ein Sieb.

3 Wähle ein eigenes Gericht aus und erzähle davon, wie du es selbst gekocht hast. Leite einige deiner Sätze mit *als* und *nachdem* ein.

LERNBOX

Die Zeitformen Präteritum und Plusquamperfekt

1. Das **Präteritum** ist eine Zeitform der Vergangenheit. Du verwendest es vor allem, wenn du etwas **schriftlich erzählst oder berichtest**, was schon geschehen ist: *Göknur kochte Marmelade.*
2. Wenn in der Vergangenheit zwei Handlungen aufeinanderfolgen, verwendest du für die frühere der beiden Handlungen das **Plusquamperfekt**: *Nachdem Göknur die Marmelade gekocht hatte, stellte sie die Herdplatte aus.*
3. Das **Plusquamperfekt** wird aus dem Präteritum von *haben* oder *sein* und dem *Partizip II* gebildet: *er hatte gesprochen, sie waren gelaufen* ... Diese Verbformen findest du in der Tabelle auf S. 312.

TIPPBOX

Zu 1 a): Verwende im zweiten Teil des Satzes (Bild rechts) das Präteritum.
Zu 2 : So kannst du fortfahren: *Nachdem sie die Früchte gründlich gewaschen hatte, entfernte sie die Blätter und ...*

Präsens und Futur – Zukünftiges ausdrücken

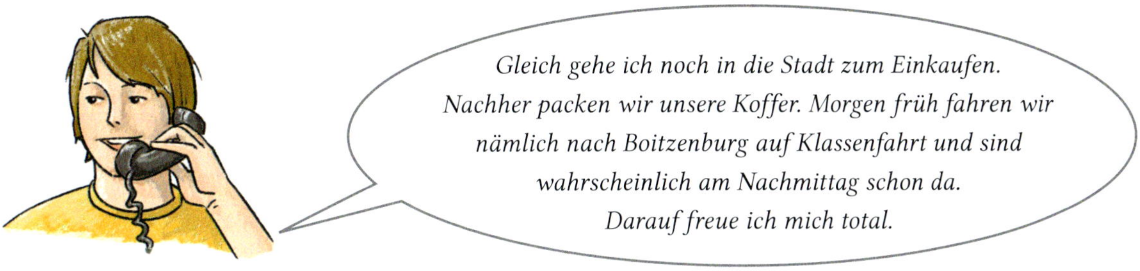

1 **a)** Untersuche, welche Aussagen sich auf die Zukunft beziehen. Woran erkennst du das? Überprüfe deine Lösung mithilfe der **LERNBOX**.
b) Streiche alle Zeitangaben, die auf die Zukunft hindeuten. Was ändert sich?
c) Schreibe die Aussagen so auf, dass sie ohne weitere Zeitangaben etwas Zukünftiges ausdrücken.

2 Hanna und Hannes sind neugierig, was ihre Zukunft bringen wird. Also besuchen sie auf dem Rummel eine Wahrsagerin:
a) Welche Voraussagen trifft die Wahrsagerin?
b) Unterstreiche in dem Gedicht die Zeitformen der Verben: grün → Futur, blau → Präsens. **Folie**
c) Tauscht euch darüber aus, woran ihr in den Sätzen erkennen könnt, dass die Wahrsagerin von der Zukunft spricht.

Bei der Wahrsagerin

Nächstes Jahr um diese Zeit
seid ihr immer noch zu zweit.
Es folgen viele Wochen,
die ihr genießt – ununterbrochen.

Später dann, in drei, vier Jahren,
wird ein jeder von euch fahren
in einen unbekannten Ort,
vom andern hört ihr lang kein Wort.

Doch sag ich euch, so wird's nicht bleiben,
die Einsamkeit wollt ihr vertreiben,
dann geht ihr wieder Hand in Hand
und fahrt' in manches schöne Land.

3 **a)** Schreibe einen Text dazu, was du gerne von einer Wahrsagerin hören würdest. Entscheide, ob du Präsens oder Futur verwenden willst.
b) Verfasse die Weissagung der Wahrsagerin in Gedichtform.

LERNBOX

Das Futur

1. Wenn du von etwas sprichst, das **in der Zukunft** liegt, benutzt du das **Futur**.
2. Das Futur wird mit einer gebeugten Form von *werden* und dem *Infinitiv* eines Verbs (Grundform) gebildet: *Janis wird auf Klassenfahrt fahren.*
3. Du kannst Zukünftiges aber auch mit dem **Präsens** ausdrücken. Meistens ergänzt du dann eine **Zeitangabe**: ***Morgen früh*** *fährt der Bus ab.*

TIPPBOX

Zu 1 c): Nutze als Zeitform das Futur und schreibe so: *Ich werde in die Stadt zum Einkaufen gehen …*
Zu 2 b): Du musst 8x Präsens und 2x Futur unterstreichen.
Zu 3 a): Beginne so: *Deine Zukunft verspricht dir großartige Dinge. In einigen Jahren …*

Sprache mündlich und schriftlich verwenden

A Zwei Ziegen (*treffen*) sich auf einer schmalen Brücke, die über einen tiefen Fluss (*führen*). Die eine (*wollen*) auf diese Seite, die andere (*wollen*) auf jene Seite des Flusses. „Geh mir aus dem Weg", (*meckern*) die eine. „Du bist gut!", (*antworten*) die andere ...

B Schokoladenkuchen: Zuerst (*vorheizen*) du den Backofen auf 180 Grad. Dann (*einfetten*) du eine Kastenform mit Butter oder Öl. Den Boden und die Seiten (*auslegen*) du mit Backpapier ...

C Hi Susi, ich (*schaffen*) heute endlich das Sportabzeichen. Der Langstreckenlauf (*quälen*) mich besonders. Aber der Sportwart (*zudrücken*) ein Auge. Beim Schwimmen (*sein*) ich ja immer gut und auch den Hochsprung (*bewältigen*) ich auf Anhieb ...

D In der letzten Schulstunde am 7. März (*ereignen*) sich ein Unfall. Während des Sportunterrichts in der Turnhalle (*sollen*) die Schüler der Klasse 6c einen Handstand turnen. Obwohl zwei Schüler Hilfestellung (*leisten*), (*einknicken*) Lars Müller und (*verdrehen*) sich das Handgelenk ...

E In Thailand (*leben*) immer noch viele Elefanten. Für ein Leben in Freiheit (*geben*) es aber zu wenig Djungel. Die Elefanten (*dienen*) auch nicht mehr dazu, Lasten zu tragen. Aus diesem Grund (*einrichten*) die Besitzer eine Schule für Elefanten, in der diese das Malen lernen. Der Verkauf der Bilder (*finanzieren*) das Futter ...

1 Lies die unterschiedlichen Textanfänge und untersuche sie: Um welches Thema geht es jeweils und welche Funktion haben sie? Sprecht darüber, welche eher gesprochen (mündlich) und welche aufgeschrieben (schriftlich) werden:
Text A ist eine Fabel, also eine schriftliche Erzählung.

☆ **2** Notiere verschiedene Situationen und Medien, in denen Texte eher gesprochen werden oder eher abgedruckt vorkommen.

3 **a)** Besprecht, welche Zeitform am besten zu den Texten passt, und begründet eure Entscheidung.
b) Überprüft eure Ergebnisse mithilfe der **LERNBOX**.
c) Schreibe zwei der Texte ab. Setze die Verben in die richtige Zeitform.

[!] LERNBOX

Die Zeitformen der Verben im mündlichen und schriftlichen Sprachgebrauch

1. Beim **mündlichen Erzählen** und **Berichten** verwendest du meistens das **Perfekt**, wenn Vergangenes dargestellt wird: *Ich habe heute das Sportabzeichen geschafft.*
2. Beim **schriftlichen Erzählen** und **Berichten** verwendest du in der Regel das **Präteritum**: *Zwei Ziegen trafen sich auf einer Brücke. / In der letzten Sportstunde ereignete sich ein Unfall.*
3. **Sachtexte**, die über Aktuelles oder noch immer Gültiges **informieren**, schreibst du im **Präsens**: *In Thailand leben immer noch viele Elefanten.*
4. Auch **Beschreibungen** und **Anleitungen** verfasst du im **Präsens**: *Dann verrührt man die Zutaten zu einem cremigen Teig.*

Präpositionen – Verhältniswörter richtig verwenden

Am Strand

Wenn wir (1) die Nordsee fahren, sitze ich meistens (2) Strandkorb. Mein Vater liegt lieber (3) meiner Mutter (4) einer Strandmatte (5) Sand. (6) meiner Nähe steht immer der Picknickkorb. (7) dem Proviant liegen Handtuch und Badehose bereit. Mein Bruder sitzt gerne (8) einer Bank (9) der Strandpromenade. (10) ihm stehen seine Schwimmflossen griffbereit, damit er jederzeit (11) Wasser springen kann. Meine kleine Schwester bleibt immer (12) meinen Eltern (13) dem Sonnenschirm.

1 **a)** Wer oder was befindet sich an welcher Stelle? Betrachte die Zeichnung und ergänze in den Sätzen die fehlenden Wörter.
b) Untersuche die Wörter, die du eingesetzt hast. Ordne sie nach *Präposition* und *Präposition + Artikel*. Überprüfe dein Ergebnis mithilfe der **LERNBOX**.

A Der Wanderweg führt durch (1) Naturschutzgebiet.
B Die Umkleidekabine für (2) Schwimmer ist gegenüber (3) Wellenbad.
C Unterhalb (4) Spielplatzes befindet sich der Hundestrand.
D Das Gassigehen mit (5) Hund außerhalb (6) Hundestrandes ist verboten.
E Wegen (7) scharfen Muschelscherben sollte man Schuhe tragen.
F Für Wattwanderer gilt: mit (8) ablaufenden Wasser gehen, während (9) Gewitters das Watt meiden und nie ohne (10) Wattführer gehen.

2 **a)** Markiere die Präpositionen auf einer Folie.
b) Lies in der **LERNBOX** nach, welcher Fall auf welche Präposition folgt.
c) Schreibe die Sätze ab, ergänze den richtigen Artikel und gib den Fall an:
Der Wanderweg führt durch ein Naturschutzgebiet. (Akkusativ)

LERNBOX

Präpositionen richtig verwenden

1. Mit einer **Präposition** gibst du z. B. räumliche oder zeitliche Verhältnisse an: *Peter steht vor dem Strandkorb.* / *Die Leute klatschen während des Konzerts.*
2. Präpositionen bestimmen den **Fall des darauffolgenden Nomens und seiner Begleiter.**
   Der **Genitiv** folgt nach: *unterhalb, während, wegen, außerhalb …:*
   → *Wegen des schlechten Wetters fällt der Strandtag aus.*
   Der **Dativ** folgt nach: *aus, bei, gegenüber, mit, nach, seit, von, zu …:*
   → *Gegenüber der Strandpromenade ist eine Eisdiele.*
   Der **Akkusativ** folgt nach: *durch, für, gegen, ohne, um …:*
   → *Durch den Sand zu laufen, macht Spaß.*
3. In manchen Fällen kann die **Präposition mit dem Artikel** verschmelzen: *ans* (an + das), *zum* (zu + dem), *im* (in + dem) …

TIPPBOX

Zu 1 b):
10x musst du eine Präposition einsetzen (*auf, neben, an, vor, in, bei, unter*),
3x Präposition + Artikel (*im, ins*).
Zu 2 b):
Verwende folgende Fälle:
4x Genitiv (*Wessen?*),
3x Dativ (*Wem?*) und
3x Akkusativ (*Wen oder was?*).

1. Die Kinder springen **in das Wasser.**
2. Die Kinder springen **in dem Wasser.**

3 **a)** Zu welchem Bild passt welcher Satz? Begründe deine Vermutung.
b) Durch welches Wort verändert sich die Bedeutung der Sätze? Überprüfe deine Überlegung mithilfe der **LERNBOX**.
c) Formuliere zu den fett gesetzten Satzteilen entsprechende Fragen, um den Fall der Präposition zu ermitteln. Unterstreiche in der Antwort die Präposition und notiere den richtigen Fall dahinter:
Wohin springen die Kinder? → ... (...)
d) Bearbeite in gleicher Weise die folgenden Sätze:

A Das Boot fährt auf der Nordsee. / Das Boot fährt auf die Nordsee hinaus.
B Die Fische liegen neben den Krabben. / Er legt die Fische neben die Krabben.
C Hein sitzt in der Kajüte[1]. / Hein geht in die Kajüte.

[1] die Kajüte: ein Raum im Schiffsinnern

e) Formuliere zwei weitere Satzpaare, in denen der Bedeutungsunterschied deutlich wird (Präposition + Dativ / Präposition + Akkusativ).

Moin, Karl! Gestern sind wir gegenüber einem Boot gegen die offene See hinausgefahren. Leider hatten wir nicht unter die Ebbe gedacht und so landeten wir durch einer Sandbank. Ohne dem Boot knirschten die Muschelreste und die Wattwürmer vergruben sich schnell über den feuchten Boden. Bald kamen die ersten Wattwanderer mit unserem Boot vorbeispaziert. Da kam mein Vater über eine geniale Idee: Er verkaufte Kaffee und Kuchen neben die Touristen! Claas

Folie

4 In diesem Text wurden die Präpositionen falsch verwendet. Markiere sie und schreibe den Text richtig in dein Heft:
Gestern sind wir in einem Boot ...

LERNBOX

Präpositionen mit Dativ oder Akkusativ

Bei den **Präpositionen** *auf, unter, vor, hinter, über, neben, an* und *in* musst du dich entscheiden: Je nachdem, was du ausdrücken willst, setzt du das nachfolgende Nomen entweder in den Dativ oder in den Akkusativ.

1. Der **Dativ** zeigt an, dass etwas **an einer bestimmten Stelle** passiert:
   Das Boot fährt auf der Nordsee. (Wo fährt das Boot?)
2. Der **Akkusativ** zeigt an, dass sich etwas **auf eine bestimmte Stelle zubewegt**:
   Das Boot fährt auf die Nordsee hinaus. (Wohin fährt das Boot?)

TIPPBOX

Zu 3 d): So formulierst du die Fragen:
A Wo fährt das Boot? → auf der Nordsee (Dativ) ...

Zu 4: Setze diese Präpositionen ein:
an (3x), auf (3x), in (2x), unter (1x).

Adverbien – genaue Umstände angeben

Die geheimnisvolle Kiste

Justus und Caro hatten sich endlich von dem Höhlen-Abenteuer erholt, als Professor Fischgold laut aufschrie: „Jetzt ist der *Seeigel* wieder betriebsbereit, nun gibt es ein neues Problem." Er zeigte nach draußen, wo die Kinder bald den Deckel einer Schatzkiste zwischen den Korallen sahen. Flugs machten sie einen Plan, wie sie die geheimnisvolle Kiste bergen konnten. Samir wollte schnurstracks zu der Kiste schwimmen, doch Professor Fischgold konnte ihn noch zurückhalten. „Samir, siehst du denn nicht den Zitteraal links vom Boot? Willst du einen Schlag bekommen?" Immer, wenn er sich aufregte, wurde er puterrot. Doch bald saß er wieder gelassen am Tisch. „Wir müssen die Kiste irgendwie in den *Seeigel* holen, trotzdem dürfen wir die Gefahren nicht vergessen. Deshalb schlage ich vor, dass Justus dort aktiv wird. Er ist der beste Schwimmer." …

1 a) Informiere dich mithilfe der **LERNBOX**, was für Adverbien es gibt und welche Aufgaben sie haben.
b) Im Text wurden bereits einige Adverbien unterstrichen. Lege eine Tabelle an und ordne die unterstrichenen Adverbien in die richtigen Spalten ein.
Die Fragen in der **LERNBOX** helfen dir, die Arten der Adverbien zu erfragen.

Adverbien des Ortes	Adverbien der Zeit	Adverbien der Art und Weise	Adverbien des Grundes
…	endlich		

c) In dem Text sind noch zehn weitere Adverbien versteckt. Finde sie heraus und ordne sie ebenfalls in deine Tabelle ein.

2 a) Schreibe das Tiefseeabenteuer weiter: *Wie bergen die Kinder die Schatzkiste? Was verbirgt sich in der Schatzkiste?* Nutze die Adverbien aus der **LERNBOX**.
b) Unterstreiche anschließend alle Adverbien in deinem Text.

LERNBOX

Was sind Adverbien?

1. Adverbien gehören zu den vier **unveränderlichen Wortarten** und sie bestehen meistens **aus einem Wort.**
2. Mit Adverbien (Singular: das Adverb) beschreibst du die **genaueren Umstände** eines Geschehens. Adverbien kannst du erfragen:
   - Adverbien des **Ortes**: *Wo? Woher? Wohin?*
     → *dort, draußen, links, heimwärts, herab, innen, nirgends …*
   - Adverbien der **Zeit**: *Wann? Seit wann? Wie lange? Wie oft?*
     → *dann, mittags, nun, bald, immer, niemals, später …*
   - Adverbien der **Art und Weise**: *Wie? Auf welche Weise?*
     → *kaum, genauso, flugs, wahrlich, sogar …*
   - Adverbien des **Grundes**: *Warum? Weshalb? Weswegen? Wozu?*
     → *trotzdem, somit, deshalb, allerdings, zwar …*

TIPPBOX

Zu 1 a):
Du musst
- 2 Adverbien bei „Ort",
- 2 bei „Zeit",
- 2 bei „Art und Weise" und
- 1 bei „Grund"

einordnen.

Konjunktionen – Wörter und Sätze sinnvoll verknüpfen

Marco rennt los, (?) er den Bus sieht.

weil – damit – als – wenn – obwohl – dass

1 **a)** Betrachte das Bild und überlege, welche Konjunktion du in den Satz einsetzen kannst.
b) Besprich mit einem Partner, in welcher Situation ihr welche Konjunktion einsetzen würdet und welche nicht sinnvoll sind, z. B.
„Marco rennt los, weil er den Bus sieht." – Dieser Satz ist sinnvoll, wenn Marco den Bus nicht verpassen möchte oder wenn er einen guten Platz haben möchte.

Marco (1) Anastasia fahren mit ihrer Klasse auf Klassenfahrt auf den Bauernhof, (2) die meisten tierlieb sind (3) in einer Großstadt wohnen, (4) sie selten Tiere in der freien Natur erleben. (5) die Fahrt ein Erlebnis für alle wird, hat der Lehrer viele Programmpunkte eingeplant. (6) das Wetter warm wird, wollen alle ein Picknick im Maisfeld machen (7) bei der Ernte helfen. (8) es regnet, helfen die Schüler im Stall mit. (9) einige Heuschnupfen haben, freuen sich alle auf die gemeinsame Zeit.

2 **a)** Lies die **LERNBOX** und ergänze im Text passende Konjunktionen.
b) Vergleiche mit einem Partner, welche verschiedenen Möglichkeiten es gibt. Diskutiert darüber, welche Möglichkeit am besten passt.
c) Unterstreiche alle unterordnenden Konjunktionen und ordne ihnen die unterschiedlichen Funktionen zu (Hinweis 2, **LERNBOX**).

LERNBOX

So verknüpfst du Wörter und Sätze mit Konjunktionen:

1. **Konjunktionen** sind **Verknüpfungswörter**. Mit ihnen verknüpfst du
   - Wörter: *Marco und Anastasia steigen in den Bus.*
   - Teile von Sätzen: *Im Bus liest Marco oder hört Musik.*
   - Hauptsätze: *Der Busfahrer hupt, denn die Zeit drängt.*
   - einen Haupt- mit einem Nebensatz: *Der Bus fährt los, wenn alle da sind.*
2. Konjunktionen, die einen Haupt- mit einem Nebensatz verbinden, heißen **unterordnende Konjunktionen**. Sie haben unterschiedliche Funktionen: Mit ihnen kannst du ausdrücken, wie der Nebensatz den Hauptsatz inhaltlich ergänzt. Du kannst z. B.:
   a) **etwas zeitlich einordnen**: *Wann? Seit wann? – als, nachdem, bevor, während*
   b) **etwas begründen**: *Warum? Wieso? – weil, da*
   c) eine **Bedingung angeben**: *Unter welcher Bedingung? – wenn, sofern, falls*
   d) einen **Zweck angeben**: *Wozu? – damit, um*
   e) eine **Folge angeben**: *Mit welcher Folge? – sodass*
   f) **etwas einschränken**: *Trotz welcher Beschränkung? – obwohl, obgleich*
   Der Bus fährt los, wenn alle da sind. (Bedingung)

Kleiner Wortartentest: Das kann ich jetzt!

Wortartenprofis sollten auch die Aufgaben mit ☆ bearbeiten.

1 Ergänze den Begleiter des Nomens im richtigen Fall. | 12 |

(Der) ____ **Bauer** fährt (sein) ____ **Trecker** aus dem Stall. (Eine) ____ Schülerin gibt (das) ____ **Kälbchen** Milch. Die Schnauze (das) ____ **Kälbchens** ist samtweich. (Die) ____ Schüler sammeln in (der) ____ Hühnerstall Eier. Das gefällt (die) ____ Bäuerin. Mit (diese) ____ Eiern bereitet sie (das) ____ Abendessen zu. Nach (das) ____ Essen geht es auf (der) ____ Heuboden.

2 Ordne die fettgedruckten Nomen und ihre Begleiter den vier Fällen zu: | 4 |

a) Nominativ: ________________
b) Genitiv: ________________
c) Dativ: ________________
d) Akkusativ: ________________

Folie

3 Vervollständige die folgenden Merksätze zu den Pronomen: | 8 [11] |

Personalpronomen ersetzen (a) ____ und ihre (b) ____. Sie werden überwiegend im Nominativ, (c) ____ und Akkusativ verwendet.
Das (d) ____ zeigt den Besitz oder die Zugehörigkeit an. In der (e) ____ werden sie großgeschrieben.
Mit dem Demonstrativpronomen bezieht man sich zurück auf ein Wort, eine (f) ____ oder einen (g) ____. Es kann auch der (h) ____ eines Nomens sein.

Drei Beispiele für Demonstrativpronomen sind (i) ____, (j) ____,(k) ____.

4 Schreibe das Verb mit Personalpronomen in der vorgegebenen Zeitform auf: | 12 [16] |

a) 2. Person Plural Präteritum von *biegen*
b) 1. Person Plural Futur von *fliegen*
c) 3. Person Singular Präsens von *tanzen*
d) 2. Person Singular Perfekt von *rauben*
e) 1. Person Singular Futur I von *nehmen*
f) 3. Person Singular Präteritum von *schreiben*
g) 2. Person Plural Plusquamperfekt von *haben*
h) 3. Person Singular Plusquamperfekt von *sein*

5 Setze passende Präpositionen in die Lücken ein. Zweimal musst du eine Präposition + Artikel einsetzen. | 9 |

Am Freitag fahren wir (1) dem Zug (2) meiner Tante, um (3) ihr meinen Geburtstag nachzufeiern. Der Weg (4) Duisburg ist recht weit, wenn wir (5) zu Hause aus starten. Aber meine Tante wohnt direkt (6) dem Bahnhof (7) einem Dönerladen. (8) Samstag planen wir einen Ausflug (9) Hafen und einen Abstecher nach Mülheim.

6 **a)** Unterstreiche die Adverbien in den folgenden Sätzen. | 6 [12] |
b) Bestimme die Art der Adverbien (Ort, Zeit, Art und Weise, Grund).

Heute gibt es draußen glücklicherweise keine Wolke am Himmel. Deshalb genießen wir die Sonne. Gleich fahren wir sogar ins Freibad.

| 51 [64] | Summe |

Überprüfe deine Ergebnisse anhand der Lösungen im Lösungsheft

Satzarten – Was wir ausdrücken wollen

„Hast du auch schon das Gedicht von James Krüss gelesen?“
„Welches?“
„Das Gedicht heißt: Die sonderbare Stadt Tempone.“
„Ach das! Das kenne ich.“
„Kannst du mir helfen, es zu verstehen?“
„Klar!“
„Also, wir müssen erklären, was an dieser Stadt so sonderbar ist.“
„Hast du damit Probleme?“

1 a) Schreibe den Dialog zwischen den beiden Schülern ab und ergänze die Redebegleitsätze, damit deutlich wird, welche Sprechabsichten sie jeweils verfolgen. Nutze die Verben aus dem Wörterkasten. Beginne so:
Jenny fragt Dominik nach der Schule: „Hast du auch schon das Gedicht ...?“

sagen, fragen, antworten, entgegnen, ausrufen, erklären, staunen, erzählen, feststellen, erwidern, sich wundern, bemerken, nachhaken, erkennen, auffordern, nachfragen, verkünden, meinen, sich vergewissern

b) Setze den Dialog fort. Das Gedicht findest du auf Seite 112.

Lisa:	Welche Note hast du für deinen Gedichtvortrag bekommen (1)
Theis:	Eine Zwei (2)
Lisa:	Eine Zwei (3) Das ist toll (4) Da werden sich deine Eltern freuen (5)
Theis:	Das glaube ich auch (6)

2 a) Lies das Gespräch mit einem Partner vor. Achtet auf die Betonung.
b) Schreibe den Dialog ab und setze die Satzschlusszeichen, um deutlich zu machen, welche Absicht der Sprecher verfolgt. Lies dazu die **LERNBOX**.

LERNBOX

Mit Satzarten unterschiedliche Absichten deutlich machen

1. Sätze können **unterschiedliche Absichten** zum Ausdruck bringen. In der **geschriebenen Sprache** erkennst du die Absicht an den **Schlusszeichen**:
   Fragesatz: *„Soll ich dir helfen?“, fragte Lisa Theis.*
   Aussagesatz: *Theis antwortete: „Ich kann Hilfe gut gebrauchen.“*
   Aufforderungssatz: *Da schlägt Lisa vor: „Komm doch heute Nachmittag zu mir!“*
   Ausrufesatz: *„Super! Ich freu mich schon!“, entgegnet Theis.*
   Häufig geben bei wörtlicher Rede die **Verben in den Begleitsätzen** einen Hinweis auf die **Sprechabsicht**.
2. In der **mündlichen Sprache** erkennst du die Sprechabsicht an der **Betonung**.

TIPPBOX

Zu 1 a):
Achte auch auf die Zeichensetzung bei der wörtlichen Rede (→ S. 272).
So kannst du weitermachen:
... von James Krüss gelesen?“ – „Welches?“, fragt Dominik nach ...

Satzglieder untersuchen – das mehrteilige Prädikat

1 a) Was ist eigentlich ein Wattwurm? Tauscht euch darüber aus.
b) Vergleicht eure Vermutungen mit den Erklärungen im Text.

A Unter jedem „Spaghettihaufen“ liegt in 20 cm Tiefe ein Wurm.
P S
B Der Wattwurm hat einen braun bis schwarz gefärbten, fingerdicken Körper und einen ausstülpbaren Rüssel.
C Wattwürmer graben jedes Jahr das komplette Watt um.
D Sie fressen Sand auf und verdauen die organischen Reste.
E Der Wattwurm kann ein Alter von mehreren Jahren erreichen.

2 a) Markiere die Subjekte.
b) Ermittle die Prädikate. Lies hierzu die **LERNBOX**: Überlege , welches Verb / welche Verben zum Subjekt gehören. Kennzeichne mehrteilige Prädikate durch *P1, P2* ...

Folie

3 Bestimme in den folgenden Sätzen die Prädikate. Gehe so vor, wie in Aufgabe **2** beschrieben, und ergänze auch die Zeitform des Verbs.

A Ich habe ihm gestern geholfen. Verbform: Perfekt
S P1 P2
B Schließt du die Tür auf?
C Kristin und Lea hatten den Ausflug vorbereitet.
D Bist du mit deinen Eltern gegangen?
E Er wollte mir gestern etwas vorlesen, kam dann aber nicht.
F Bevor ich zum Training gehe, muss ich Hausaufgaben machen.

LERNBOX

Mehrteilige Prädikate

1. Das **Prädikat** ist immer ein Verb. Es richtet sich in seiner Form nach dem Subjekt:
2. Das Prädikat kann aus einem Teil oder mehreren Teilen (= mehrteiliges Prädikat: *P1, P2* ...) bestehen. Wenn es mehrteilig ist, verändert sich die Stellung im Satz:
   a) **Verben mit Präfix** (= Vorsilbe): *Sie bereitet das Essen vor.* Wenn du den Infinitiv *(vorbereiten)* bildest, weißt du, was zum Prädikat gehört.
   b) **Ausdrücke mit Modalverben** (*können, sollen, müssen, wollen, mögen, dürfen*): *Er kann im Watt überleben.*
   c) **Verben im Futur, Perfekt oder Plusquamperfekt:** *Ich werde morgen verreisen.* (Futur) / *Ich bin in Cuxhaven gewesen.* (Perfekt) / *Nachdem ich in den Tidenkalender geschaut hatte, ging ich ins Watt.* (Plusquamperfekt / Präteritum)

TIPPBOX

Zu 2 b):
So viele Prädikate oder Prädikatsteile enthalten die Sätze:
A = 1, B = 1,
C = 2, D = 3,
E = 2.
Zu 3 :
Diese Prädikatsteile sind enthalten:
A = 2, B = 2,
C = 2, D = 2,
E = 3, F = 3.

Zusammenhänge erkennen – Prädikat und Objekt

Sonja las ein Jugendbuch.

Die Kinder lauschten der Geschichte.

Alle Zuhörer bewerteten den Vortrag.

Den Vorlesewettbewerb gewann Sonja.

Der Lehrer gratulierte ihr.

Ihre Mutter lobte sie.

☆ Sonja trug der Jury die Leseprobe vor.

☆ Der Vortrag bedurfte keiner weiteren Übung.

1 **a)** Mithilfe des Prädikats kannst du alle Satzglieder bestimmen. Schreibe die Sätze oben mit Zwischenzeilen ab und ermittle die Subjekte. Lies dazu noch einmal die **LERNBOX** auf Seite 232.
b) Kreise die dazugehörigen Prädikate ein, z. B.
Sonja las ein Jugendbuch. → Wer oder was las ein Jugendbuch? Sonja. (= Subjekt)

2 Ausgehend vom Prädikat (Verb) kannst du verschiedene Fragen formulieren, mit denen du auch die Objekte bestimmen kannst:
a) Lies die **LERNBOX** und fasse kurz zusammen, welche Objekte es gibt und wie man sie unterscheiden kann.
b) Überlege dir zu den Sätzen oben passende Fragen, um die Objekte zu ermitteln. Notiere dir anschließend die Antworten und schreibe in Klammern dahinter, um was für ein Objekt es sich handelt.
Sonja las <u>ein Jugendbuch</u>. → Wen oder was las Sonja? Ein Jugendbuch. (= Akkusativobjekt)

☆ **3** Knack die Nuss und bestimme die Satzglieder in diesem Satz: Der Klassensprecher überreicht dem Sieger den Pokal und rühmt ihn seiner Leistungen.

LERNBOX

Was sind Objekte?

1. **Objekte** sind Satzglieder. Das **Prädikat** bestimmt, **in welchen Fall das Objekt** gesetzt werden muss.
2. Nach dem **Akkusativobjekt** fragst du mit den Fragewörtern **Wen oder was?**:
   Wir schauen einen Film. → Wen oder was schauen wir? – <u>Einen Film</u>. (= Akkusativobjekt)
3. Nach dem **Dativobjekt** fragst du mit dem Fragewort **Wem?**:
   Ich folge meinem Lehrer. → Wem folge ich? – <u>Meinem Lehrer</u>. (= Dativobjekt)
4. Das **Prädikat** bestimmt auch, ob überhaupt ein Objekt nötig ist. Zum Beispiel benötigt das Prädikat *leben* kein Objekt: *Wir leben.*
5. Manchmal musst du Objekte ergänzen, damit der Satz sinnvoll und richtig ist:
   Die Klasse schenkt ... (Wem?) <u>dem Vortragenden</u> ... (Wen oder was?) <u>ihre Aufmerksamkeit</u>.
6. Das **Genitivobjekt** erfragst du mit dem Fragewort **Wessen?**. Es wird nur noch selten gebraucht: *Wessen schäme ich mich? – <u>Meiner Noten</u>.*

Hier ist was los –
Eine nicht ganz ernst zu nehmende Schulordnung

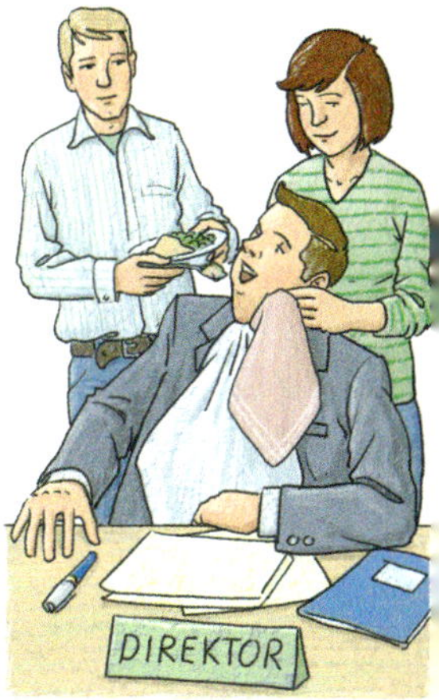

I. Die Schüler müssen die Schultür ständig abschließen.
II. Schüler dürfen vor und nach 8.00 Uhr das Treppenhaus nicht benutzen und Lehrer bedienen sich nicht des Aufzugs.
III. Das Treppenhaus gehört den Lehrern.
IV. Den Aufzug benutzen nur die Schüler.
V. Die Lehrer müssen den Schulleiter im Büro regelmäßig füttern.
VI. Das Futter bezahlen sie selbstverständlich selbst.
VII. Die älteren Schüler bedürfen einer ausgiebigen Mittagspause.
VIII. Die Lehrer müssen den Schülern ihre Mittagspause gönnen.
IX. Die Lehrer dürfen die geputzte Tafel nicht beschreiben.
X. Schüler und Lehrer übergeben dem Hausmeister zu Ostern und Weihnachten ein Geschenk.

4 Sprecht darüber, welche Regel euch gefällt und welche euch stören würde.

5 **a)** Kreise die Prädikate ein und formuliere davon ausgehend passende Fragen, um die Objekte zu ermitteln. Achte darauf, ob das Prädikat mehrteilig ist (z. B. *I. müssen ... abschließen*). Notiere die Fragen und um welches Objekt es sich jeweils handelt. **Folie**
b) Lege eine Tabelle an und trage die Objekte in die richtige Spalte ein.

Genitivobjekt (Wessen?)	Dativobjekt (Wem?)	Akkusativobjekt (Wen oder Was?)
		die Schultür

6 Ergänze weitere Unsinns-Regeln. Markiere und bestimme die Objekte.

Jan stand am Fenster und beobachtete (1) auf dem Schulhof. Gerade schenkte Hausmeister Müller (2) (3). Dieser gefiel (4), sodass sie leicht errötete. Sie sah (5) freudestrahlend an. Zwei Kinder lachten (6) aus. Auf der Wiese spielte der Sportkurs von Frau Lange (7). Ein Schüler beschuldigte (8) (9). Frau Lange gab (10) (11).

7 **a)** Im Text fehlen die Objekte. Ergänze sie im richtigen Fall.
b) Vergleicht eure Ergebnisse: Welche verschiedenen Objekte habt ihr eingesetzt?

TIPPBOX

Zu 5 a): Der erste Satz lautet: *Die Schüler müssen die Schultür ständig abschließen.*
Frage: *Wen oder was müssen die Schüler ständig abschließen? Die Schultür. (= Akkusativobjekt)*
Zu 5 b): Trage insgesamt 2 Genitivobjekte, 3 Dativobjekte und 8 Akkusativobjekte ein.
Zu 7 a): Folgende Wörter kannst du einsetzen: *die Leute, das Geschehen, die Musiklehrerin, Blumen, Kekse, das Geschenk, die Aufmerksamkeit, ihn, der Mann, ein Mitschüler, Baseball, ein Mitspieler, sein Freund, das Foul.*

Adverbiale Bestimmungen – genaue Angaben machen (Wo? Wann?)

1 **a)** Diese Einladung ist unvollständig. Sprecht darüber, welche Angaben fehlen und wo ihr sie einsetzen würdet.
b) Überarbeite den Text der Einladung und schreibe ihn vollständig in dein Heft.

> Liebe Christine,
>
> weil ich Geburtstag habe, möchte ich dich zu meiner Party einladen. Es wäre toll, wenn du kommen könntest. Sag mir bitte Bescheid, ob du Zeit hast!
>
> Viele Grüße
> dein Carsten

Ausritt mit Hindernissen

Unsere Klassenfahrt führte uns im September auf ein brandenburgisches Reiterschloss. Dort wurde jeden Morgen Reitunterricht erteilt. Unser Reitlehrer Max war von Anfang an von unseren Reitkünsten begeistert. Schon am zweiten Tag machten wir in einer langen Reihe auf den Waldwegen einen Ausritt. Abends waren wir hundemüde und fielen schon um 21.00 Uhr erschöpft ins Bett. Am nächsten Vormittag saßen wir aber schon wieder erwartungsvoll auf den Pferden. Meggy durfte vorne reiten, weil sie die Beste war. Plötzlich geschah es: Ein Schwarm Wildenten stieg, verängstigt durch unser Getrappel, aus den Feldern auf. Die Pferde erschraken so sehr, dass einige von ihnen in den nahe gelegenen Wald flüchteten. Erst nach einer Stunde hatte Max alle auf dem Reitplatz wieder versammelt. Zum Glück war keinem etwas passiert.

Folie

2 **a)** Unterstreiche in diesem Text die adverbialen Bestimmungen des Ortes und der Zeit. Lies dazu die **LERNBOX**.
b) Schreibe die adverbialen Bestimmungen geordnet heraus.
adverbiale Bestimmungen des Ortes: ...
adverbiale Bestimmungen der Zeit: im September ...

☆ **3** Schreibe fünf Sätze dazu, was die Klasse abends auf der Klassenfahrt unternimmt. Unterstreiche in deinen Sätzen die adverbialen Bestimmungen.

! LERNBOX

Adverbiale Bestimmungen des Ortes und der Zeit

1. Adverbiale Bestimmungen sind Satzglieder, die genaue Angaben zu einem Geschehen machen: *Morgen reite ich in den Wald.*
2. **Adverbiale Bestimmungen des Ortes** erfragst du mit: *Wo? Woher? Wohin? → Wohin reite ich morgen? – Morgen reite ich in den Wald.*
3. **Adverbiale Bestimmungen der Zeit** erfragst du mit: *Wann? Seit wann? Wie lange? → Wann reite ich in den Wald? – Morgen reite ich in den Wald.*

TIPPBOX

Zu 1 b): Ergänze ein Datum und eine Uhrzeit. Du kannst auch den Ort ergänzen, wo die Party stattfindet.
Zu 2 a) + b): Unterstreiche 9 adverbiale Bestimmungen des Ortes und 9 der Zeit.

Wortfamilie – verwandte Wörter

fahren – Fahrausweis – Fahrer – abfahren – Fahrbahn – fahrbereit – Fahrplan – Fahrerflucht – verfahren – Fahrerin – Gefahr – gefährlich – Autofahrt

1 **a)** Markiere den Wortstamm in den Wörtern im Kasten. Folie
b) Ergänze weitere Wörter mit dem Wortstamm *-fahr-*.
c) Schreibe die Wörter in einer Tabelle nach Wortarten geordnet auf.
d) Untersuche die Wörter und überprüfe, ob die Bedeutung ähnlich ist.

2 **a)** Sammle Wörter aus der Wortfamilie *-schreib-* und notiere sie nach Wortarten geordnet wie in Aufgabe **1 c)**. Lies dazu vorher die **LERNBOX**.
b) Vergleicht, wer die meisten Nomen, Verben oder Adjektive gefunden hat, und ergänzt die Wörter, die ihr nicht notiert habt.

Fußball-AG

(1) sind Mitglieder eines Teams, das nur im (2) funktioniert. Jeder einzelne (3) muss sich den Anordnungen des (4) fügen und jederzeit (5) sein. Zeigen sich im (6) Konditionsprobleme, ist die (7) nicht mehr gegeben. Beim (8) auf die einzelnen (9) muss stets auf die (10) geachtet werden, denn diese versuchen, den (11) der angreifenden Mannschaft zu stören. Besonders die Angreifer versuchen häufig, sich durch gewagte Torschüsse ins Rampenlicht zu (12). Dabei wird selten beachtet, dass auch die (13) am Erfolg ihrer Mannschaft beteiligt sind. Über die gesamte (14) müssen die Sportler auf die Schiedsrichtersignale achten. Dieser entscheidet spontan, ob ein Foul nur (15) ist. Eingefleischte Fans bezeichnen den Unparteiischen deshalb oft auch als (16).

3 **a)** Arbeitet zu zweit und setzt die Wörter aus dem Wörterkasten in die Lücken des Textes ein. Sie haben alle den Wortstamm *-spiel-*.
b) Vergleicht eure Ergebnisse mit einem anderen Paar und einigt euch auf eine sinnvolle Lösung.
c) Sammle weitere Wörter aus dieser Wortfamilie.

Spielverderber / Abspiel / Spielzug / Abwehrspieler / Fußballspieler / Zusammenspiel / Spieler / Spielfluss / Spielleiters / Spielzeit / Anspielbereitschaft / Mitspieler / Gegenspieler / spielen / vorgespielt / spielbereit / Spiel

LERNBOX

Was ist eine Wortfamilie?

1. Wörter, die den **gleichen Wortstamm** haben, gehören zu einer **Wortfamilie**: *lesen – das Lesebuch – lesbar – der Leser.*
2. Den Wortstamm **schreibst du immer gleich.**
3. Wörter einer Wortfamilie bildest du durch **Ableitungen** (*verlesen*) oder durch **Zusammensetzungen** (*die Lesenacht*).

TIPPBOX

Zu 1 c): Sortiere nach diesen Wortarten: *Nomen, Verben, Adjektive.*
Zu 2 a): Notiere Nomen (*der Schreibtisch …*), Adjektive (*schreibfaul …*) und Verben (*verschreiben …*).
Zu 3 a): Schreibt die Ergebnisse so auf: *(1) Fußballspieler, (2) Zusammenspiel, (3) Spieler …*

Ableitungen – Wörter von Wörtern ableiten

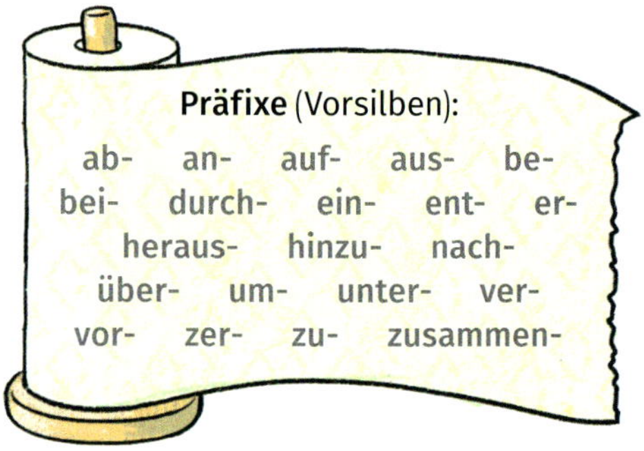

So kochst du Spaghetti mit Tomatensoße:

A zuerst einen großen Topf aus dem Küchenschrank (*nehmen*)
B etwa zwei Liter Wasser mit einem Messbecher (*messen*)
C das Wasser in den bereitgestellten Kochtopf (*füllen*)
D eine Prise Salz (*fügen*)
E das Wasser (*kochen*) lassen
F eine kleine Zwiebel (*hacken*) und sieben mittelgroße Tomaten (*schneiden*)
G in einer Pfanne etwas Butter (*wärmen*)
H das gewürfelte Gemüse darin (*braten*)
I die Spaghetti dem kochenden Wasser (*fügen*)
J die Soße mit ein wenig kochendem Wasser (*füllen*) und mit Salz, Pfeffer und Gartenkräutern (*schmecken*)
☆ K nach acht Minuten die Nudeln durch ein Sieb gießen und gut (*tropfen*) lassen
L auf die Teller Spaghetti füllen und mit einem Basilikumzweig (*zieren*)

1 **a)** Viele Verben in dieser Kochanleitung sind ungenau. Formuliere genauer, indem du die Verben in den Klammern mit passenden Präfixen aus dem Wörterkasten verbindest. Lies vorher den 1. Hinweis in der **LERNBOX** auf der Seite 243.
b) Schreibe die Anleitung in ganzen Sätzen auf. Beginne so:
Zuerst nimmt man aus dem Küchenschrank einen großen Topf heraus.
Dann ...
c) Sprecht darüber, was mit einigen Präfixen passiert, wenn ihr in vollständigen Sätzen formuliert.

2 **a)** Bilde zu den folgenden Verben möglichst viele weitere Ableitungen, indem du Präfixe davorsetzt: *geben, denken, spielen, drücken, halten*.
☆ **b)** Bilde zu den neuen Verben auch das Partizip II, z. B. vorgegeben.

angeben – übersetzen – aufschneiden – anziehen – aufheben – übergeben

3 Manchmal entstehen durch Ableitungen Wörter mit unterschiedlicher Bedeutung. Mache diese deutlich, indem du die Verben aus dem Kasten in verschiedenen Sätzen verwendest, z. B.
angeben: Gib nicht so an! / Hier müssen Sie Ihre Telefonnummer angeben.

einsam, brauchen, wagen, böse, dumm, wahr, eitel, versäumen, schön, beleidigen, reich, gesund, trüb, fassen, erleben, bewirten, bewegen, deutlich

4 Bilde Nomen, indem du die Wörter aus dem Wörterkasten links mit den folgenden Suffixen verbindest: *-ung, -heit, -keit, -schaft, -tum, -nis, -sal,-ling.*

5 Bilde Adjektive, indem du die Wörter aus dem Wörterkasten rechts mit den folgenden Suffixen verbindest: *-sam, -lich, -ig, -isch, -voll, -bar, -haft, -los.* Beachte den 3. Hinweis in der **LERNBOX**.

Duft, taugen, Fleiß, Liebe, Genuss, Rand, Verschwender, Unglück, Stimme, wirken, Manieren, wandeln, Fabel, Geschmack, Wert, fassen, Chance, danken, raten

6 Zerlege die folgenden Wörter und ergänze die Tabelle. Nutze dazu den 4. Hinweis in der **LERNBOX**.

Erholung, unterhaltsam, überholen, Versäumnis, zerstäuben, Entspannung, verständlich, Erlebnis, gehörlos.

Wort	Präfix	Wortstamm	Suffix
Erholung	Er-	-hol-	-ung

7 **a)** Bilde mit den Wortstämmen im Kasten so viele Ableitungen wie möglich. Achte dabei auf die Groß- und Kleischreibung:

-glück- / -weib- / -mann- / -wahr- / -les- / -koch- / -lieb-

b) Führt einen Wettbewerb durch: Wer bildet die meisten Ableitungen?

LERNBOX

Ableitungen bilden

1. Wenn du ein **Präfix** (Vorsilbe) vor ein Wort setzt, entsteht ein neues Wort mit einer anderen Bedeutung (*be- + rühren = berühren*).
2. Auch durch das Anhängen eines **Suffixes** (Nachsilbe) entsteht ein neues Wort. Achtung: Die Nachsilben bestimmen die Wortart. Daher kann sich die Groß- und Kleinschreibung ändern: *frech + -heit = (die) Frechheit; (der) Duft + -ig = duftig; er- + -hell- + -en = erhellen.*
3. Der Stamm kann sich beim Ableiten ändern: *Mann + -lich = männlich.*
4. Es können auch mehrere Präfixe und Suffixe in einem Wort vorkommen: *das Geständnis (ge-, -nis), unbezahlbar (un-, be-, -bar).*

TIPPBOX

Zu 1 c): Probiere verschiedene Präfixe aus. Wenn du unsicher bist, schlage im Wörterbuch nach.
Zu 2 a): Schreibe so: *geben: abgeben, angeben, aufgeben ...*
Zu 4 : Wenn du die Suffixe ergänzt, fällt bei Verben die Endung *-en* weg: *brauchen => das Brauch-tum.* Der Stamm von Adjektiven kann sich ändern: *böse => die Bosheit.*
Zu 5 : Bei der Bildung von Adjektiven musst du manchmal Buchstaben ergänzen: *die Chance => chancenlos.* Bei Verben fällt die Endung *-(e)n weg: wandeln => wandelbar ...*

Zusammensetzungen – Wörter aus Wörtern bauen

Speiseeis → Eiswaffel → Waffelteig → Teigschüssel ...

1 **a)** Mache ein Wettspiel mit deinem Partner: Beginne mit einem Wort, das aus zwei Nomen besteht. Dein Partner bildet eine neue Zusammensetzung mit dem zweiten Nomen des Wortes usw. Verloren hat, wer keine neue Zusammensetzung mehr bilden kann.

☆ **b)** Spielt das Spiel einmal anders: Erlaubt sind nur Wörter rund um die Küche.

Teller – Topf – Liebling – Hering – Brett – Schrank – Brot – Eis – Becher – Salat – Küche – Tür – Koch – Essen – Rest – Gabel – Grill – Torte – Fenster

2 **a)** Bilde aus den Nomen durch Zusammensetzung möglichst viele Wörter. Lies dazu die **LERNBOX**.
b) Trage die Zusammensetzungen mit dem passenden Artikel in die Tabelle ein.

Zusammensetzung	Zusammensetzung mit Fugenbuchstaben
der Eisbecher	der Küchenschrank

Folie

c) Betrachte die Wörter genauer. Markiere in der Tabelle Bestimmungs- und Grundwort so wie in der **LERNBOX**.

der Feinschmecker – bissfest – der Putzteufel – blitzschnell – fettarm – die Garzeit – goldgelb – der Kühlschrank – steifschlagen – zuckersüß – der Schnellkochtopf – die Sonnenblumenkerne – die Zartbitterschokolade

3 **a)** Untersuche die Wörter im Kasten oben. Aus welchen Wortarten bestehen sie jeweils? Orientiere dich am zweiten Hinweis der **LERNBOX**.

☆ **b)** Wenn es keine Zusammensetzungen gäbe, müsstest du dich komplizierter ausdrücken. Umschreibe die Wörter aus dem Kasten in eigenen Worten.

! LERNBOX

Mit Zusammensetzungen genauer formulieren

1. Viele unserer Wörter sind **Zusammensetzungen** (= das Kompositum (Einzahl), die Komposita (Mehrzahl)). Sie bestehen meist aus einem **Bestimmungswort** und einem **Grundwort**: *das Speiseeis, die Eiswaffel*. Mit ihnen kannst du dich kurz und genau ausdrücken.
2. Das **Grundwort** des Kompositums bestimmt seine **Wortart** und damit seine Groß- und Kleinschreibung:

das Schneidebrett:	Das Wort ist ein Nomen, es besteht aus *Verbstamm + Nomen*.
dunkelrot:	Das Wort ist ein Adjektiv. *(Adjektiv + Adjektiv)*
küchenfertig:	Das Wort ist ein Adjektiv. *(Nomen + Adjektiv)*
die Kühltruhe:	Das Wort ist ein Nomen. *(Adjektiv + Nomen)*

3. Bei **Nomen** richtet sich der **Artikel** des zusammengesetzten Wortes immer nach dem **Grundwort**. Manchmal musst du zwischen den Wörtern Fugenbuchstaben (Verbindungsbuchstaben) ergänzen: *der Küchenschrank, das Schneidebrett*.

Lernbegleitbogen *Sprache betrachten*

Kompetenz / Inhalt Ich kann …	Selbstein- schätzung ☺ 😐 ☹	Fremdein- schätzung ☺ 😐 ☹	Bemer- kungen	Hier kannst du weiter- üben:
Fachwörter benennen und verwenden (S. 210)				
Begleiter zu Nomen finden (S. 211)				AH, S. 41
Nomen in unterschiedlichen Fällen verwenden (S. 212)				AH, S. 41
durch Personalpronomen Bezüge herstellen (S. 213)				AH, S. 42
mit Possessivpronomen Besitz ausdrücken (S. 214)				AH, S. 43
Demonstrativpronomen richtig verwenden (S. 215)				AH, S. 44
Zeitformen der Verben erkennen und verwenden: – Präteritum und Plusquamperfekt (S. 216) – Präsens und Futur (S. 217)				AH, S. 45, 46
Sprache mündlich und schriftlich verwenden (S. 218)				
Präpositionen richtig verwenden (S. 219–220)				AH, S. 47
mit Adverbien genaue Umstände angeben (S. 221)				AH, S. 48
mit Konjunktionen Wörter und Sätze verknüpfen (S. 222)				
Wortarten richtig verwenden (S. 223)				
Redeabsichten erkennen (S. 224–225)				AH, S. 49
Sprachen vergleichen: – Deutsch und Türkisch (S. 226) – Deutsch und Englisch (S. 227)				
Satzreihen erkennen und bilden (S. 228)				AH, S. 50
Satzgefüge erkennen und bilden (S. 229)				AH, S. 51
Satzreihen und Satzgefüge verwenden (S. 230)				
mithilfe der Umstellprobe Satzglieder ermitteln (S. 231)				AH, S. 52
Subjekt und Prädikat ermitteln (S. 232)				AH, S. 53
mehrteilige Prädikate erkennen (S. 233)				
Prädikate erkennen, Objekte bestimmen (S. 234–235)				AH, S. 54
adverbiale Bestimmungen erkennen: – Ort / Zeit (S. 236) – Grund / Art und Weise (S. 237)				 AH, S. 55 AH, S. 56
Satzglieder richtig verwenden (S. 238)				
Texte mit Proben überarbeiten (S. 239)				AH, S. 57
Wortfelder bilden und nutzen (S. 240)				AH, S. 58
Wortfamilien bilden und nutzen (S. 241)				
Ableitungen bilden (Präfixe und Suffixe) (S. 242–243)				AH, S. 59
Zusammensetzungen bilden (S. 244)				AH, S. 60

Richtig schreiben

Ein Rechtschreibgespräch führen

1 Die fünf Schüler auf dem Foto führen ein Rechtschreibgespräch durch.
a) Besprecht, über welches Problem sie diskutieren.
b) Welche Rechtschreibstrategie hat die Schülerin rechts angewandt?

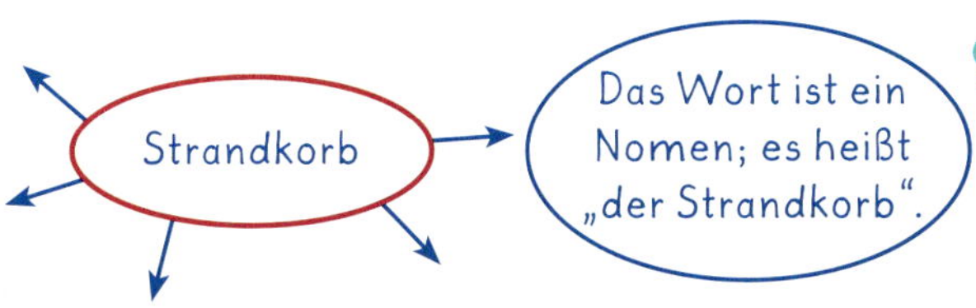

2 Führt zu dem Wort *Strandkorb* zu zweit ein Rechtschreibgespräch durch (siehe LERNBOX). Übertragt das Cluster und ergänzt es.

3 **a)** Führt Rechtschreibgespräche zu den Wörtern *Schifffahrt, bewahren, Meerwasser, lebensgefährlich* und notiert die Ergebnisse auf Karteikärtchen, die ihr in eure Rechtschreibkartei einordnet.
b) Führt zu fünf Wörtern aus dem Text auf Seite 170–171 ein Rechtschreibgespräch.

LERNBOX

So führt ihr ein Rechtschreibgespräch:

1. Schreibt das betreffende Wort in die **Mitte eures Clusters**.
2. Sammelt rundherum alles über die **Rechtschreibung**, z. B.:
   - Zerlegt das Wort in Silben (S. 247) oder Bestandteile (S. 244); probiert aus, wie oft ihr das Wort trennen könnt (S. 264).
   - Erklärt bei Nomen die Großschreibung (S. 259), z. B. mithilfe der Artikelprobe oder Endung, und bildet den Plural.
   - Schreibt bei Verben Zeitformen auf, z. B. Präteritum (S. 216) ...
   - Geht auf Rechtschreibschwierigkeiten ein, z. B. doppelte Konsonanten (S. 250–251), Auslaute (S. 253) ...
   - Sucht nach Wortverwandten (Ableitungen, S. 242).
   - Bildet mit dem Wort Beispielsätze.
3. Übertragt eure Ergebnisse auf **Karteikärtchen** und ordnet diese in eure **Rechtschreibkartei** ein.

TIPPBOX

Zu 2 : Stellt zu dem Wort *Strandkorb* Überlegungen zu folgenden Aspekten an: Artikelprobe (*der Strandkorb*), Silbenprobe/Worttrennung (*Strand-korb*), Teile der Wortzusammensetzung, Auslaute der Einzelwörter, Pluralbildung, Wortverwandte. Bildet auch einen Beispielsatz.

Silben in Wörtern untersuchen

Kurze und lange Vokale – Silbenprobe

A) R E T I S C E N H

B) T N U E B

C) L B N E E

D) S T R I P E Z

1 Welche Wörter sind hier verwürfelt? Bilde aus jedem Oval zwei Wörter.

2 a) Übertrage die Tabelle in dein Heft. Schreibe die Wörter aus Aufgabe 1 mit Silbenbogen in die richtige Spalte. Achte dabei auch auf die Groß- und Kleinschreibung. Ergänze bei Nomen den Artikel.
b) Prüfe, welche Vokale kurz und welche lang gesprochen werden. Setze unter die langen Vokale einen Strich und unter die kurzen Vokale einen Punkt.

Wörter mit offener Silbe	Wörter mit geschlossener Silbe
schrei ten	

3 a) Finde für jede Tabellenspalte fünf (acht ☆) weitere zweisilbige Wörter und trage sie mit Silbenbogen ein.
b) Stellt euch gegenseitig eure Ergebnisse vor und ergänzt eure Tabellen.

4 a) Vervollständige die Lückensätze und schreibe sie richtig in dein Heft.
b) Überprüfe deine Lösung mit der LERNBOX.

Wenn die erste betonte Silbe mit einem (1) endet, so ist sie offen. Der Vokal wird deshalb (2) gesprochen.
Wenn die erste betonte Silbe mit einem (3) endet, so ist sie geschlossen. Der Vokal wird deshalb (4) gesprochen.

LERNBOX

So unterscheidest du kurze und lange Vokale:

1. Buchstaben, die allein ausgesprochen werden können, heißen **Vokale** (Selbstlaute): *a, e, i, o, u*. Dazu gehören auch die **Umlaute** *ä, ö, ü* und die **Zwielaute** (Diphtonge) *ai, ei, au, äu, eu*.
2. In jeder Silbe eines Wortes kommt entweder ein Vokal, ein Umlaut oder ein Zwielaut vor.
3. Wenn du ein Wort in Silben sprichst, kannst du erkennen, ob du den Vokal kurz oder lang sprechen musst:
   a) *die War nung* = zwei Silben → Die erste betonte Silbe endet mit einem Konsonanten. Die **Silbe** wird dadurch **geschlossen. Den Vokal sprichst du deshalb kurz**.
   b) *die Mö we* = zwei Silben → Die erste betonte **Silbe** endet mit einem Vokal. Sie ist **offen. Den Vokal sprichst du lang**.
   c) Zwielaute werden immer lang gesprochen: *hei ßen, freu en.*

TIPPBOX

Zu 1: Die gesuchten Wörter beginnen mit den folgenden Buchstaben:
A): sch..., str...
B): bu..., Tu...
C): Le..., Ne...
D): Spr..., Spi...
Zu 4 a): Überlege dir bei den Lücken (1) und (3), welche Buchstaben du einsetzen musst, bei den Lücken (2) und (4), ob der Vokal lang oder kurz gesprochen wird.

Wörter mit *ie* richtig schreiben

notieren – der Flieder – der Ziegel – siegen – mies – schmierig

1 a) Lies die Wörter leise durch. Was haben sie alle gemeinsam?
b) Vergleiche deine Ideen mit der LERNBOX.

2 a) Wer findet die meisten Reimwörter zu den Wörtern oben? Schreibe möglichst viele auf: notieren – spazieren – verlieren ...
b) Sortiere deine Reimwörter nach Wortarten. Lege dir dazu eine Tabelle wie unten an und trage die Wörter ein. Ergänze bei Nomen den Artikel. Wenn du unsicher bist, schlage ihn im Wörterbuch nach.
c) Markiere jeweils den lang gesprochenen *i*-Laut.

Nomen	Verben	Adjektive	andere Wortarten
der Flieder	notieren		
	spazieren		

3 Suche zu den folgenden Adjektiven jeweils ein verwandtes Nomen und zu den Nomen ein verwandtes Verb. Markiere das *ie*.

sympathisch → die Sympathie
melodisch →
theoretisch →
biologisch →
energisch →

die Korrektur → korrigieren
die Kopie →
die Sorte →
die Nummer →
der Marsch →

V	I	E	L	L	E	I	C	H	T
K	R	F	S	P	I	E	ß	G	A
L	S	G	C	T	D	E	G	Ö	M
A	D	A	H	Z	W	S	Ä	L	I
V	E	U	I	L	I	E	D	J	E
I	N	I	E	D	E	R	C	W	S
E	H	B	F	J	S	I	E	G	F
R	Q	N	L	I	E	G	E	Z	V

Folie

4 a) In diesem Rätselgitter sind Wörter mit *ie* versteckt. Markiere sie.
b) Schreibe die Wörter in der richtigen Groß- und Kleinschreibung heraus.
c) Schreibe Wörter, die du dir einprägen willst, auf Karteikärtchen und ordne sie in deine Rechtschreibkartei ein.

LERNBOX

So erkennst du Wörter mit *ie*:

1. Der **lang gesprochene *i*-Laut** wird in der offenen betonten Silbe meistens **mit *ie* geschrieben:** *die Bie ne, die Schie ne, die Rie sen.*
2. Ermittle bei einsilbigen Wörtern die Schreibung, indem du eine **zweisilbige Form** bildest. Steht das lange *i* am Ende der ersten offenen Silbe, wird es meist mit *ie* geschrieben: *das Tier → die Tie re.*
3. Wörter, in denen der lang gesprochene *i*-Laut nur als *i* geschrieben wird, sind **Lernwörter**: *die Musik, dir, das Kilo, erwidern ...*
4. Bist du bei der Schreibung unsicher, schlage im **Wörterbuch** nach.

TIPPBOX

Zu 3: Bei diesen Ableitungen enden die Nomen auf *ie*, die Verben auf *ieren*.
Zu 4 a): Du musst zehn Wörter finden: sechs stehen waagerecht, vier senkrecht.

Wörter mit silbentrennendem *h* – Wörter verlängern

Erarbeitet die folgenden Aufgaben im **Lerntempoduett**. Gehe dazu so vor:
A) Bearbeite die erste Aufgabe zunächst allein. Wenn du unsicher bist, nutze die TIPPBOX.
B) Sobald du diese Aufgabe geschafft hast, meldest du dich. So zeigst du, dass du dich mit einem Partner austauschen möchtest.
C) Vergleiche die Ergebnisse mit einem Partner, korrigiere oder ergänze sie.
D) Dann arbeitest du mit den nächsten Aufgaben in gleicher Weise weiter.

Seite 305

1 a) Füge in die folgenden Wörter das *h* ein und notiere sie mit Silbenbogen. Ergänze bei den Nomen den Artikel.
Schreibe so: die Rei he.
die Reie – droen – dreen – die Müe – wieern – die Schue – flieen – versteen
näer – die Rue – True – der Mäer – die Zeen – die Küe
b) Erkläre, warum das *h* an dieser Stelle silbentrennendes *h* genannt wird. Orientiere dich dazu an der LERNBOX.

2 Verlängere die Wörter mit *h* aus dem Kasten und schreibe sie in getrennten Silben auf:
die Kuh → die Kü he.

die Kuh – der Zeh – Geh weg! – der Schuh – Verzeih mir! – das Reh – roh – der Floh – nah – Sieh an!

3 Bilde Wortfamilien zu den Verben: *sehen, nähen,* ☆ *gehen, drohen.*
Schreibe so: sehen → er sieht, der Seher, die Sehschärfe ...

4 Markiere die Wörter im Text, in denen das silbentrennende *h* fehlt. Folie

Erfrischend anders: Ein Tag am Meer!

Wintersonne und ein frisch weender Wind – warm eingehüllt ist ein ruiger Strandspaziergang herrlich entspannend. Die Orte an der Nordsee geben sich viel Müe, damit ihre Gäste den Ausflug ans Meer genießen. Wie Robben gefüttert werden, können Besucher in der Seehundstation Friedrichskoog seen. Und um mit Seehunden beinae auf Tuchfühlung zu geen, verabreden sich Abenteurer im Winter im Naturpark Hüttener. Gleich vier Leuchttürme steen in einer Reie in Brunsbüttel am Nord-Ostsee-Kanal.

LERNBOX

Das silbentrennende *h*
1. Wenn eine Silbe mit einem Vokal endet und die nächste mit einem Vokal beginnt, dann setzt man meistens ein *h* dazwischen. Dadurch wird das Wort **leichter lesbar**. Dieses *h* heißt **silbentrennendes *h***: *ge hen.*
2. Damit du überprüfen kannst, ob einsilbige Wörter am Ende mit *h* geschrieben werden, musst du diese **verlängern**: *die Kuh → die Kü he.*
3. Gehört das silbentrennende *h* zum Wortstamm, bleibt es **in allen verwandten Formen des Wortes erhalten**.

TIPPBOX

Zu 1 a): Sprich die Wörter leise vor dich hin. Dort, wo die zweite Silbe beginnt, setzt du ein silbentrennendes *h: die Rei he.*
Zu 2: Bei Nomen bildest du den Plural, bei Verben den Infinitiv, Adjektive setzt du vor ein Nomen.
Zu 4: Markiere acht Wörter.

Konsonant – einfach oder doppelt?

1 a) Schreibe die Bezeichnungen für die Abbildungen auf.
b) Verlängere die Nomen, indem du den Plural bildest. Setze unter den langen Vokal einen Strich, unter den kurzen einen Punkt.
c) Untersuche, wann du den Konsonanten einfach und wann du ihn doppelt schreiben musst. Was stellst du fest?
d) Vergleiche dein Ergebnis mit der LERNBOX auf Seite 251.

f oder ff:	der Ha?en, o?en, der A?e, er tri?t	p oder pp:	die Pu?e, die Lu?e, er schna?t, do?elt
l oder ll:	die We?e, sie ste?t, er ho?t, bi?ig	r oder rr:	der Ka?en, die Wa?e, er i?t sich, schmo?en
m oder mm:	das sti?t, der Ei?er, der Ja?er, i?er	t oder tt:	das We?er, er hü?et, die Ke?e, die Tü?e
n oder nn:	die Mie?e, dü?, der Si?, es bre?t	b oder bb:	die Kra?e, die Wa?e, der Ra?e, sie bi?ert

2 a) Entscheide, ob du in den Wörtern einen einfachen oder doppelten Konsonanten einsetzen musst. Nutze dazu die LERNBOX auf Seite 251.
b) Schreibe die Wörter mit Silbenbogen ins Heft und markiere den Vokal. Einsilbige Wörter musst du verlängern. Schreibe so: der Ha fen.
☆ c) Welche Konsonanten musst du in den folgenden Wörtern ergänzen? Schreibe sie mit Silbenbogen auf.

der Hi?el, der Ra?en, wi?en, er kä?t, ma?en, die Tü?e, der Tre?punkt

Folie

3 Till hat einen Schülerzeitungsartikel über den „Tag der Nationalitäten" verfasst.
a) Welche Wörter muss er mit Doppelkonsonanten schreiben? Markiere sie.
b) Schreibe den Bericht richtig in dein Heft.

Schlemen bis zum Umfalen – „Tag der Nationalitäten" in der Mensa

Am Dienstag fand in unserer Mensa der „Tag der Nationalitäten" stat. Eingeladen waren ale Schülerinen und Schüler der 6. Jahrgänge und auch ihre Eltern und Geschwister. Unter dem Moto „Esen verbindet" wurden verschiedene Gerichte angeboten, die ale von den zahlreichen Gästen probiert werden konten. Die Klase 6.1 hate außerdem ein toles Klasenrezeptbuch zusamengestelt, das man an ihrem Stand kaufen konte. Besonders gut angenomen wurde der „Test-Stand" der 6.3. Dort wurden den Eltern die Augen verbunden, und sie musten erraten, welches Esen sie gerade probierten. Spanend! Ales in alem war das eine gelungene Veranstaltung. So etwas solten wir in jedem Jahr durchführen, denn so komen Menschen verschiedener Kulturen zusamen und lernen sich kenen.

4 a) Begründe die Schreibweise der folgenden Wörter. Zerlege sie dazu in Silben und verlängere die erste Silbe.
der Pfannkuchen – das Schwimmbad – die Mannschaft – der Treffpunkt
b) Erkläre das *bb* in *Korbball*.

kommen – der Anlasser – fallen – verlässlich – die Gelassenheit – der Ankömmling – beifällig – lassen – das Vorkommen – der Fallschirm – das Gefälle – verkommen – die Entlassung – falls – entkommen

5 Schreibe die Wörter oben nach Wortfamilien geordnet auf und suche jeweils zwei weitere Wörter mit Doppelkonsonanten. Markiere die Wortstämme farbig und unterstreiche die Doppelkonsonanten darin: kommen, der Ankömmling ...

6 a) Schreibe möglichst viele verwandte Wörter mit den Wortstämmen *-trenn-* und *-stell-* auf (siehe LERNBOX, Hinweise 5 und 6). Markiere die Wortstämme. Schreibe so: -trenn-: trennen, getrennt, die Worttrennung ...
b) Notiere alle Wörter, die dir zur Wortfamilie *-klett-* einfallen.

Fabians erster Kochversuch

Natürlich auch Fabians Eltern zum „Tag der Nationalitäten" (kommen). Sie sich das letzte Klassenrezeptbuch (gönnen). Seine Mutter Fabian zu Hause (bitten), für sie zu kochen. Also er beherzt zu den Rezepten (greifen) und eine Einkaufsliste für Hamburger zusammen (stellen). Das anschließende Zubereiten ihm nicht schwer (fallen). Die Mutter ihren Sohn gar nicht wieder (erkennen). „Das mache ich jetzt jedes Wochenende", strahlte Fabian.

7 a) Schreibe den Text ab und setze die Verben aus den Klammern im Präteritum ein (siehe LERNBOX, Hinweis 6). Schlage im Zweifelsfall im Wörterbuch nach.
b) Unterstreiche in den eingesetzten Verbformen jeweils den lang gesprochenen Vokal und setze unter den kurzen einen Punkt.

Seite 312

LERNBOX

So erkennst du Wörter mit doppeltem Konsonanten:

1. Sprich das Wort deutlich aus und achte auf den Vokal in der ersten betonten Silbe.
2. Wird dieser **Vokal lang** gesprochen, dann ist die Silbe offen, also **ohne Konsonant**: *die Tü te*.
3. Wird dieser **Vokal kurz** gesprochen, dann ist die Silbe geschlossen. Sie endet **mit einem Konsonanten**: *die Bret ter*.
4. **Verlängere** einsilbigen Wörter: *das Blatt → die Blät ter, er rennt → wir ren nen, schnell → das schnel le Auto*.
5. Wörter, die miteinander verwandt sind, werden meist gleich geschrieben. Dann bleibt der **Doppelkonsonant im Wortstamm** erhalten: *kämmen → er kämmte*.
6. Manchmal werden verwandte Wörter auch unterschiedlich geschrieben. Entscheidend ist, ob der **Vokal in der betonten Silbe kurz oder lang** ist: *bit ten → er bat, tre ten → die Trit te*.

TIPPBOX

Zu 2 a): In 21 Wörtern fehlt ein Doppelkonsonant.
Zu 3 a): Im Text sind 24 Wörter falsch geschrieben. Führe die Silbenprobe im Kopf durch.
Zu 4 a): Schreibe so: *der Pfannkuchen → die Pfan ne + der Kuchen.*
Zu 7 a): Schreibe so: *Natürlich ka men auch Fabians Eltern zum „Tag der Nationalitäten" ...*

Wörter mit *ck* und *tz*

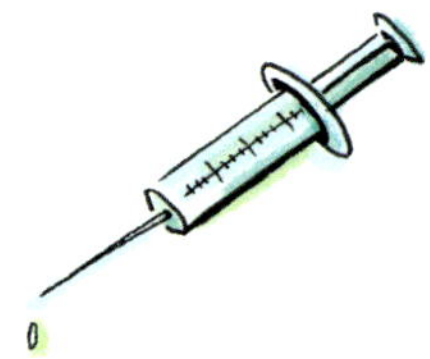

1 a) Sprich die Wörter zu den Bildern deutlich aus und schreibe sie auf. Setze unter einen kurzen Vokal einen Punkt und unter einen langen einen Strich.
b) Vergleiche deine Ergebnisse mit einem Partner.

k oder ck?	z oder tz?
der Kle?s, zan?en, der Zan?, tro?en, den?en, der Bä?er, we?en, strei?en, stin?en	der Scha?, überkreu?en, win?ig, schni?en, he?en, schmel?en, spri?ig, die Wur?el, kür?en
☆ mel?en, der Schin?en, das La?en	die Kreu?ung, stü?en, sal?ig

2 a) Welche Buchstaben fehlen? Lies zunächst die LERNBOX.
b) Entscheide, welche Konsonanten du einsetzen musst. Sprich die Wörter deutlich aus, um zu erkennen, ob der Vokal kurz oder lang gesprochen wird.
c) Schreibe die Wörter richtig in dein Heft. Einsilbige Wörter musst du verlängern: der Klecks → die Kleckse.

der Witzbold – witzig – der Schluckauf – das Schlitzohr – der Zankapfel – die Katze – die Schnitzerei – fetzig – die Latzhose – trotzdem – die Lücke – der Wecker – trotzig – die Weckzeit – die Backe

☆ die Sackkarre – die Netze – wackelig – sitzen – die Spatzen

3 Schreibe die Wörter ab und kennzeichne den kurzen Vokal durch einen Punkt. Beachte: Bei einigen Wörtern gehören *tz* und *ck* zur ersten Silbe: der Witz bold.

☆ **4** Wähle fünf Wörter aus Aufgabe **3** aus und erzähle damit eine kurze Geschichte.

LERNBOX

Wörter mit *k* oder *ck* – mit *z* oder *tz*

1. Für *tz* und *ck* gilt dieselbe Regel wie für alle Doppelkonsonanten. Ist der **Vokal** davor **kurz**, so schreibst du ***tz* oder *ck***: *blitzen, die Fratze, kleckern, die Glocke.*
2. Steht vor dem *k*-Laut oder dem *z*-Laut ein langer Vokal, so ist die **erste Silbe offen**. Dann schreibst du ***k* oder *z***: *sprei zen, die Bre zel, spu ken, die Lu ke.*
3. Steht vor dem *k* oder *z* ein **anderer Konsonant**, schreibst du ebenfalls ***k* oder *z***: *zan ken, die Bir ke, tan zen, die Lan ze.*

TIPPBOX

Zu 2 a): Wenn du unsicher bist, schlage im Wörterbuch nach.
Zu 3 : Sprich die Silben deutlich aus: *wit zig*, aber: der *Witz bold.* Bei sechs (☆ sieben) Wörtern gehören *ck* und *tz* zur ersten Silbe.

Wörter mit *b, d, g* im Auslaut – Wörter verlängern

der Her? – kal? – sie par?t – gel? – der Die? – schrä? – das Bro? – blon? – sie na?t – der Bun? – es kle?t – flin? – die Prach? – er den?t – das Ra? – der Zu? – er hu?t

1 Finde heraus, ob die Wörter mit *b / p, d / t* oder *g / k* geschrieben werden:
a) Verlängere die Wörter so, dass man den Buchstaben im Auslaut deutlich hört, und schreibe sie richtig auf: *der Herd → die Herde.*
b) Formuliere zu jeder Wortart eine Regel, wie du verlängern kannst.
c) Vergleiche deine Regeln mit den Hinweisen 1 und 2 der LERNBOX.

Gel? – Fel? – Bur? – Bro? – Han? – Fabri? – Musi? – Ran?
-graben – -ball – -maus – -laden – -schornstein – - streifen – -schein – -messer

2 Trage die fehlenden Buchstaben ein und verbinde die Wortteile sinnvoll. Überprüfe dein Ergebnis, indem du den ersten Teil des Wortes verlängerst oder ein verwandtes Wort suchst. Lies dazu die Hinweise 3 und 4 in der LERNBOX.

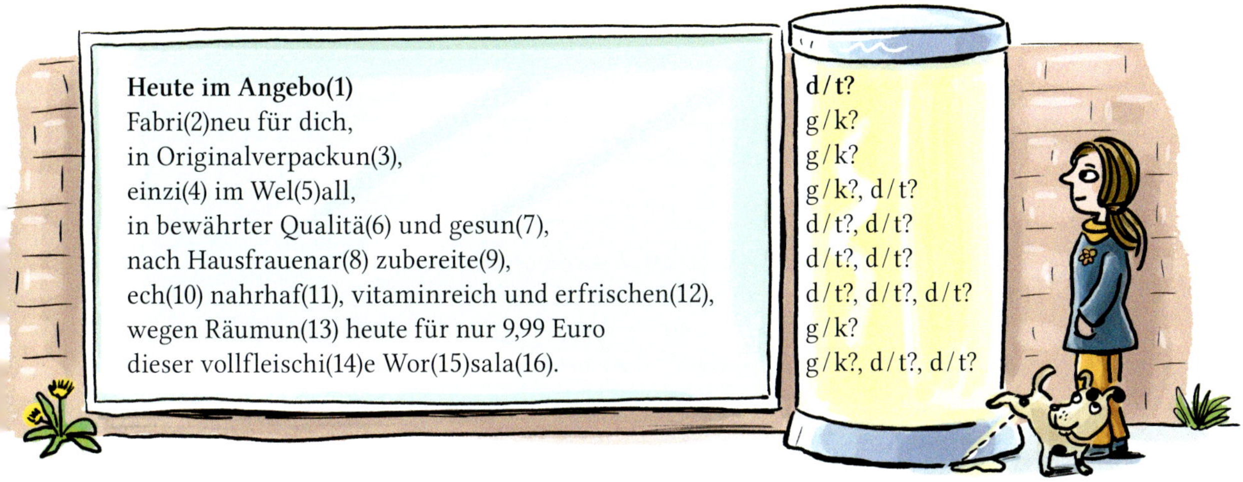

3 Ergänze die Buchstaben im Gedicht mithilfe der Regeln in der LERNBOX.

LERNBOX

So erkennst du Wörter mit *b, d, g* im Auslaut:

1. Endet ein Wort mit *b, d, g*, hörst du diese Laute wie *p, t, k*.
2. Durch die **Verlängerungsprobe** hörst du deutlich, ob du Wörter mit *b / p, d / t* oder *g / k* schreiben musst:
   - Bilde bei **Nomen** der Plural: *der Herd → die Her de.*
   - Verwende **Adjektive** mit einem Nomen: *gelb → der gel be Schuh.*
   - Verwende **Verben** in der Wir-Form: *sie parkt → wir par ken.*
3. Zusammengesetzte Wörter musst du zuerst **zerlegen**: *der Handball → die Hand + der Ball → die Hän de.*
4. Wörter aus derselben **Wortfamilie** werden im **Wortstamm** immer gleich geschrieben: *die Folge, folgen, folglich ...*

TIPPBOX

Zu 1 b):
So kannst du beginnen:
Nomen kann ich verlängern, indem ich ...
Adjektive ...
Verben ...
Zu 2 :
Wenn du eine Zusammensetzung gefunden hast, zerlege sie:
der Geldschein →
das Geld + der Schein →
die Gel der,

Wörter mit *-isch, -ig* oder *-lich* – Wörter verlängern

Das Ross und der Stier

Auf einem prächtigen Ross ritt einmal ein niedliches Mädchen im Galopp. Es hatte trotz des zügigen Tempos keine Angst und lachte, verhielt sich aber nicht kindisch. Tier und Reiterin kamen an einer herrlichen Koppel vorbei, auf der ein angriffslustiger Stier missmutig[1] hin und her stampfte. Dieser rief dem Pferd spöttisch und ein bisschen neidisch zu: „So eine Schande! Du feuriges Ross lässt dich von einem so armseligen Mädchen reiten und beherrschen. Das jämmerliche Kind könntest du doch mit Leichtigkeit abwerfen." Darauf entgegnete das findige[2] Pferd: „Mir macht das nichts aus. Denn was bringt es mir an Ehre, die Kleine aus dem Sattel zu werfen? Jeder weiß, dass ich das könnte."

[1] missmutig: schlecht gelaunt [2] findig: klug

1 a) Lest den Text und sprecht darüber, warum das Ross sich nicht von dem Stier beeinflussen lässt.

☆ b) Um welche Textart handelt es sich hier? Begründet.

Folie

2 a) Markiere die im Text verwendeten Adjektive. Lies dazu die LERNBOX.

b) Übertrage die Tabelle in dein Heft und ergänze die fehlende Überschrift. Ordne die Adjektive zu und schreibe sie zusammen mit einem passenden Nomen auf. Markiere die jeweilige Endung.

Wörter mit -isch		Wörter mit -lich
	das prächtige Ross	

3 a) Bilde aus den Nomen unten Adjektive mit den Bausteinen (Suffixen) *-isch, -ig* oder *-lich* und trage sie mit einem passenden Nomen in die Tabelle ein:
die Stunde → die stündlichen Nachrichten

Stunde – Herbst – Witz – Saft – Fantasie – Fleiß – Farbe – Dieb – Welle – Sport – Morgen – Geselle – Abend – Woche – Wähler – Eifer – Grund – Romantik

☆ b) Zu zwei der Nomen kannst du jeweils zwei Adjektive bilden. Finde heraus, welche es sind, und schreibe die Adjektive mit einem Nomen auf.

LERNBOX

Wörter mit *-isch, -ig* oder *-lich*

1. Zur Bildung von Adjektiven setzt du den Wortstamm mit den **Bausteinen *-isch, -ig* oder *-lich*** (Suffixe) zusammen: *der Elan → elastisch, die Welle → wellig, das Fest → festlich.*
2. Wenn du unsicher bist, wie du die Adjektive schreiben musst, **verlängerst** du sie: *feurig → das feurige Ross.*
3. Der Wortbaustein *-lich* ist eine Silbe, während *-isch* und *-ig* keine Silben sind. Das musst du beim Trennen der Wörter berücksichtigen: *fröh-lich → das fröh-**li-che** Lied, elas-tisch → das elas-**ti-sche** Band, mu-tig → das mu-**ti-ge** Kind.*

TIPPBOX

Zu 2 a): Im Text sind 13 Adjektive.
Zu 2 b): Notiere die Nomen mit Artikel im Nominativ (1. Fall).
Zu 3 a): Du kannst viermal den Baustein *-isch*, sechsmal *-ig* und achtmal *-lich* verwenden.

s-Laute zum Klingen bringen: s oder ß?

Der Klo(?) mit So(?)e aus der Do(?)e, den ich gestern Mittag a(?), war so hei(?), dass ich mir auf diese Wei(?)e die Zunge verbrannte.

1 Setze die s-Laute ein. Höre hin, ob du den s-Laut eher summst oder zischst. Verlängere die einsilbigen Wörter, falls nötig. Lies dazu die LERNBOX.

das Paradie(1) – er la(2) – gro(3) – ich sa(4) – das Ma(5) – ich nie(6)te – er a(7) – das Lo(8) – blo(9) – ich lie(10) – das Tier gra(11)t – der Erlö(12) – sü(13)

2 a) Überlege, wie du die Nomen, Verben und Adjektive verlängern kannst, sodass du den s-Laut deutlich zum Klingen bringst.
b) Schreibe zu jedem Wort eine zumindest zweisilbige Form mit Silbenbogen auf.

Auf dem Schulfest: Café Istanbul

Eigentlich sollte das Schulfest bei schönem Wetter drau(1)en stattfinden. Aber es sollte auch Angebote im Schulhau(2) geben. Hier fiel das Lo(3) auf die Klasse 6.1, die das Café Istanbul betreiben wollte. Dazu musste die Klasse den Raum umgestalten. Er wurde vorher orientalisch geschmückt. Das machte den Schülern gro(4)en Spa(5). Die Tische wurden im Krei(6) aufgestellt. Heike, die vorne auf einem rie(7)igen Kissen sa(8), putzte jedes Teegla(9) einzeln. Ayse la(10) noch einmal die Spei(11)ekarte und kontrollierte, ob der Prei(12) jeweils stimmte. Ihre Mutter hatte extra ihre Lieblingsspei(13)e vorbereitet: wei(14)en türkischen Honig. Der war zwar sehr sü(15), aber unheimlich lecker. Erich blie(16) währenddessen noch einige Luftballons auf und Mirja ma(17) noch einmal die Länge der Wand, an die sie eine Girlande hängen wollte. Da kam schlie(18)lich Frau Kämper in die Klasse und rief: „Das sieht ja toll aus!" …

3 a) Benenne, was die Schüler machen, um sich auf das Schulfest vorzubereiten.
b) Schreibe den Text ab und setze jeweils das fehlende s oder ß ein.
c) Schreibe den Text zu Ende und markiere in deiner Ergänzung die s-Laute.

LERNBOX

Wörter mit s oder ß

1. Wenn du nach einer offenen Silbe einen weichen s-Laut hörst, den du **summen** kannst **wie eine Biene**, schreibst du s: *le sen, die Rei se.*
2. Wenn du nach einer offenen Silbe einen scharfen s-Laut hörst, den du **zischen** kannst **wie eine Schlange**, schreibst du ß: *rei ßen, die Spie ße.*
3. **Verlängere** einsilbige Wörter, um den s-Laut zu hören: *groß → grö ßer, er las → wir la sen, das Los → die Lo se.*
4. Bilde eine Wortform mit offener Silbe, wenn der s-Laut am Ende einer geschlossenen Silbe steht: *er ras te → ra sen.*

TIPPBOX

Zu 1: Du musst in die Lücken viermal den scharfen und zweimal den weichen s-Laut einsetzen.
Zu 2 b): Schreibe so:
das Paradies → die Pa ra die se,
er las → wir la sen,
groß → der gro ße Mann.
Zu 3 b): Wenn du unsicher bist, welchen s-Laut du einsetzen musst, verlängere die Wörter.

Kurzer oder langer Vokal: ss oder ß?

S	C	H	Ü	S	S	E	L	T	H	L	Q	A	V	S	S	V
N	K	L	A	S	G	Z	N	ß	Q	U	A	S	S	E	L	N
D	G	T	T	Ü	ß	ß	A	Ü	N	M	W	Q	Ü	I	H	A
T	E	S	S	ß	A	K	U	S	S	D	E	V	K	J	J	M
G	E	N	I	E	ß	B	A	R	S	S	Z	Z	E	K	I	A
R	F	R	T	A	Z	S	S	S	N	S	Ä	Ü	N	L	L	ß
H	D	R	A	U	ß	E	N	S	U	S	ß	B	B	Ä	Ö	P
J	A	S	S	F	T	Z	W	B	S	A	K	L	O	ß	S	P
L	K	G	H	E	E	B	U	N	S	F	D	T	G	R	S	G
V	E	R	G	E	S	S	E	N	H	W	F	G	S	T	ß	R
S	F	R	T	N	O	H	J	U	K	F	W	A	S	Z	P	Ü
S	S	M	S	S	ß	U	G	E	G	R	R	S	W	I	U	ß
Ö	M	Ü	S	S	E	N	D	G	F	A	S	S	F	Ü	ß	E
ß	H	ß	F	E	ß	G	A	T	R	ß	I	E	D	H	S	S
G	I	I	E	R	G	M	E	S	S	E	R	F	R	U	I	Q
H	I	G	R	G	E	N	U	S	S	N	A	S	D	R	T	H
H	A	L	K	L	Ö	D	D	S	S	F	B	M	A	S	S	E

1 Suche im Rätselgitter jeweils zehn Wörter mit ss und ß. Du findest sie waagerecht und senkrecht. **Folie**

2 **a)** Übertrage die folgende Tabelle in dein Heft.
b) Ordne die Wörter aus Aufgabe **1** in die Tabelle ein. Schreibe sie mit Silbenbogen auf. Ergänze bei Nomen den Artikel. Orientiere dich an der **LERNBOX**.
☆ **c)** Ergänze in jeder Spalte noch drei weitere Wörter.

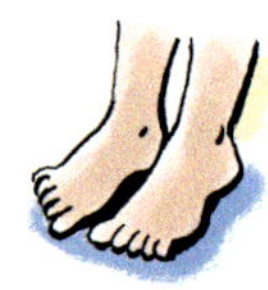

langer Vokal = betonte Silbe offen	kurzer Vokal = betonte Silbe geschlossen
	der Schlüs sel

gießen – stoßen – fressen – messen – wissen – müssen – essen – fassen – vergessen – lassen – zerreißen – grüßen – schließen – küssen – vergießen

3 Bilde mit den Verben oben jeweils die Wir-Form des Präteritums und ordne sie in eine Tabelle wie unten ein.

s-Laut verändert sich im Präteritum	s-Laut verändert sich im Präteritum nicht
wir gie ßen → wir gos sen	sto ßen → wir stie ßen

LERNBOX

Wörter mit ss oder ß

1. **Nach kurzem Vokal** schreibst du den **scharfen s-Laut als ss.** Die betonte Silbe ist geschlossen: *mes sen, Gebis se.*
2. **Nach langem Vokal** schreibst du den **scharfen s-Laut als ß.** Die betonte Silbe ist offen: *lie ßen, die Grö ße.*
3. Wenn du bei einsilbigen Wörtern unsicher bist, **verlängere** sie, um herauszufinden, ob die betonte Silbe offen oder geschlossen ist: *das Fass → die Fäs ser.*
4. Im **Präteritum** verändert sich bei **starken Verben** der s-Laut: *ich zerreiße → ich zerriss.*

TIPPBOX

Zu 2 b): Führe im Kopf die Silbenprobe durch und sprich die Silben deutlich mit.
Wörter mit ss trennst du nach dem ersten s: *die Flüs se.*
Bei Wörtern mit ß gehört der s-Laut in die folgende Silbe: *die Fü ße.*

Wörter mit *ä / äu* – Wörter ableiten

Mäuse oder Meuse? Zähne oder Zehne?

1 a) Tauscht euch zu zweit darüber aus, welche Schreibweise richtig ist.
b) Welche Strategie habt ihr angewendet? Vergleicht mit der LERNBOX.

näher – lächeln – das Geräusch – schnäuzen – länger – bärtig – ängstlich – die Äpfel – die Sträucher – träumen – die Fläche

2 a) Schreibe die Wörter ab und notiere zu jedem ein verwandtes Wort.
b) Bilde Sätze, in denen möglichst viele dieser Wörter vorkommen.

stark – das Lämmlein – die Gefahr – fahren – träumen – die Stärke – glatt – bäuchlings – gefährlich – belämmert – der Bauch – träumerisch – glätten – das Glätteisen – die Bäuche – die Stärkung – der Traum – das Lamm

3 Notiere die Wörter nach Wortfamilien geordnet, unterstreiche den Wortstamm.

Der Lauf des Lebens

T(1)glich putz ich meine Z(2)hne,
wird gehobelt, fallen Sp(3)ne.
Wenn ich fall, wein ich 'ne Tr(4)ne
oder zerr mir eine S(5)hne.

Manchmal rappelt's im Geh(6)se,
Kinder kriegen auch mal L(7)se.
Im Portemonnaie sind lauter M(8)se,
Schiffe fahren durch 'ne Schl(9)se.

Wer nicht aufpasst, kommt unter die R(10)der,
blöd ist ein Rucksack ohne Tr(11)ger.
Zum Tennis brauchst du einen Schl(12)ger,
zum F(13)gen einen F(14)ger.

Vor der Kirche steh'n die Br(15)te,
drumherum sind ganz viel L(16)te.
Vor dem Kaufhaus wartet h(17)te
eine aufgeregte M(18)te.

Das L(19)ben, es ist oftmals schw(20)r,
geht es doch immer hin und h(21).
Aber seien wir mal (22)hrlich,
es ist wirklich nicht gef(23)hrlich.

4 Schreibe das Gedicht ab und setze in die Lücken *ä / äu* oder *e / eu* ein.

LERNBOX

So erkennst du Wörter mit *ä / äu*:

1. Wenn du herausfinden willst, ob ein Wort mit *ä / e* oder *äu / eu* geschrieben wird, musst du es **ableiten**. Du suchst also ein **verwandtes Wort** mit *a* oder *au*: *gefährlich → die Gefahr, die Bäuche → der Bauch.*
2. Wenn du kein verwandtes Wort mit *a* oder *au* findest, schlägst du im **Wörterbuch** nach.

TIPPBOX

Zu 2 a): Ableitungen sind verwandte Wörter, die den gleichen Wortstamm haben.
Zu 3 : Die Wortstämme sind: *-lamm-*, *-fahr-*, *-traum-*, *-stark-*, *-glatt-*, *-bauch-*.

Lernwörter mit Dehnungs-*h*

Oh!
Wenn Söhne die Strähnen ihrer Mähnen föhnen,
wenn Hähne sich dehnen und aus dem Fenster lehnen,
wenn Dohlen auf hohlen Sohlen johlen,
werden auch Hühner kühner
und sehnen sich nach Ruhm.
Doch was ist ihr Lohn? Nur Hohn!

* Das Wort kommt aus dem Griechischen, kein Dehnungs-*h*.

1 **a)** Lest diese Verse laut vor und sprecht die Wörter ganz deutlich aus. Wenn jemand ein Wort klären möchte, klopft er auf den Tisch.
b) Übertrage die Tabelle in dein Heft und ordne die Wörter mit langen Vokalen ein. Schreibe die Nomen mit Artikel auf. Markiere in der rechten Spalte jeweils das Dehnungs-*h* sowie den Buchstaben, der darauf folgt.

langer Vokal ohne Kennzeichnung	langer Vokal mit Dehnungs-h
die, aus, dem ...	Oh, die Söhne ...

2 Überprüfe die Eselsbrücke mithilfe deiner Tabelle.

berü?mt – der Compu?ter – la?m – das Ro?r – der Mo?n – gä?nen – der Ha?se – die A?nung – der Be?sen – der Ho?n – die Ke?le – wä?rend
we?ren – me?r – der Ra?be – ä?nlich – der Pfa?l – der Ra?sen

3 Entscheide, welche der Wörter du mit Dehnungs-*h* schreiben musst. Lies dazu die LERNBOX. Schreibe die Wörter auf, bilde zu drei davon einen Satz.

4 Bilde Wortfamilien zu den Verben *wohnen, fühlen, fahren, rahmen*. Suche je fünf verwandte Wörter. Lies dazu den dritten Hinweis in der LERNBOX.

! LERNBOX

Wörter mit Dehnungs-*h*

1. Das Dehnungs-*h* zeigt einen **lang gesprochenen Vokal** an. Wörter mit Dehnungs-*h* sind **Lernwörter**.
2. Das Dehnungs-*h* steht nur **vor den Buchstaben** *l, m, n, r: das Mehl, lahm, dehnen, das Jahr.* Das gilt aber nicht für alle Wörter, z. B.: *die Krone*. Schlage im Zweifelsfall im Wörterbuch nach.
3. Das Dehnungs-*h* bleibt in derselben **Wortfamilie bestehen**: *die Gefahr, gefährlich, gefährden ...*

TIPPBOX

Zu 1 b): Links müssen 11 verschiedene Wörter stehen, rechts 23.
Zu 2 : Betrachte dazu die markierten Stellen in der rechten Spalte.
Zu 3 : Es sind neun Wörter. (In der Aufgabe mit Stern sind es vier.)

Die Konjunktion *dass*

1. Tina: Ich meine, dass man an der Nordsee viel mehr unternehmen kann.
2. Marc: Meine Mutter sagt, dass die Luft in den Bergen sehr gesund ist.
3. Marlen: Ich glaube, dass Mountainbiking allen Spaß machen würde.
4. Niko: Dirk vermutet, dass es im Sommer an der Ostsee eine Algenpest gibt.

1 a) Die Schüler besprechen, wohin die Klassenfahrt gehen könnte. Manche der Aussagen klingen sicherer als andere. Woran liegt das?
b) Unterstreiche in den Sätze alle Verben, nach denen die Konjunktion *dass* steht (Folie). Schreibe sie als Wörterliste untereinander in dein Heft:
Nach diesen Verben steht die Konjunktion dass: ...
c) Finde weitere Verben, mit denen du Wünsche oder Meinungen ausdrücken kannst. Formuliere mit ihnen einen Beispielsatz und ergänze sie in deiner Liste.
d) Vergleiche die Liste mit der LERNBOX. Ergänze weitere Verben.

Lieber Onkel Peter,
ich hoffe, (1) du wieder gesund bist. Ich wollte dich außerdem daran erinnern, (2) du dein Versprechen einhältst. Du hast in den letzten Ferien gesagt, (3) wir im Sommer ans Meer fahren werden. Ich habe mich schon so darauf gefreut, (4) ich mir zum Geburtstag ein Surfboard gewünscht habe. Ich glaube, (5) ich das Surfen sehr schnell lernen werde.
Liebe Grüße aus dem Sauerland, dein Sven

2 a) Schreibe den Brief ab und setze in die Lücken *dass* ein. Orientiere dich am Verb im Hauptsatz. Unterstreiche das Verb oder die Wortgruppe, worauf sich der *dass*-Satz bezieht. Kennzeichne dies mit einem Pfeil.
b) Beschreibe in einigen Sätzen deine Reisepläne. Verwende *dass*-Sätze.

A	Ich habe mir gewünscht.	Ich lerne in diesem Winter Skilaufen.
B	Es ist sinnvoll.	Man macht zur Vorbereitung Skigymnastik.
C	Es ist erwiesen.	Bergluft macht besonders hungrig.
D	Mein Vater findet schön.	Der Sternenhimmel ist in den Bergen klar.

3 a) Verbinde die beiden Sätze jeweils mit *dass*. Denke an das Komma.
b) Schreibe deine Sätze so auf, dass der *dass*-Satz vorne steht.

Seite 222

LERNBOX

Die Konjunktion *dass*
1. Mit der Konjunktion *dass* kannst du einen **Gedanken** fortsetzen oder **Wünsche/Meinungen** zum Ausdruck bringen.
2. Deshalb stehen *dass*-Sätze **oft nach Verben** wie *wissen, meinen, behaupten, vermuten, sich freuen, bedauern, wollen, hoffen, glauben ...*
3. Den *dass*-Satz trennst du mit einem **Komma** vom Hauptsatz ab: *Tim meint, dass Snowboarden ihm Spaß macht. / Dass Snowboarden ihm Spaß macht, meint Tim.*

TIPPBOX

Zu 2 a): Arbeite so:
Ich hoffe, dass du wieder gesund bist. Ich wollte dich außerdem daran erinnern, dass du dein Versprechen ...
Zu 3 a): Schreibe so:
Ich habe mir gewünscht, dass ich in diesem Winter Skilaufen lerne.

Wörter richtig trennen

Trennungen
Winfried Ulrich

Antrags-
teller
Tran-
spar-
ente
Vers-
tauchen
Bausch-
lamm
Freischwimm-
erzeugnis
Gene-
sender
Uran-
fang

1 a) Lies den Text am Rand, es ist ein Gedicht: Gibt es den *Antrags-teller* wirklich? Tausche dich mit einem Partner darüber aus.
b) Schreibt das Wort in der richtigen Trennung auf. Wie hat sich die Bedeutung nun verändert?
c) Gehe mit den anderen Wörtern im Gedicht ebenso vor.

2 a) Die Wörter unten sind falsch getrennt. Lies sie mit der richtigen Betonung.
b) Schreibe sie mit der richtigen Trennung auf.
Zwergel-stern – Hau-stier – Uro-ma – Blumento-pferde – Heima-torte – Fernse-hecke – Tee-nager – Fass-ade – Fischer-eihafen – Dieb-esgut

3 Welche Regeln gelten bei der Trennung der folgenden Wörter? Ordne die passende Regel aus der LERNBOX zu. Schreibe so: Fens-ter → Regel 2
das Fens-ter – der Gold-fisch – der Trock-ner – der Ofen – der Stadt-teil – der Tisch-ler – fut-tern – das Mäd-chen – die Ta-fel – rup-fen – die Haie

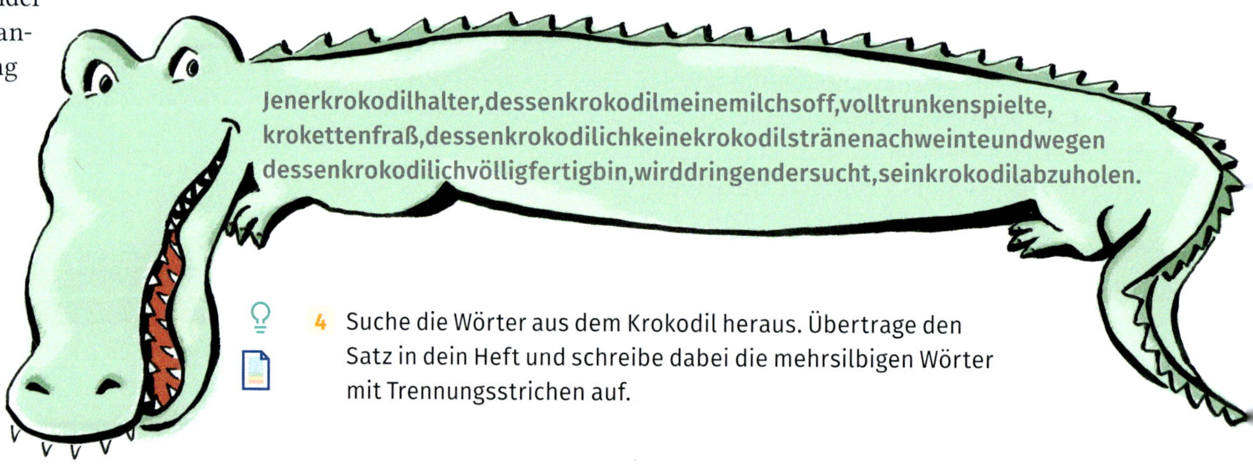

4 Suche die Wörter aus dem Krokodil heraus. Übertrage den Satz in dein Heft und schreibe dabei die mehrsilbigen Wörter mit Trennungsstrichen auf.

LERNBOX

Wörter richtig trennen

1. Mehrsilbige Wörter kannst du **am Zeilenende trennen.** Beim langsamen Sprechen kannst du hören, wo man ein Wort trennt: *der Kü-chen-tisch.*
2. Stehen mehrere Konsonanten zwischen zwei Vokalen, schreibst du den **letzten Konsonanten auf die nächste Zeile**, denn er gehört zur nächsten Silbe: *der Bag-**ger**, der Rech-**ner**, hüp-**fen**, ers-**te**, die Ker-**ze**, die Knos-**pe** ...*
3. Die Buchstabenverbindungen *ch, sch, ph, rh, sh, th, ck*, die für einen **Buchstabenlaut** stehen, trennst du jedoch nicht: *wa-**schen**, die Teil-**chen**-**phy**-sik, der Bä-**cker**.*
4. **Einzelne Vokale** am Anfang oder Ende eines Wortes trennst du nicht: nicht *A-bend*, sondern *Abend*.
5. Zusammengesetzte Wörter trennst du nach den **Wortbausteinen**: *der Fuß-ball, der Bahn-hof.*

TIPPBOX

Zu 2 b): Das erste Wort wird so gelesen: *Zwerg-els-tern* (kein Stern, sondern eine Vogelart). Probiere verschiedene Lesarten aus.
Zu 3 : Diese Regeln musst du zuordnen: Regel 1 einmal, Regel 2 dreimal, Regel 3 dreimal, Regel 4 zweimal, Regel 5 zweimal.
Zu 4 : Finde 31 Wörter: *Je-ner Kro-ko-dil-hal-ter ...*

Rechtschreibstrategien üben

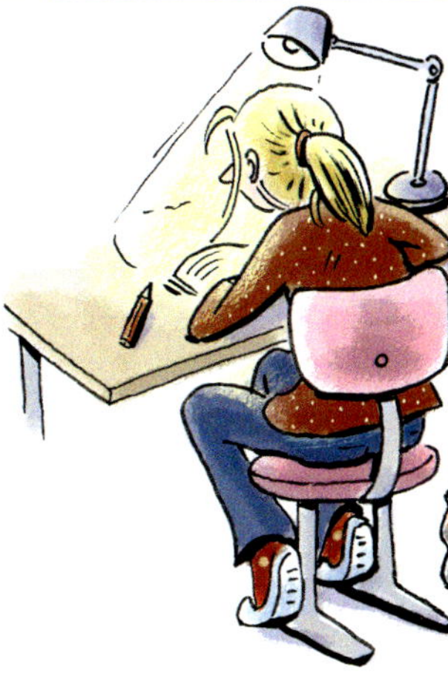

In diesem Kapitel hast du geübt, wie du die richtige Schreibweise von Wörtern ermitteln kannst. Diese Verfahren nennt man auch: *Strategien für die Rechtschreibung.*

A Lange oder kurze Vokale erkennen durch die Silbenprobe

→ Nach einem langen Vokal ist die Silbe offen, nach einem kurzen Vokal ist sie durch einen Konsonanten geschlossen:
- Wörter mit *ie* — **Seite 248**
- Schreibung von doppelten Konsonanten — **Seite 250–251**
- Wörter mit *ck* und *tz* — **Seite 252**
- Schreibung von *ss* und *ß* — **Seite 256**

B Endungen zum Klingen bringen durch die Verlängerungsprobe

→ Ich bilde die zweisilbige Form eines Wortes (Nomen → Plural, Verben → Wir-Form / Infinitiv, Adjektive → vor ein Nomen setzen / erste Steigerungsstufe):
- *b, d, g* im Auslaut — **Seite 253**
- Schreibung von Adjektiven auf *-isch, -ig, -lich* — **Seite 254**
- Schreibung von *s* und *ß* — **Seite 255**

C Verwandte Wörter finden durch die Ableitungsprobe

→ Ich bilde Wörter der Wortfamilie mit gleichem Wortstamm:
- Schreibung von *ä/äu* — **Seite 257**
- silbentrennendes *h* — **Seite 249**
- Wörter mit Dehnungs-*h* — **Seite 258**

D Großschreibung erkennen durch Signalwörter und die Artikelprobe

→ Ich überprüfe, ob ich einen Artikel davorsetzen kann, oder achte auf die Signalwörter (Artikel, Adjektive, Pronomen, Präposition + Artikel):
- Schreibung von Namen und Nomen — **Seite 259**
- Großschreibung von Verben — **Seite 260**
- Großschreibung von Adjektiven — **Seite 261**

1 a) Lies die Kärtchen und ordne sie einer Rechtschreibstrategie zu. Orientiere dich an den Zwischenüberschriften im Kasten und finde den passenden Unterpunkt.

Vorderseite:

Wie erkenne ich, dass „Herd“ mit d geschrieben wird?

Rückseite:

Wenn ich „Herd“ verlängere, kann ich das d zum Klingen bringen: Her de.

b) Erstelle weitere Aufgabenkärtchen zu schwierigen Schreibweisen. Wenn du unsicher bist, schlage auf den jeweiligen Seiten nach.

Prüfe dein Wissen zur Rechtschreibung! (Teil I)

Rechtschreibprofis sollten auch die Aufgaben mit ☆ bearbeiten.

7 [10]

1 *b / p, d / t* oder *g / k*? Zerlege und/oder verlängere die Wörter:

der Ber? – er flie?t – das Sie? – der Pilo? – sie ma? – es pie?t – flin?
☆ die Freun?schaft – der Stran?kor? – das Wor?gefech?

7

Folie

2 Vervollständige den folgenden Lückentext:

Wenn ich erklären will, warum **der Herd** am Ende mit **d** geschrieben wird, muss ich das Wort (a) ______________ . Das mache ich, indem ich den (b) ______________ bilde. Dieser lautet: (c) __________ .
Bei Verben, wie zum Beispiel **du gibst**, bilde ich die (d) ______________ .
Diese lautet: (e) ______________ . Dass **bunt** mit **t** geschrieben wird, kann ich hören, indem ich das Adjektiv vor ein (f) __________ setze:
(g) ____________________________ .

8

Folie

3 Markiere die Wörter, die mit silbentrennendem *h* geschrieben werden müssen. Schreibe sie in der verlängerten Form auf.

a) Als Fußgänger get man nur bei Grün über die Ampel. → ____________
b) Für die Konfirmation nät der Schneider meinen Rock um. → ________
c) Das Gegenteil von gar ist ro. → ____________
d) Mein Schu hat ein Loch. → ________________

18 [24]

4 **a)** Entscheide, ob die Wörter mit einfachem oder doppeltem Konsonanten geschrieben werden. Verlängere sie und schreibe sie mit Silbenbogen auf.
b) Kennzeichne den langen Vokal mit einem Strich, den kurzen mit einem Punkt.

1. pla(t/tt), 2. der Ho(f/ff), 3. er mu(s/ss), 4. si(n/nn)los, 5. das Ba(d/dd),
6. sie ka(m/mm), 7. der Kna(l/ll), 8. er ste(l/ll)t, 9. tre(f/ff)sicher
☆ 10. der Kor(b/bb)ball, 11. bre(t/tt)hart, 12. die Schi(f/ff)fahrt

10 [16]

Folie

5 Setze in den folgenden Text die s-Laute ein: *s*, *ss* oder *ß*.

Wenn meine Eltern auf eine Rei_e gehen wollen, sind sie immer nervö__. Es herrscht eine rie__ige Aufregung, wenn sie ihre Pä__e suchen, und es gibt gro__en Ärger, wenn mein Vater sie nicht findet. Au__erdem geht die Rei__etasche nie zu, wenn meine Mutter sie packt. Mein Vater mu__ sich immer draufsetzen, aber das pa__t ihm gar nicht. Er findet das viele Gepäck nur überflü__ig.
☆ Ich finde das nicht so intere__ant. Ich geh lieber nach drau__en und la__e mich im Gra__ nieder. Leute über drei _ ig verbreiten mir zu viel Stre__.

50 [65]
Summe

Überprüfe deine Ergebnisse anhand der Lösungen im Lösungsheft.

Prüfe dein Wissen zur Rechtschreibung! (Teil II)

Rechtschreibprofis sollten auch die Aufgaben mit ☆ bearbeiten.

1 Markiere die Wörter, in denen du ein Dehnungs-*h* ergänzen musst, und schreibe sie richtig auf. | 7 | | Folie

a) Ich sene mich danach, berümt zu werden. → ________________

b) Fatima ist irer Schwester änlich. → ________________________

c) Wärend Marc schon größer als sein Vater ist, felen seinem Bruder Pascal noch ungefär 20 cm. → ____________________________

2 Vervollständige den folgenden Merksatz: | [4] | | ☆ Folie

Vor ________________, das merke ja, steht sehr oft ein Dehnungs-h.

3 Verknüpfe die folgenden Sätze mit der Konjunktion *dass*. Unterstreiche das Verb oder die Wortgruppe, worauf sich der *dass*-Satz bezieht. | 10 |

a) Gestern dachte ich noch. Das wird mir nichts ausmachen.
b) Doch jetzt bin ich traurig. Meine Eltern sind verreist.
c) Als Erstes war seltsam. Ich musste mein Frühstück selbst zubereiten.
d) Dann habe ich gemerkt. Keiner hat mein Bett gemacht.
e) Ich bin mir aber sicher. Ich schaffe das alleine.

4 a) Kreise die Wörter ein, die als Signalwörter auf Nomen hinweisen können.
b) Schreibe zur jeder eingekreisten Wortart jeweils zwei Beispiele auf. | 4 [8] | | Folie

A) Adjektive, B) Pronomen, C) Konjunktionen, D) Adverbien,
E) Personalpronomen, F) Artikel, G) Präposition + Artikel, H) Nomen

5 a) Unterstreiche in der Fabel die Wörter, die du großschreiben musst. | 18 |
b) Markiere alle Signalwörter für Nomen. | 16 | | Folie

Vom Hund (nach Martin Luther)
Es lief ein hund durch einen seichten fluss und hatte ein stück fleisch im maul. Als er den umriss des fleisches im wasser sah, dachte er, dort wäre noch ein stück fleisch. Der gierige schnappte danach. Schon beim aufreißen des maules fiel das fleischstück heraus, und der fluss trug den leckerbissen fort. So verlor er beides: das fleischstück und das spiegelbild.

6 Schreibe die folgenden Wörter mit den richtigen Trennstrichen auf: | 11 [16] |

die Blüte – klappern – verschieben – die Hecke – außerdem – die Oper –
das Rezept – hacken – offensichtlich – der Abend – die Kuchenplatte
die Katzenstreu – der Treffpunkt – verwischen – hüpfen – die Katastrophe ☆

| 66 [79] | |
Summe

Überprüfe deine Ergebnisse anhand der Lösungen im Lösungsheft.

Zeichen setzen

Satzschlusszeichen

Kirschkern-Weitspuck-Wettbewerb

Am Wochenende saßen Alexander und Kristine auf der Gartenmauer sie aßen Kirschen Kristine spuckte die Kerne in hohem Bogen in Nachbar Blaschkes Garten Alexander wollte es besser machen und strengte sich noch mehr an er pustete seinen Kern ganz weit und er traf sein Kirschkern landete auf der Zipfelmütze des Gartenzwerges das ließ Kristine nicht auf sich sitzen sie spuckte noch mal …

1 a) Wodurch wird das Lesen des Textes erschwert? Tauscht euch zu zweit aus.
b) Schreibe den Text ab und setze die fehlenden Satzzeichen. Gehe dabei vor, wie in der LERNBOX beschrieben.
c) Vergleiche dein Ergebnis mit dem deines Partners. Gibt es unterschiedliche Lösungsmöglichkeiten? Begründe deine Entscheidung.

Auch beim zweiten Mal hatte Kristine kein Glück Alex' Kunststück war einfach nicht zu wiederholen dabei standen in Blaschkes Garten mindestens zehn Gartenzwerge einer sollte doch zu treffen sein diesmal probierte sie es mit Anlauf sie rannte los und spuckte ihren Kern mit einer Wahnsinnsgeschwindigkeit über die Mauer was würde passieren das Geschoss landete in Blaschkes Kaffeetasse Herr Blaschke drehte sich nach rechts und links wer oder was war in den Kaffee gefallen er konnte nichts entdecken …

2 a) Schreibe den zweiten Teil des Textes ab und setze die Satzzeichen. Arbeite dabei so wie in Aufgabe 1. Überlege, ob du als Satzschlusszeichen eher einen Punkt, ein Ausrufezeichen oder ein Fragezeichen setzen musst.
b) Wie geht es weiter? Schreibe die Erzählung zu Ende.

! LERNBOX

So setzt du die Satzschlusszeichen:
Ein Text besteht aus einer Folge von **Sinneinheiten** (Gedanken). Um diese beim Lesen schnell erkennen zu können, setzt man **Satzschlusszeichen** (.!?).
So findest du die Sinneinheiten heraus:

1. Unterstreiche die **Prädikate** (Verben). Achtung: Manchmal besteht ein Prädikat aus mehreren Teilen: [*Der Nachbar hat sich furchtbar aufgeregt*].
2. Kennzeichne durch eine Klammer, welche Wörter zu dem Prädikat gehören.
3. Je nach **Aussageabsicht** trennst du Sinneinheiten durch einen **Punkt** (Aussage), ein **Fragezeichen** (Frage) oder ein **Ausrufezeichen** (Aufforderung, Ausruf). Die Satzanfänge schreibst du groß. [*Der Nachbar hat sich furchtbar aufgeregt*]. [*Neben seiner Tasse lag ein Kirschkern*].

TIPPBOX

Zu 1 b): Bilde eine Sinneinheit um das Verb und schreibe diese in Klammern auf: [*Am Wochenende saßen Alexander und Kristine auf der Gartenmauer*]. [*Sie aßen Kirschen*]. …
Zu 2 a): Du kannst acht Punkte und zwei Fragezeichen setzen. Denke daran, die Satzanfänge großzuschreiben. Informationen zur Aussageabsicht von Sätzen findest du auf Seite 224–225.

Das Komma bei Aufzählungen

EINLADUNG
Zu unserem Sommerfest am 24. Juli laden wir alle Eltern und Geschwister und Freunde und Bekannten herzlich ein! Wir werden ab 15.00 Uhr auf Schmidts Wiese gemeinsam grillen. Wer kommen will, bringt bitte einige Messer und Gabeln und Teller und Becher sowie Servietten mit, damit wir nicht abwaschen müssen. Wir freuen uns auf euch!
Eure Klasse 6.1

1 a) Lies die Einladung. Wer ist eingeladen, und an was müssen die Gäste denken?
b) Einige Sätze klingen umständlich. Woran liegt das?
c) Schreibe den Text ab, ersetze einige *und* durch ein Komma (siehe LERNBOX).

A Zum Sommerfest laden die Schülerinnen und Schüler der Klasse 6.1 alle Eltern Geschwister Freunde und Bekannten ein.
B Sie bitten die Gäste, Besteck Teller Becher und Servietten mitzubringen.
C Brot Saft Grillkohle und Anzünder hat der Klassensprecher schon eingekauft.
D Saliha bereitet einen Obstsalat vor. Dazu schneidet sie Erdbeeren raspelt Äpfel hobelt Birnen und schält Apfelsinen. Hinzu gibt sie noch Rosinen einige Tropfen Zitronensaft und ein wenig Honig.
E Der Vater von Mark ist Metzger. Er bringt frische Bratwürste saftige Hähnchenkeulen und bunte Schaschlikspieße[1] mit zur Party.
F Das Kennenlernspiel von Shirin soll alle Partygäste aufmerksam munter und lustig machen.
G Als besondere Gags hat sich Max ein paar Partyüberraschungen einfallen lassen. Dazu hat er Gummispinnen Knallerbsen und eine mit Senf gefüllte Bratwurst mitgebracht.

[1] die Schaschlikspieße:

2 a) Schreibe die Sätze ab und setze bei den Aufzählungen die fehlenden Kommas ein.
b) Was passiert noch auf der Party? Denke dir zwei weitere Sätze mit Aufzählungen aus und lass die Kommas von Mitschülern setzen.

LERNBOX

Das Komma bei Aufzählungen

1. Bei Aufzählungen von Wörtern und Wortgruppen setzt du ein Komma:
   a) **Aufzählung von Wörtern**: *Der Bäcker stiftete für das Sommerfest Brötchen, Meterbrot und Bienenstich.*
   b) **Aufzählung von Wortgruppen**: *Besonders die Partygags von Max sorgen für lustige Überraschungen, kleine Tumulte sowie entzückte Aufschreie.*
2. Vor **und, oder** und **sowie** steht kein Komma: *Erich isst zwei Bratwürstchen sowie einen Hähnchenschenkel und zwei Schaschlikspieße.*

TIPPBOX

Zu 1 c): Du kannst fünfmal das Wort *und* durch ein Komma ersetzen.
Zu 2 a): Lies die Sätze leise. Unterstreiche die Wörter / Wortgruppen der Aufzählungen. Setze bei Lesepausen Kommas:
A = zwei, B = zwei, C = zwei, D = drei, E = eines, F = eines, G = eines.

Das Komma zwischen Hauptsätzen (Satzreihe)

Das Sportfest

A Sabine springt hellwach aus dem Bett heute ist das Sportfest der Schule.
B Schnell fährt sie zum Sportplatz ihre Freundinnen sind schon da.
C Zuerst rennt Sabine 50 Meter sie muss anschließend zum Weitspringen und am Schluss ist sie im Weitwurf dran.
D Die Jungen spielen gegen die Lehrer Fußball leider verlieren die Schüler.

1 Schreibe die Sätze ab und setze die fehlenden Satzzeichen. Gehe so vor: Lies die LERNBOX. Unterstreiche die Prädikate und klammere die zugehörigen Wörter (Sinneinheiten) ein. Setze das Komma an die richtigen Stellen:
[Sabine springt hellwach aus dem Bett], [heute ist das Sportfest der Schule].

Sabine gewinnt gleich zweimal

Sabine kommt erst spät am Nachmittag zurück das Sportfest dauerte lange. Ihre Mutter wartet schon ganz gespannt sie ist nicht beunruhigt. Stolz zeigt Sabine ihre Ehrenurkunde das haben nur vier Mädchen in ihrer Klasse geschafft. Sabine freut sich sie erhält von ihrer Mutter als Belohnung ein schickes T-Shirt.

2 a) Schreibe die Sätze oben ab und bearbeite sie wie in Aufgabe 1.
b) Probiere aus, wo du vor dem zweiten Hauptsatz die Konjunktionen *denn, aber, doch* einsetzen kannst. Schreibe auch diese Sätze mit Komma auf.
c) Lies in der LERNBOX den vierten Hinweis. Tausche dich mit einem Partner aus, in welchen Sätzen ihr einen Punkt anstatt eines Kommas setzen würdet.

LERNBOX

Kommasetzung in Satzreihen

1. **Satzreihen** sind **aneinandergereihte Hauptsätze**:
   Sabine geht früh ins Bett, morgen findet der Ausflug statt.
2. Häufig wird der zweite Hauptsatz mit einer **Konjunktion** (*und, oder, aber, denn, sondern, doch*) eingeleitet: *Sabine geht früh ins Bett, denn morgen findet der Ausflug statt.*
3. Die beiden Hauptsätze werden **durch Komma voneinander getrennt.** Steht zwischen den beiden Hauptsätzen ein *und* bzw. *oder*, kann das Komma fehlen:
   Der Wecker klingelt (,) und Sabine springt aus dem Bett.
4. Wenn die Hauptsätze nicht eng zueinandergehören, kannst du anstelle des Kommas auch einen **Punkt** setzen: *Sabine geht früh ins Bett. Die Tasche für den Ausflug hat sie schon gepackt.*
5. So ermittelst du **Satzreihen**:
   a) **Unterstreiche die Prädikate** und **klammere** die dazugehörigen Wörter (**Sinneinheiten**) **ein.**
   b) Setze vor dem Beginn des zweiten Hauptsatzes ein **Komma.**

TIPPBOX

Zu 1: Du musst in jedem Satz ein Komma setzen.
Zu 2 a): Die Prädikate, die du unterstreichen musst, lauten: *kommt ... zurück, dauerte, wartet, ist, zeigt, haben ... geschafft, freut sich, erhält.* Im Text musst du vier Kommas einsetzen.
Zu 2 b): Schreibe die Sätze mit den möglichen Konjunktionen auf. Achte darauf, dass der Sinn erhalten bleibt: *Sabine kommt erst spät am Nachmittag zurück, denn das Sportfest dauerte lange.*

Das Komma zwischen Haupt- und Nebensätzen (Satzgefüge)

Das Taubenbrünnlein von Feuchtwangen

A Einmal jagte Karl der Große in den Wäldern von Feuchtwangen weil diese sehr wildreich waren.
B Ihn quälte der Durst da er vom Fieber geschwächt war.
C Obwohl seine Diener sich bemühten fand niemand eine Quelle.
D Als einer der Diener eine Wildtaube mit Wassertropfen auf dem Gefieder erblickte machte er sich auf die Suche nach der Quelle.
E Nachdem er ein Stück gegangen war fand er sie an einem Berg.
F Das Fieber verschwand als der Kaiser von dem Wasser trank.
G Der Kaiser ließ dort eine Kirche bauen weil er sehr dankbar war.
H Da dies zur Gründung von Feuchtwangen führte erinnert heute das Taubenbrünnlein in der Nähe der Kirche an diese Sage.

1 a) Erkläre, warum der Brunnen „Taubenbrünnlein" genannt wird.
b) Lies die Sätze leise vor und setze bei Sprechpausen ein Komma.

2 Überprüfe, ob du die Kommas richtig gesetzt hast. Nutze die LERNBOX.
a) Schreibe die Sätze ab und unterstreiche die Prädikate.
b) Klammere die Wörter ein, die zu dem jeweiligen Prädikat gehören.
c) Markiere die Konjunktionen und bestimme wie in der LERNBOX die Haupt- und Nebensätze.

A [Einmal jagte Karl der Große in den Wäldern von Feuchtwangen], [weil diese sehr wildreich waren]. → HS + NS

Seite 229

LERNBOX

Das Komma zwischen Haupt- und Nebensatz (Satzgefüge)

1. Ein **Satzgefüge** besteht mindestens aus einem **Haupt-** und einem **Nebensatz**.
2. Der Hauptsatz ist in sich abgeschlossen. Den Nebensatz erkennst du an der einleitenden **Konjunktion** (*als, wenn, dass, obwohl, wenn ...*) und der Stellung des Verbs am Satzende. Der Nebensatz ergibt für sich keinen Sinn.
3. Haupt- und Nebensätze werden immer durch ein **Komma** getrennt. Der Nebensatz kann **vor** oder **nach** dem **Hauptsatz** stehen.
4. So findest du heraus, wo du ein Komma setzen musst:
   a) Ermittle die Sinneinheiten des Satzgefüges, indem du die Prädikate unterstreichst und die dazugehörigen Teile einklammerst. Beachte, ob das Prädikat mehrteilig ist.
   b) Setze zwischen den Sinneinheiten ein Komma.
   [Ich lese gerne Sagen],[weil sie oft spannend sind].
   HS NS
   [Weil sie oft spannend sind],[lese ich gerne Sagen].
   NS HS

TIPPBOX

Zu 2 a) und **b)**:
Du musst in den Sätzen A bis H jeweils ein Komma setzen.
In den Sätzen B, E und G musst du Prädikate unterstreichen, die aus zwei Teilen bestehen.
Denke bei der Bearbeitung dieser Aufgabe daran, dass Nebensätze von einer Konjunktion eingeleitet werden, das Prädikat steht in diesen Sätzen am Ende.
Zu 2 c): Bei einem der Sätze A bis H steht der Nebensatz vor dem Hauptsatz.

Folie

Zeichen der wörtlichen Rede

Caro freute sich auf den Besuch im Dorf der Nixen. Sie fragte aufgeregt Was erwartet uns dort? Der Professor sagte geheimnisvoll Ihr werdet staunen. Das wird toll!, rief Justus und stellte sich schöne, tanzende Nixen vor, die ihn mit ihren blauen Augen anflirteten. Samir entgegnete Justus, bleib auf dem Boden!

1 Schreibe den Text ab und setze die Zeichen der wörtlichen Rede:
a) Markiere, was gesprochen wird.
b) Setze die Doppelpunkte und die Anführungszeichen (siehe LERNBOX).

wollte Samir wissen / warf Caro ein / rief Justus

A	„Weißt du“,	, „ich habe solche Abenteuer noch nie erlebt.“
B	„Aber glaubst du“,	, „es wird noch spannender?“
C	„Mensch“,	, „na klar!“

2 Schreibe die Sätze auf und ordne dabei die Begleitsätze in die wörtliche Rede ein. Orientiere dich an den Verben des Sagens und den Satzschlusszeichen.

Stefania schwamm elegant vor dem Seeigel her. Die legt aber ein Tempo vor stellte Samir fest. (Regel) Ja erklärte Professor Fischgold Nixen sind sehr wendige Geschöpfe. (Regel) Und so schön murmelte Justus. (Regel) Meine Güte, was ist nur mit dir los brüllte Caro Justus an. (Regel) Nach einer Stunde waren sie angekommen. So erklärte der Professor das ist das Dorf der Nixen. (Regel) Samir staunte Bauklötze ...

Folie

3 a) Lies den Text und schreibe ihn Satz für Satz ab.
b) Markiere die wörtliche Rede und unterstreiche die Begleitsätze.
c) Ergänze alle Satzzeichen und gib die Regeln aus der LERNBOX an.

! LERNBOX

Zeichensetzung der wörtlichen Rede

Die wörtliche Rede kennzeichnest du durch Anführungszeichen. Diese werden am Anfang unten, am Ende oben gesetzt.

1. **Zeichensetzung bei vorangestelltem Begleitsatz:**
   Sie fragte: „Was wird uns dort erwarten?“
   Nach dem vorangestellten Begleitsatz steht immer ein **Doppelpunkt**. Achte im Begleitsatz auf das **Verb des Sagens**. Es zeigt an, ob die wörtliche Rede mit einem **Punkt, Frage-** oder **Ausrufezeichen** schließt.
2. **Zeichensetzung bei nachgestelltem Begleitsatz:**
   „Was erwartet uns dort?“, fragte sie. „.........?“, ________.
   „Ich bin begeistert!“, rief Justus. „.........!“, ________.
   „Ihr werdet staunen“, sagte der Professor. „.........“, ________.
   Zwischen wörtlicher Rede und nachgestelltem Begleitsatz steht immer ein **Komma**. Beim Aussagesatz **entfällt** in der wörtlichen Rede der **Punkt**.
3. **Zeichensetzung bei eingeschobenem Begleitsatz:**
   Der Begleitsatz wird in die wörtliche Rede eingeschoben. Davor und danach steht ein **Komma**: *„Ich glaube“, meinte Samir, „so etwas haben wir noch nie gesehen.“*

Prüfe dein Wissen zur Zeichensetzung!

Zeichensetzungsprofis sollten auch die Aufgaben mit ☆ bearbeiten.

1 **a)** Unterstreiche im Text die Prädikate.
b) Bilde Sinneinheiten und klammere die dazugehörigen Wörter ein.
c) Setze die passenden Satzschlusszeichen und korrigiere die Satzanfänge.

8		Folie
8		
16		

Mert fällt auf

eigentlich ist Mert ein netter Kerl er ist neu in unserer Klasse seine Eltern sind mit ihm und seinen drei Brüdern erst vor zwei Monaten aus der Türkei in unsere Stadt gezogen aber er spricht schon sehr gut Deutsch er hat die Sprache bereits in der Türkei gelernt allerdings vertauscht er manchmal die Artikel das ist nicht schlimm das ist manchmal nur sehr lustig

2 **a)** Markiere die wörtliche Rede.
b) Setze alle fehlenden Satzzeichen (Kommas, Anführungsstriche ...).

4		Folie
13		

Neulich sagte Mert Der Leiter steht am Fenster Alle schauten sofort hinaus. Ich kann mir gar nicht vorstellen, dass der Schulleiter draußen steht murmelte ich verwirrt. Mensch Mert grinste Tatjana das heißt die Leiter. Sie zeigte auf eine Leiter, die die Handwerker dort abgestellt hatten.

3 Ergänze den folgenden Lückentext:

[6]		Folie ☆

Satzreihen sind aneinandergereihte ______________ (a). Diese werden durch einen ______________ (b) voneinander getrennt. Wenn sie eng zusammengehören, kann man auch ein ______________ (c) setzen. Ein ______________ (d) besteht mindestens aus einem Haupt- und einem Nebensatz. Nebensätze erkennt man z. B. an der einleitenden ________ (e) (als, weil ...). Der Nebensatz steht vor oder nach dem ______________ (f).

4 **a)** Füge in den folgenden Sätzen das Komma an der richtigen Stelle ein.
b) Unterstreiche die Konjunktionen.
c) Entscheide, ob es sich um eine Satzreihe oder ein Satzgefüge handelt.

6		
6		
[6]		☆

A Nachdem sie einen furchtbaren Albtraum gehabt hatte kam Carina übermüdet zur Schule.
B Weil sie ständig gähnte waren alle gespannt.
C „Ich habe geträumt dass ich in Mathe und Deutsch und Englisch eine Sechs schreiben würde."
D Nur Mert konnte sie trösten denn er sagte:
E „Bei uns heißt es dass Träume in der Realität immer das Gegenteil bedeuten.
F Wenn du also die nächsten Klassenarbeiten schreibst bekommst du eine Eins."

61 [73]	
Summe	

Überprüfe deine Ergebnisse anhand der Lösungen im Lösungsheft.

Rechtschreibung trainieren

Texte abschreiben und überprüfen

Rezept für Bärentatzen
Zutaten: 300 g Butter, 100 g Marzipan, 130 g Puderzucker, 2 Eiklar, 350 g Mehl, 1 Päckchen Vanillezucker, Marmelade, flüssige Schokolade
Butter, Zucker, Vanillezucker und Marzipan gut mit dem Mixer verrühren, dann langsam Eiklar dazurühren, anschließend das Mehl unterrühren. Backrohr auf 180 Grad aufheizen. Backbleche einfetten oder mit Backpapier belegen. Teig in eine Spritztüte mit einer großen zackigen Lochtülle füllen und kleine „Bärentatzen“ aufspritzen. Nach dem Backen die Hälfte der Kekse mit Marmelade bestreichen und mit einem anderen zusammenkleben. Danach zur Hälfte in geschmolzene Schokolade tunken.

Rezep für Bärentatzen (von Bonita)
Zutaten: 30 g Butter, 100 g Marzipan,
130 g Puderzucker, 2 Eikla, 350 Mehr,
1 Päckhen Vanillezucker, Marmelade,
Marmelade, flüsige Schokolade
Butter, Zucker, Vanillezucker und Marzi-
pan gut mir dem Mixer verrühren, an-
schließent langsam Eikla dazurühren,
dan das Mehl unterühren. Backrohr auf
180 Grad Grad aufheizen. Backbleche
einfetten oder mit Backpapiehr belegen.
Teig in eine Spitztüte mit mit einer
grossen zackigen Lohtülle fülle und klei-
ne „Bärentatzen“ aufspritzen Nach dem
Backen die Häfte der Kekse mit Marme-
lad bestreichen und mit einem anderen
zusammenkleben. Danach zur Hälfte in
geschmolzen Schockolade tunken.

Kontrollkarte	
1. Vorwärtslesen:	Wörter doppelt geschrieben?
2. Rückwärtslesen:	Wörter oder Buchstaben vergessen?
3. Vorwärtslesen:	Alle Satzzeichen übernommen?

Folie

1 Vergleiche die Abschrift mit dem Originaltext links. Lege eine Kontrollkarte über den Text und verwende die Korrekturzeichen.
Gehe so vor:
a) Lies zuerst vorwärts und kontrolliere, ob Wörter doppelt geschrieben wurden.
b) Überprüfe beim Rückwärtslesen, ob Wörter oder Buchstaben vergessen wurden.
c) Lies vorwärts und kontrolliere die Satzzeichen.
d) Schreibe den Text richtig und übersichtlich ab.

Rezept für Taboulé (orientalischer Petersiliensalat)
Zutaten: 2 Bund glatte Petersilie, 200 g Bulgur (Weizenschrot), 2 Tomaten, 1 kleine Gurke, Saft einer Zitrone, etwa 5 Esslöffel Olivenöl, eine Prise Salz
Lass den Bulgur in Wasser aufquellen. Dann hackst du die Petersilie. Als Nächstes schneidest du die Tomaten in Würfel. Diese Zutaten vermischst du mit dem ausgedrückten Bulgur. Zum Schluss wird die Masse mit Zitronensaft, Salz und ein paar Esslöffeln Olivenöl verrührt.

2 Schreibe den Text richtig ab und lass ihn von einem Partner überprüfen.

Texte überarbeiten – eigene Fehlerschwerpunkte ermitteln

Jeff hat für das Klassenkochbuch ein Rezept aus seinem Heimatland aufgeschrieben, damit die anderen es nachkochen können:

So backst du Maisbrot:	
Zutaten: 1 ½ Tassen Mehl, 3 TL Backpulver, 1 TL Salz, 1 Tasse gelbes	
Maismehl, 2 EL sehr feinen zucker, 2 verquirlte Eier, 1 ½ Tassen buttermilch,	R1, R2
½ Tasse Pflanzenöl, 50 g zerlassene Butter	
Jetzt gehts los:	
Heize zuerst den Ofen auf 180 °C vor. Dan must du eine 30 x 20 cm lange,	R3, R4
flache Backform ca. 5 Minuten im vorgeheizten Ofen erwärmen.	
Das Mehl das Backpulver und das Salz siepst du mit dem Maismehl und	Z5, R6
dem Zucker in eine Schüsel. In die Mite drückst du eine vertiefung. Die	R7, R8, R9
verquirlten Eier die buttermilch und das Öl mischst du in einem kleinen	Z10, R11
Gefäss. Dann gipst du das Ganze in die vertiefung zu den trockenen	R12, R13, R14
Zutaten. Danach vermenkst du alles, bis die Maße fester wird und keine	R15, R16
Klümbchen mehr zu spüren sind.	R17
Schlieslich pinselst du die vorgewärmte Backform mit Butter aus und	R18
schüttest den teig hinein glätte die Oberfläche mit einem Meßer und	R19, Z20, R21
backe ihn 25 Minuten im Ofen.	
Dann nimmst du die Form heraus du streichst die zerlasene Butter	Z22, R23
gleichmässig auf die Oberfläche. Als Nächstes muss das Brot noch	R24
einmal 15 Minuten gebacken werden, bis es fertig ist. Zum Schluß muss	R25
man das Brot nur noch in quadrate schneiden und es heiss servieren.	R26, R27
Guten Appetit!!!	

1 **a)** Lies das Rezept aufmerksam durch. Kennst du dieses oder ein ähnliches Rezept? Hast du das Gericht schon einmal probiert?
b) Überlege, aus welchem Land es stammen könnte.

Dein Rezept ist gut gelungen. Für den Leser ist die Reihenfolge der Arbeitsschritte klar. Er kann das Gericht also nachkochen. Aber du machst noch zu viele Rechtschreibfehler!

Du hast abwechslungsreich geschrieben. Das gefällt mir! Manchmal hast du aber bei Aufzählungen kein Komma gesetzt, und einige Sätze sind zu lang. Hier solltest du einen Punkt setzen, damit klar wird, dass ein neuer Arbeitsschritt beginnt.

2 Lies die Kommentare aus der Schreibkonferenz:
a) Erkläre in eigenen Worten, was an der Kritik gut gelungen ist.
b) Benenne, was Jeff noch überarbeiten muss.
c) Was würdest du außerdem noch verbessern?
d) Tausche dich mit einem Partner über deine Ergebnisse aus.

Textkorrekturstift: Wähle eine bestimmte Farbe aus, mit der du deine Texte korrigierst. So fallen dir die Fehler eher auf.

3 Überarbeite Jeffs Rezept. Gehe dabei so vor:
a) Lies den Text auf Seite 275 und markiere die Fehler mit einem Textkorrekturstift farbig (Folie). Orientiere dich an den Anmerkungen am Rand.
b) Korrigiere die markierten Wörter, indem du die passenden Rechtschreibstrategien anwendest. Schreibe so:
R1 Zucker → der feine Zucker; R2 Buttermilch → ...
c) Schreibe das Rezept ohne Fehler ab.

4 Welche Fehlerschwerpunkte kannst du bei Jeff entdecken?
Übertrage die Tabelle ins Heft und ergänze sie, falls nötig, durch weitere Zeilen und Kategorien. Zähle die Fehlerarten. Wiederholungen zählst du nur einmal.

Großschreibung	I
Doppelkonsonanten	
ss oder ß	
p oder b / k oder g	
...	

5 Untersuche die ausgefüllte Tabelle:
a) Welche Tipps zum Üben würdest du Jeff geben?
b) Suche zu den Fehlerschwerpunkten Seiten zum Üben heraus, die du in diesem Buch oder im Arbeitsheft findest, z. B. *Großschreibung: Schülerbuch, S. 259–262.*

6 a) Wähle einen eigenen Text. Das kann zum Beispiel die letzte Klassenarbeit oder eine Hausaufgabe sein.
b) Finde deine Fehlerschwerpunkte heraus, indem du vorgehst, wie in der LERNBOX beschrieben.

LERNBOX

So findest du deine Fehlerschwerpunkte heraus:
Das Herausarbeiten von **Fehlerschwerpunkten** schärft deinen Blick für die **Überarbeitung eigener Texte**. Du kannst Rechtschreibung und Zeichensetzung verbessern, indem du die Strategien gezielt anwendest:
1. Lass deinen Text von einer anderen Person korrigieren.
2. Nummeriere die Fehler wie im Beispiel auf Seite 275.
3. Lege dir eine Tabelle mit Fehlerschwerpunkten an. Orientiere dich dazu an den Überschriften des Kapitels *Richtig schreiben* in diesem Buch.
4. Untersuche die Fehlerarten in deinem Text und zähle sie. Wiederholungen zählst du nur einmal.
5. Nun kannst du gezielt zu deinen Fehlerschwerpunkten üben. Beginne mit deiner häufigsten Fehlerquelle.

TIPPBOX

Zu 2 a)/b):
Markiere (Folie) die einzelnen Aussagen mit unterschiedlichen Farben: gut → blau, Tipps → rot.
Zu 3 b):
Diese Rechtschreibstrategien kannst du anwenden: *Artikelprobe, Silbenprobe, Verlängern, Ableiten.*
Zu 4 :
Weitere Kategorien sind *s oder ß, Komma bei Aufzählungen, Satzschlusszeichen.*

Zu Fehlerschwerpunkten üben

1 a) Lege zuerst eine persönliche Textkorrekturkarte wie im Beispiel rechts an. Lies dazu die LERNBOX.
b) Wähle Übungen aus den Karten A–G von Seiten 277–278 aus, mit denen du trainierst, deine Fehler zu vermeiden.

Jeffs Textkorrekturkarte:
auf Großschreibung von Nomen achten → Artikelprobe anwenden
auf Doppelkonsonanten achten → Silbenprobe machen; einsilbige Wörter verlängern
Auslaute (b, d, g) überprüfen → Wörter, die am Ende wie p, t, k klingen, verlängern
s-Laute genau aussprechen → gesummter s-Laut = s; gezischter s-Laut = ß

A **Wörter richtig trennen:**
Markiere im Text alle Wörter, die aus drei oder mehr trennbaren Silben bestehen, und schreibe sie mit Silbenbogen auf. Wie heißt das Wort mit den meisten Silben? Wie viele Silben sind es?

B **Großschreibung von Nomen:**
1. Schreibe aus dem Text alle Nomen mit ihrem Signalwort heraus. Fehlt dieses, so mache die Artikelprobe.
2. Bilde aus Adjektiven und Verben Nomen, indem du typische Endungen ergänzt: *-heit, -keit, -nis* ...

C **Großschreibung von Verben und Adjektiven:**
Im Text findest du Verben und Adjektive, die zu Nomen geworden sind. Schreibe sie mit ihren Signalwörtern auf.

D **s-Laute unterscheiden:**
Markiere alle Wörter, die mit *ss* und *ß* geschrieben werden. Ordne sie in eine Tabelle ein. Kennzeichne lange Vokale mit einem Strich und kurze Vokale mit einem Punkt.

LERNBOX

So legst du eine Textkorrekturkarte an:
1. Ermittle deine **Fehlerschwerpunkte** wie in der LERNBOX auf Seite 276 beschrieben.
2. Notiere deine Fehlerschwerpunkte *(Großschreibung, Doppelkonsonanten ...)* auf einer **Karteikarte** (Textkorrekturkarte, siehe Beispiel oben).
   Beginne mit der häufigsten Fehlerquelle. Schreibe jeweils die passenden **Rechtschreibstrategien** auf.
3. Lege diese Karte beim **Schreiben** und **Überarbeiten** neben dein Heft.
4. Wähle anhand der Auflistung geeignete Übungen von den Seiten 277–278 oder aus diesem Kapitel aus. Orientiere dich dazu am Lernbegleitbogen auf Seite 279.

TIPPBOX

Zu 1 a): Du kannst eigene Texte von deinen Eltern oder einem Lehrer korrigieren lassen oder bereits korrigierte Klassenarbeiten nutzen. Frage nach, wenn du einen Fehler nicht zuordnen kannst.
Zu 1 b): Der Lernbegleitbogen (S. 279) hilft dir, dich an den Themen im Schülerband und im Arbeitsheft zu orientieren.

Schwierige oder unbekannte Wörter richtig schreiben: E

1. Schreibe schwierige oder unbekannte Wörter aus dem Text auf eine Karteikarte und ordne sie zum Üben in deine Rechtschreibkartei ein. Lies dazu die LERNBOX.
2. Du kannst dir den Text auch diktieren lassen und die Wörter, die du noch nicht richtig geschrieben hast, in deine Rechtschreibkartei einordnen.

Lernwörter richtig schreiben: F

Nimm Wörter, deren Schreibung du nicht mit einer Rechtschreibstrategie erklären kannst, in deine Rechtschreibkartei auf und übe sie. Lies dazu die LERNBOX.

Wörter mit Doppelkonsonanten: G

Im Text findest du Wörter mit Doppelkonsonanten. Ordne sie in eine Tabelle ein (*ff, ll* ...) und schreibe sie mit Silbenbogen auf. Einsilbige Wörter musst du vorher verlängern.

Folie

2 Lies den folgenden Text mit einem Stift und führe mit ihm die von dir ausgewählten Übungen durch.

Der Traum von einem Schloss

Auf unserer letzten Klassenfahrt haben wir das Schloss Neuschwanstein mitten in den bayerischen Alpen besucht. König Ludwig II. hat es ganz nach seinen Wünschen bauen lassen. Dabei hat er viele bekannte Märchen und Sagen verarbeitet, so zum Beispiel die Nibelungensage oder die Sage von Lohengrin. Besonders beeindruckt hat mich dabei, dass der König immer dann gute Einfälle für den Schlossbau hatte, wenn er Musik von Richard Wagner hörte. Diese regte ihn zu neuen Ideen an. Vielleicht sollte ich auch einmal Musik von Wagner hören – besonders vor einer Physikarbeit wäre das sicher sehr sinnvoll! Das Lernen würde mir vermutlich viel leichter fallen ...

Das ganze Schloss sollte ein Tempel[1] der Sagen- und Traumwelt werden. Alle Räume ließ der König mit kostbarsten Materialien ausschmücken. Zum ersten Mal wohnen konnte Ludwig dort im Jahr 1884. Er hatte aber nicht mehr lange Freude daran, denn schon zwei Jahre später ertrank er im Starnberger See.

Das ist zwar eine traurige Geschichte, aber auf diesem Schloss würde ich auch zu gerne wohnen. Ich hätte unfassbar viele Diener und man würde mir jeden Abend Spaghetti bolognese zubereiten und ein Wannenbad einlassen. Das Baden im heißen Sprudelwasser wäre dann meine Lieblingsbeschäftigung. Und vielleicht würde ich schon bald eine Prinzessin küssen ...

[1] der Tempel: ein Heiligtum

! LERNBOX

So übst du mit einer Rechtschreibkartei:

1. Schreibe Fehlerwörter in richtiger Schreibweise auf **Karteikarten**.
2. Unterstreiche die **Fehlerstelle farbig**. Schreibe dann **andere Formen des Wortes** auf (z. B. Wörter aus der Wortfamilie, andere Zeitformen, Steigerungsformen ...) und einen **Beispielsatz** dazu.
3. Lege die Wörter, die neu sind, ins **erste Fach**. Lass sie dir diktieren. Schreibst du das Wort richtig, wandert die Karte ins **zweite Fach**. Schreibst du das Wort falsch, bleibt es im ersten Fach. Du wiederholst die Übungen so oft, bis die Karte im **fünften Fach** gelandet ist.
4. Übe die Wörter aus dem ersten Fach **täglich**, die aus den anderen Fächern **wöchentlich**.

Lernbegleitbogen *Richtig schreiben*

Kompetenz / Inhalt Ich kann ...	Selbstein-schätzung ☺ 😐 ☹	Fremdein-schätzung ☺ 😐 ☹	Bemer-kungen	Hier kannst du weiterüben:
Rechtschreibgespräche führen (S. 246)				
kurze und lange Vokale unterscheiden (S. 247)				AH, S. 61
Wörter mit *ie* richtig schreiben (S. 248)				
Wörter mit silbentrennendem *h* verlängern und richtig schreiben (S. 249)				
entscheiden, ob ein Konsonant einfach oder doppelt geschrieben wird (S. 250–251)				AH, S. 62
Wörter mit *ck* und *tz* richtig schreiben (S. 252)				
Wörter mit *b, d, g* im Auslaut richtig schreiben (S. 253)				AH, S. 63
Wörter mit *-isch, -ig* oder *-lich* richtig schreiben (S. 254)				
s-Laute unterscheiden und richtig schreiben: – Wörter mit s oder *ß* (S. 255) – Wörter mit ss oder *ß* (S. 256)				 AH, S. 64 AH, S. 65
Wörter mit *ä / äu* ableiten (S. 257)				AH, S. 66
Lernwörter mit Dehnungs-*h* erkennen und richtig schreiben (S. 258)				AH, S. 67
Nomen mithilfe von Endungen und Signalwörtern erkennen (S. 259, 262)				AH, S. 68, 70
nominalisierte Verben und Adjektive erkennen (S. 260–262)				AH, S. 69, 70
die Konjunktion *dass* richtig schreiben (S. 263)				AH, S. 71
Wörter richtig trennen (S. 264)				AH, S. 72
Rechtschreibstrategien anwenden (S. 265)				
Rechtschreibregeln sicher anwenden (S. 266–267)				Wiederhole die Seiten im Kapitel!
Zeichen richtig setzen: – Satzschlusszeichen (S. 268) – Kommas bei Aufzählungen (S. 269) – Kommas in Satzreihen (S. 270) – Kommas in Satzgefügen (S. 271) – Zeichen der wörtlichen Rede (S. 272)				 AH, S. 73, 78 AH, S. 74, 78 AH, S. 75, 78 AH, S. 76, 78 AH, S. 77, 78
Zeichensetzungsregeln sicher anwenden (S. 273)				Wiederhole die Seiten im Kapitel!
Rechtschreibung trainieren: – Texte abschreiben und überprüfen (S. 274) – Fehlerschwerpunkte ermitteln (S. 275–276) – eine Textkorrekturkarte anlegen (S. 277) – zu Fehlerschwerpunkten üben (S. 277–278)				 AH, S. 79 AH, S. 80

AH = Arbeitsheft

Computer im Unterricht

Im Internet Informationen suchen

Immer wieder stoßt ihr im Unterricht auf Themen, zu denen ihr gerne mehr erfahren würdet. Das Kapitel „Mehr als Sand und Meer" bietet zum Beispiel viele Anknüpfungspunkte, um im Internet nach Informationen zu suchen.

A) Heuler in einer Seehundstation
B) Schweinswale in der Nordsee
C) Das Leben auf einer Hallig

1 Die Kapitel „Mehr als Sand und Meer" (S. 154–173) und „Arbeitsergebnisse anschaulich vortragen" (S. 295–298) bieten eine große Auswahl an verschiedenen Themen rund um die Nordsee.
a) Sammelt diese Themen gemeinsam an der Tafel.
b) Überlegt euch zu einem dieser Themen Fragen, um eure Suche nach Informationen einzugrenzen: Was interessiert euch besonders?

A) Heuler in einer Seehundstation
1. Was fressen Heuler?

2 **a)** Lies die **LERNBOX** und gib ihren Inhalt mit eigenen Worten wieder.
b) Welche der folgenden Suchbegriffe findest du geeignet, um Antworten auf die Frage „Was fressen Heuler?" zu finden? Begründe.

Heuler	Heuler + Essen	Essen	Heuler + Nahrung
Nahrung		Heuler + Nordsee	

LERNBOX

So suchst du im Internet Informationen:

1. Das Internet bietet dir nahezu unendlich viele Informationen. Zum Suchen von bestimmten Informationen eignen sich **Suchmaschinen**, z. B. *www.google.de* und *www.yahoo.com*. Häufig wird dir eine unüberschaubare Vielzahl möglicher Seiten angezeigt.
2. Spezielle Seiten und Suchmaschinen grenzen die Auswahl ein und zeigen geeignete Seiten für Jugendliche an, z. B. *www.blinde-kuh.de, www.wasistwas.de, www.geo.de/GEOlino/, www.helles-koepfchen.de.*
3. a) Die Suche erfolgt, indem du **Stichworte** in ein **Suchfeld** eingibst. Trage einen Begriff (möglichst ein Nomen) ein, z. B. *Seehund*. Dann erhältst du eine Liste mit Texten, in denen der Begriff vorkommt.
   b) Wenn du mehrere Stichworte eingibst, z. B. *Seehund* und *Aufzucht* (= *Seehund Aufzucht*), grenzt du die Auswahl ein und findest schneller die passenden Informationen.

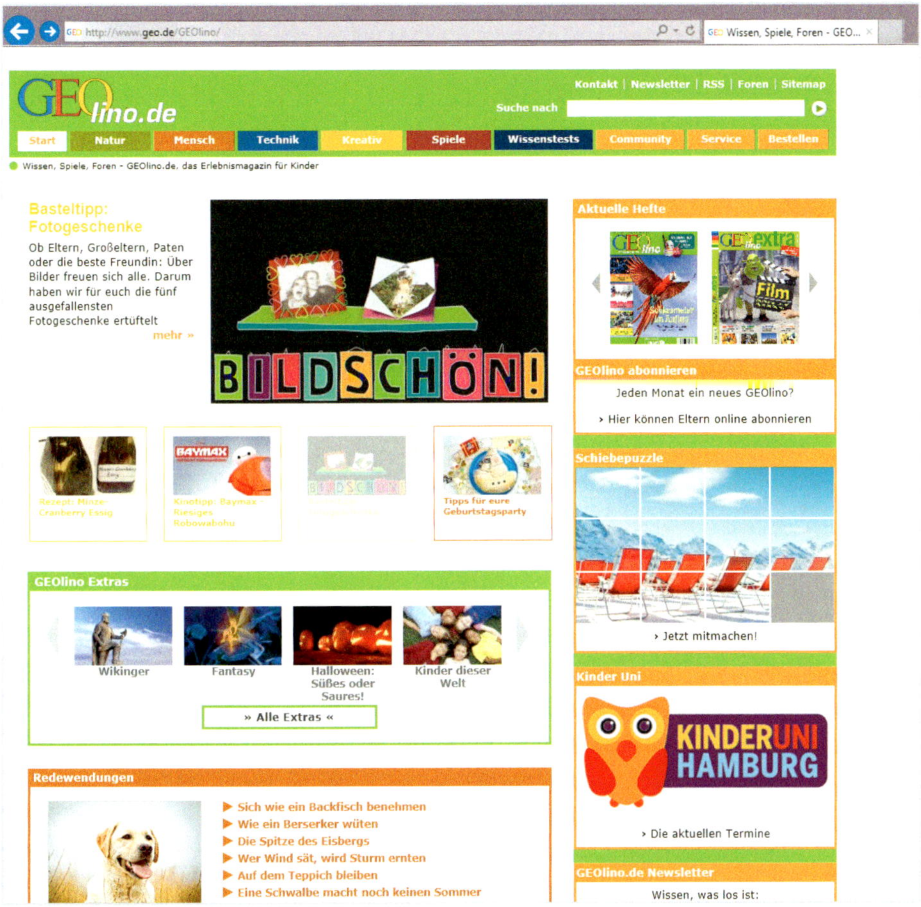

3 Schau dir die Startseite oben genau an.
a) Erkläre, woran du erkennst, dass diese Seite speziell für Kinder und Jugendliche gemacht ist.
b) Tauscht euch darüber aus, welche Themengebiete auf dieser Seite aufgeführt sind.

4 **a)** Rufe eine der Internetseiten auf, die in der **LERNBOX** auf Seite 280 angegeben sind, und schaue sie dir genau an.
b) Gib in das Feld für die Stichwortsuche einen oder zwei Begriffe ein, die wichtig für dein Thema sind *(z. B. Heuler Nahrung)*, und klicke auf „Suchen“.
c) Wie kommst du schneller zu geeigneten Texten: über einen Themenbereich oder über die Stichwortsuche der Suchmaschine? Tauscht euch in der Klasse über eure Erfahrungen aus.

5 **a)** Wähle Internetseiten aus, die zu deinem Thema passen und Antworten auf deine Teilfragen geben. Überfliege die Texte und wähle geeignete aus.
b) Schreibe dir die Internetadressen auf, damit du die Seiten später wiederfindest.
c) Drucke dir die Texte aus dem Internet aus, mit denen du weiterarbeiten möchtest. Klicke hierzu mit der rechten Maustaste auf die Internetseite und wähle „Drucken“. Bearbeite die ausgedruckten Texte mit der Lesemethode.

Seite 286–287

Die E-Mail – eine besondere Form des Briefes

Im Kapitel „Essen verbindet“ (S. 114–131) habt ihr Rezepte aus verschiedenen Ländern kennengelernt. Um daraus ein Klassenrezeptbuch zu erstellen, müssen die Rezepte gesammelt und in eine ansprechende Form gebracht werden.

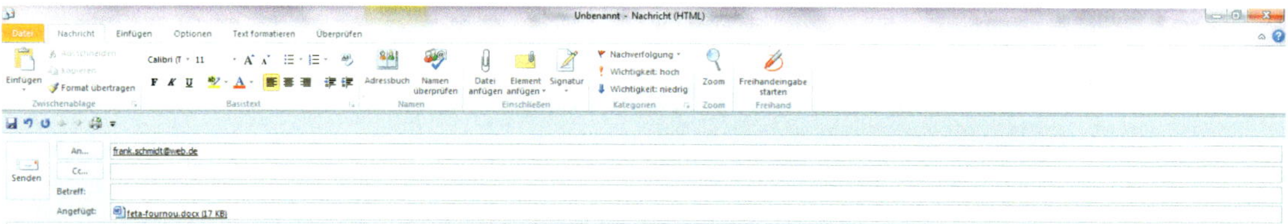

Hallo Frank,
toll, dass wir dir alle Rezepte für unser Kochbuch schicken können. Ich wusste nicht mehr genau, welche Schriftart und Schriftgröße wir verabredet hatten, du müsstest dann meinen Text vielleicht noch anpassen. Ansonsten habe ich das Rezept so gestaltet, wie wir es besprochen haben. Sogar ein schönes Bild habe ich gefunden.
Hier kommt mein Rezept für unser Klassenkochbuch: „Schafskäse aus dem Ofen – Feta Fournou“. Das ist mein Lieblingsessen, das meine Oma immer für mich kocht, wenn ich sie in Griechenland besuche. :-) Ich habe dir das Rezept an die E-Mail angehängt.
CU
Savvas

1 a) Lies die E-Mail. Worum geht es?
b) Beschreibe die Aufgabe, die Frank übernehmen soll.
c) Savvas verwendet in seiner E-Mail besondere Zeichen. Was bedeuten sie an dieser Stelle? Lies dazu auch die **LERNBOX**.

2 Kennst du die verschiedenen Symbole in der Menüleiste? Erläutere sie. Wenn du mit dem Mauszeiger auf die Symbole gehst, erscheint eine kurze Erklärung.

3 Nenne Franks E-Mail-Adresse. Woran kannst du sie erkennen?

4 In die Betreff-Zeile kommt eine kurze Erklärung für den Empfänger, worum es in der E-Mail geht. Was würdest du an Savvas' Stelle schreiben?

5 Woran kannst du erkennen, dass Savvas sein Rezept mitschicken will?

! LERNBOX

Zeichen in der Internetsprache

1. Das **@-Zeichen** steht für das englische Wort *„at“*. Es steht ohne Leerzeichen zwischen dem Namen des Empfängers / Absenders und dem Namen des Providers (Savvas-Papadopulus@gmx.de). Der Provider ist der Anbieter für Verbindungen zum Internet.
2. **Emoticons** sind Zeichen, die Gefühle ausdrücken (engl. „emotion“ = Gefühl und „icon“ = Bild): *;-) = zwinkern* 😉 *:-) = lachen* 🙂
3. **Akronyme** sind Kurzwörter, die aus den Anfangsbuchstaben mehrerer Wörter gebildet werden: *CU = engl. „See you“ = Tschüss / Bis dann, GLG = Ganz liebe Grüße.*

E-Mail-Anhänge abspeichern

Frank hat Savvas’ E-Mail erhalten. Doch bevor er das Rezept bearbeiten kann, muss er erst den Anhang speichern. Dabei geht er so vor:

Schritt 1

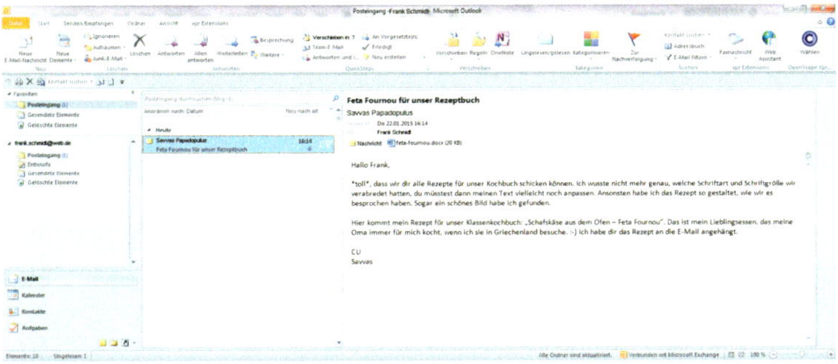

Schritt 2

Schritt 3

Schritt 4

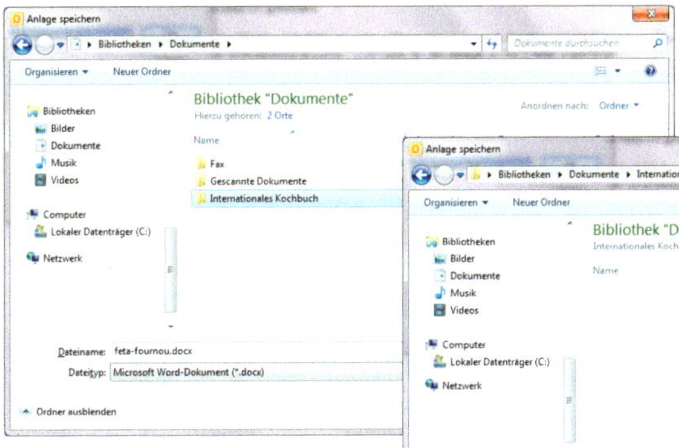

Schritt 5

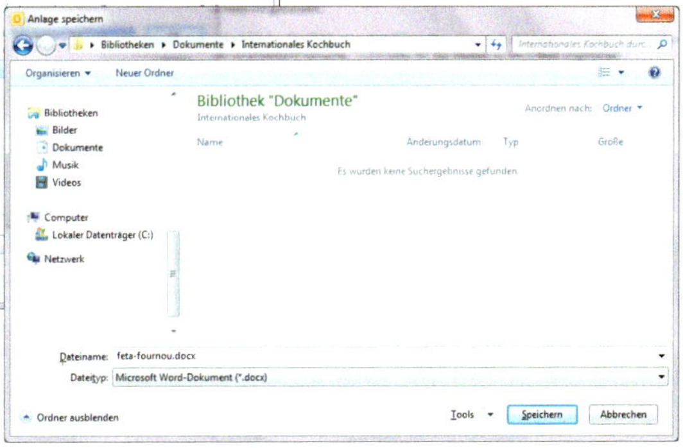

1 Beschreibe mithilfe der Bilder, wie Frank das Rezept von Savvas abspeichert.

2 Schreibe die Schritte in der richtigen Reihenfolge in vollständigen Sätzen in dein Heft. Beginne so:
So speichert man E-Mails:
1. Als Erstes klickt man im Posteingang die Mail an.
2. Dann klickt man …

TIPPBOX

Zu 2: Folgende Formulierungen kannst du nutzen, um die Schritte zum Abspeichern einer E-Mail zu beschreiben:
„Posteingang“ anklicken / „Anlagen speichern“ anklicken / Mail anklicken / zu speichernde Anlagen auswählen / Ordner auswählen und „Öffnen“ anklicken / Dateinamen eingeben / Ordner durchsuchen / „Datei“ in Menüleiste anklicken / „Speichern“ anklicken

Wörtliche Rede 51, 70, 272

Mit der wörtlichen Rede gibst du in einem Text wieder, wenn jemand spricht. Damit der Leser das erkennt, setzt du diese Textteile in **Anführungszeichen.** Der Begleitsatz zur wörtlichen Rede kann an unterschiedlichen Stellen stehen:
- vorangestellter Begleitsatz:
  Tim sagt: „Ich lese gerne."
- nachgestellter Begleitsatz:
  „Liest du nur Comics?", fragt Anne.
- eingeschobener Begleitsatz: *„Früher", meint Sascha, „habe ich nie gelesen."*

Wortableitungen 242–243

Durch Anfügen von **Präfixen** und **Suffixen** an den Wortstamm lassen sich verschiedene Wörter bilden: *ge-fahr-los, be-fahr-en, Er-fahr-ung.*

Wortart 211–223

Die Wörter der deutschen Sprache lassen sich verschiedenen Wortarten zuordnen, z. B. **Nomen, Artikel, Pronomen, Verben, Adjektive** und **Konjunktionen** (Satzverknüpfungswörter).

Wortfamilie 241

Wörter, die einen gemeinsamen **Wortstamm** haben, gehören zu einer Wortfamilie. Die Mitglieder einer Wortfamilie können verschiedenen **Wortarten** angehören und unterschiedliche Bedeutungen haben: *fahren, Fahrt, Autofahrt, gefahrlos* ... Wortfamilien entstehen durch **Wortableitungen** oder **Wortzusammensetzungen**.

Das Bilden von Wortfamilien hilft dir bei der Schreibung von Wörtern mit *ä/äu* oder *e/eu*: *Bälle – Ball, Bäume – Baum.*

Wortfeld 240

Wörter der gleichen **Wortart**, die etwas Ähnliches bedeuten, bilden ein Wortfeld: *gehen, laufen, rennen, stapfen, rasen, marschieren* ... Wortfelder können dir beim abwechslungsreichen Schreiben deiner Texte helfen.

Wortstamm 241, 243

Der Wortstamm ist der Kern eines Wortes. Durch Anhängen von **Suffixen** und **Präfixen** und durch **Zusammensetzungen** entstehen verschiedene Wörter mit unterschiedlicher Bedeutung: *wegfahren – Fahrer – Autofahrt.*

Wörter mit dem gleichen Wortstamm bilden eine **Wortfamilie.**

Wortzusammensetzungen 127, 244

Indem du Wörter, z. B. zwei **Nomen**, zusammensetzt, entsteht ein neues Wort mit einer neuen Bedeutung: *Das Spiel + der Platz = der Spielplatz.* Dabei erläutert das Bestimmungswort (*das Spiel*) das Grundwort (*der Platz*) näher. Das Grundwort bestimmt die **Wortart** und bei Nomen auch den **Artikel**. Wortzusammensetzungen können dir bei deinen eigenen Texten helfen, genauer zu formulieren (*Das Wasser war eiskalt.*).

Zeitdehner, Zeitraffer 41

In erzählenden Texten dienen Zeitdehner dazu, eine Handlung in die Länge zu ziehen, um die Spannung zu erhöhen: *Der Weg zog sich endlos hin: Sie glitten an Muscheln vorbei, unterhielten sich mit Fischen, spielten mit* ...

Zeitraffer verkürzen eine Handlung, indem der Zeitraum zusammengefasst wird: *Als sie stundenlang gearbeitet hatten,* ...

Zeitformen des Verbs 22, 110, 216–218

			Futur	Präsens	Präteritum	Perfekt	Plusquamperfekt
SINGULAR	1. Person	ich	*werde* sagen	sag**e**	sag**te**	*habe* gesagt	*hatte* gesagt
	2. Person	du	*wirst* sagen	sag**st**	sag**test**	*hast* gesagt	*hattest* gesagt
	3. Person	er/sie/es	*wird* sagen	sag**t**	sag**te**	*hat* gesagt	*hatte* gesagt
PLURAL	1. Person	wir	*werden* sagen	sag**en**	sag**ten**	*haben* gesagt	*hatten* gesagt
	2. Person	ihr	*werdet* sagen	sag**t**	sag**tet**	*habt* gesagt	*hattet* gesagt
	3. Person	sie	*werden* sagen	sag**en**	sag**ten**	*haben* gesagt	*hatten* gesagt

Einen Text formatieren

Seite 121

Dies ist das Rezept, das Savvas an Frank gemailt hat. Damit es ansprechender aussieht, kann man das Rezept umgestalten. Das nennt man *formatieren.*

Feta Fournou (überbackener Schafskäse, für 4 Personen)
Zutaten:
400 g Schafskäse, 6 EL Olivenöl, 2 reife Tomaten, 2 kleine Zwiebeln, eine Prise Salz und Pfeffer, 1 TL scharfes Paprikapulver, 1 TL getrockneter Oregano
Heize den Backofen auf 225° C vor.
Halbiere den kalt abgespülten Käse quer und schneide ihn längs mit einem Messer in große, knapp 1 cm dicke Scheiben.
Nimm anschließend 4 Stücke Alufolie (30 x 30 cm) und bestreiche sie auf der glänzenden Seite mit etwas Öl. Lege die Fetastreifen darauf.
Jetzt nimm die Tomaten, wasche sie und schneide sie in dünne Scheiben. Achte darauf, dass du die grünen Stiele abschneidest. Schäle anschließend die Zwiebeln und schneide sie in hauchdünne Scheiben.
Dann verteile die Tomaten- und Zwiebelscheiben auf dem Käse.
Zum Würzen salzt du alles leicht und pfefferst es. Bestreue das Ganze außerdem mit Paprikapulver und Oregano. Träufele das übrige Öl darüber. Bevor du den Käse in den Backofen legst, verschließt du die Alufolie.
Lass den Käse 10–15 Minuten im Ofen backen.
Zum Schluss hole das Blech aus dem Ofen und serviere den überbackenen Schafskäse. Guten Appetit!

1 Gib den Text in den Computer ein. Speichere ihn unter einem passenden Dateinamen ab, z. B. „Rezept zu *Feta Fournou*“.

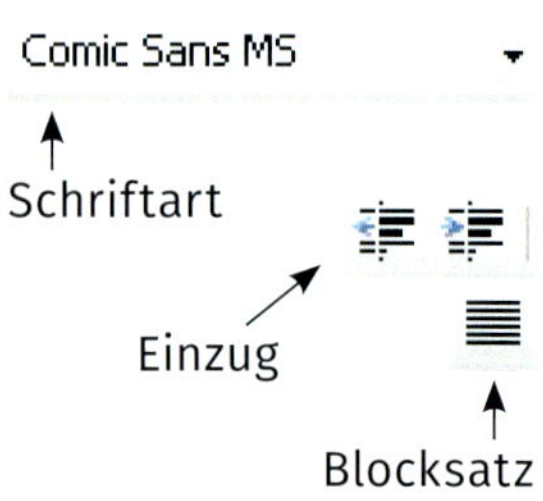

2 Gestalte den Text nach den folgenden Vorgaben. Lies dazu den **LERNBOX**.
a) Markiere den gesamten Text. Benutze als Schriftart *Comic Sans MS* und die *Schriftgröße 12* für den Text.
b) Markiere nun die Überschrift. Ändere die *Schriftgröße* auf *16* und *fett.*
c) Setze die Zutaten für das Rezept untereinander. Vergrößere den *Einzug.*
d) Richte den Rezepttext im *Blocksatz* aus.

3 **a)** Probiere andere Möglichkeiten der Formatierung mit deinem Rezept aus.
b) Vergleicht eure Ergebnisse. Welches Layout gefällt euch am besten?

LERNBOX

So markierst du einen Text bzw. Textstellen:
1. Gehe mit dem **Mauszeiger** vor oder hinter die **Textstelle**, die du markieren möchtest.
2. **Klicke** die linke Maustaste und halte sie gedrückt. **Ziehe** dann **die Maus** über die Textstelle. Die markierte Textstelle ist jetzt farbig unterlegt.
3. Den **ganzen Text** kannst du markieren, indem du die **Tasten Strg und A** gleichzeitig drückst. Dabei ist es nicht wichtig, wo sich der Cursor befindet.

Eine E-Mail mit Anhang verschicken

1 Das Rezept ist jetzt fertig gestaltet. Frank schickt es an Savvas zurück. Erkläre mit eigenen Worten, wie Frank vorgehen muss. Lies dazu die **LERNBOX**.

2 Jetzt könnt ihr ein eigenes Klassenrezeptbuch erstellen:
a) Schreibe eines deiner Lieblingsrezepte auf.
b) Bearbeite es so, wie du es auf Seite 284 gelernt hast.
c) Suche dir einen Partner, an den du dein formatiertes Rezept schickst.
Du bekommst dann dessen Rezept gemailt.
d) Lies das Rezept. Wenn du Verbesserungsvorschläge machen willst, schreibe eine E-Mail an deinen Partner.

LERNBOX

So verschickst du eine E-Mail mit Anhang:

- Klicke das Symbol „*Neue E-Mail-Nachricht*" an.
- Gib die **E-Mail-Adresse** des Empfängers in die Zeile „*An ...*" ein.

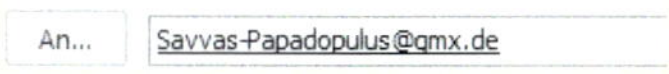

- Achte dabei auf die korrekte Schreibweise. Wenn du die gleiche E-Mail an eine **zweite Person** verschicken möchtest, trage deren Adresse in die Zeile „*Cc ...*" ein.

- Schreibe in die **Betreffzeile**, worum es in deiner E-Mail geht.

- **Verfasse** deine E-Mail.
- Füge deinen **Dateianhang** ein:
  - Gehe mit dem Mauszeiger in der Menüleiste auf „*Einfügen*" → „Datei anfügen".

  - Suche in deinen Ordnern nach deiner Datei. Wenn du die Datei gefunden hast, klickst du sie an, sodass ihr Name im Feld „*Dateiname*" erscheint. Gehe dann auf „*Einfügen*".

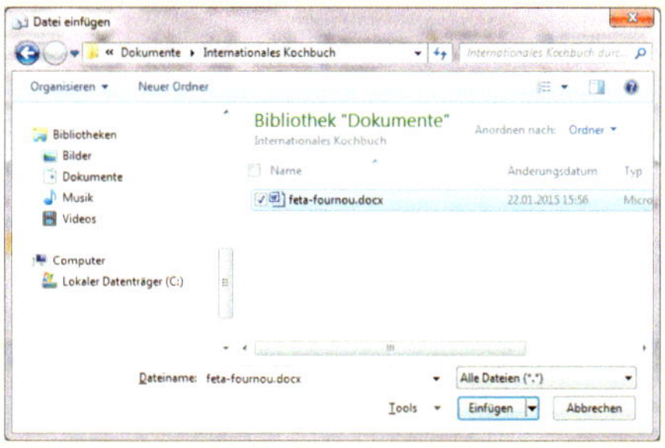

  - Genauso verfährst du, wenn du ein Bild als Anhang verschickst.
  - Gehe jetzt mit dem Mauszeiger auf das Symbol „*Senden*" und klicke es an. Deine E-Mail wird jetzt mit Anhang verschickt.

Methoden und Arbeitstechniken

Lesemethode für Sachtexte

Folie

1 **a)** Diese Lesemethode hilft dir, in einem Text wichtige Informationen zu erkennen und sie herauszuschreiben. Bearbeite den Text auf Seite 287 nach den folgenden Schritten. In den ersten Absätzen findest du schon Beispiele für Markierungen und Randbemerkungen.
b) Übertrage den Notizzettel unten in dein Heft und vervollständige ihn.

Vor dem Lesen

1. Schritt: sich orientieren
- „Überfliege" den Text. Lies die Überschrift, die Zwischenüberschriften, die Einleitung (fett gedruckt) und schau dir die Bilder an: Worum geht es?
- Stelle W-Fragen an den Text *(Was …? Wer …? Warum …? Wo …? Wann …? Wie …?)* und schreibe sie auf: Was sind Schweinswale?

Während des Lesens

2. Schritt: unbekannte Begriffe klären
- Lies den Text „mit dem Stift". Markiere beim ersten gründlichen Lesen mit einer Wellenlinie Begriffe und Ausdrücke, die du nicht kennst.
- Erschließe ihre Bedeutung aus dem Sinnzusammenhang oder durch Nachschlagen im Wörterbuch und schreibe sie an den Rand.

3. Schritt: Schlüsselstellen markieren
- Achte beim zweiten Lesen auf Antworten zu deinen Fragen oder auf andere interessante Angaben. Markiere diese Schlüsselstellen.

Nach dem Lesen

4. Schritt: Wichtiges herausschreiben
- Schreibe auf einen Notizzettel zu jedem Sinnabschnitt eine Überschrift (kurzer Satz oder Stichwort). Ein Sinnabschnitt enthält Informationen, die inhaltlich eng zusammengehören, und kann im Text einen oder mehrere Absätze umfassen.
- Schreibe unter jede Überschrift wichtige Informationen (Schlüsselstellen) in Stichworten heraus.

1. Sinnabschnitt: Entstehung des Namens
   - nicht ganz geklärt:
     a) Organe haben Ähnlichkeit mit denen eines Schweins
     b) wurde von Menschen wie ein normales Schwein gegessen

☆ **2** Du kannst zu den einzelnen Schritten einen Lesefächer anlegen, indem du sie auf Papierstreifen überträgst und sie in der Reihenfolge der Schritte übereinander legst.

Das Leben der Schweinswale

Schweinswale sind die häufigsten Wale in der Nord- und Ostsee und gehören zu der Gruppe der Zahnwale. Wie dieser Wal zu seinem Namen kam, ist nicht ganz geklärt. Vermutlich war es der griechische Gelehrte Aristoteles, der bei einer Untersuchung eines toten Schweinswals die Ähnlichkeit mit den Organen eines Schweines feststellte und darauf diesen Wal als „Meeresschwein" bezeichnete. Seinen Namen könnte er auch erhalten haben, weil er früher von den Menschen wie die Landschweine gegessen wurde.

Entstehung des Namens

kluger Mann (Lehrer)

Mit einer Körperlänge von maximal 1,85 Meter ist der Schweinswal die kleinste Art der Zahnwale. Sein Körpergewicht beträgt zwischen 50 und 90 Kilogramm. Die weiblichen Schweinswale sind größer und schwerer als die männlichen. Der Körper ist kräftig mit einer flachen und dreieckigen Rückenfinne. Der Rücken ist schwarz, der Bauch ist weiß. Bei jungen Tieren sind auch Teile der Bauchseite schwarz. Die Rückenflosse, die Brustflossen und die Schwanzflosse sind ebenfalls schwarz gefärbt. Die Schwanzflosse wird auch „Fluke" genannt und steht waagerecht ab.

Die Schweinswale ernähren sich fast ausschließlich von Fischen, Schnecken, Krebstieren und Tintenfischen und jagen Tag und Nacht. Sie suchen ihre Nahrung am Meeresgrund, wo sie mit ihrer Schnauze und ihren Flossen den Boden aufwühlen. Pro Tag frisst ein ausgewachsenes Tier ca. 4,5 Kilogramm Fisch.

Diese kleinen Wale leben als Einzelgänger, in Kleingruppen von zwei bis fünf Tieren und in größeren Gruppen mit bis zu fünfzehn Walen, die „Schulen" genannt werden. Zur Paarungszeit und zur Nahrungssuche treffen sich gelegentlich mehrere Schulen, sodass dann über hundert Tiere zusammenkommen können. Schweinswale können 22 km/h schnell schwimmen und springen nur selten aus dem Wasser. Sie können etwa 90 Meter tief tauchen und bis zu sechs Minuten unter Wasser bleiben. Danach müssen sie wieder auftauchen, um Luft zu holen.

Jährlich verheddern sich Tausende Wale in Fischernetzen, aus denen sie sich nicht befreien können, und ertrinken qualvoll, weil sie unter Wasser keine Luft mehr bekommen. Eine weitere Bedrohung der Schweinswale liegt in der Umweltverschmutzung der Meere. Auch der Lärm von Motorbooten und Jet-Skis bedeutet Stress für die Wale, denn sie nehmen Geräusche unter Wasser viel intensiver wahr. Daher werden sie durch den Lärm aus den küstennahen Gewässern vertrieben, in denen sie früher Jahr für Jahr ihre Jungen geboren und aufgezogen haben. So ist es nicht verwunderlich, dass der Bestand dieser Walart immer weiter abnimmt.

Lesemethode für erzählende Texte

Folie

1 **a)** Diese Lesemethode hilft dir, einen erzählenden Text leichter zu verstehen und wichtige Inhalte herauszuschreiben. Bearbeite den Text auf Seite 289 nach den folgenden Schritten. In den ersten Absätzen findest du schon Beispiele für Markierungen und Randbemerkungen.
b) Übertrage den Notizzettel von Seite 289 in dein Heft und vervollständige ihn.

Vor dem Lesen

1. Schritt: sich orientieren
- „Überfliege" den Text: Lies die Überschrift des Textes und die Anfänge der einzelnen Abschnitte. Vermute, worum es in der Erzählung geht.
- Gibt es zu dem Text ein Bild? Wenn ja, was ist darauf zu sehen?

Während des Lesens

2. Schritt: unbekannte Begriffe klären
- Überprüfe, ob deine Vermutungen stimmen: Lies nun den Text „mit dem Stift"! Markiere beim ersten gründlichen Lesen mit einer Wellenlinie Begriffe und Ausdrücke, die du nicht kennst.
- Erschließe ihre Bedeutung aus dem Sinnzusammenhang oder durch Nachschlagen im Wörterbuch und schreibe sie an den Rand.

3. Schritt: Schlüsselstellen markieren
- Markiere beim zweiten gründlichen Lesen Schlüsselstellen. Dies sind Stellen, die Antworten auf folgende Fragen geben:
  - Welche Personen handeln?
  - Wo und wann spielt die Erzählung?
  - Worum geht es?
  - Was findest du außerdem wichtig?
- Halte am Rand weitere Beobachtungen fest:
  - Wie wirkt der Text (*lustig, ernst, spannend*)?
  - Wer erzählt in der Geschichte (Ich-Erzähler, Er- / Sie-Erzähler)?

Nach dem Lesen

4. Schritt: Wichtiges herausschreiben
- Bilde Sinnabschnitte. Das sind Absätze, die inhaltlich eng zusammengehören. Ein neuer Sinnabschnitt beginnt, wenn zum Beispiel eine neue Person auftritt oder ein wichtiges Ereignis geschieht.
- Formuliere zu jedem Sinnabschnitt eine Überschrift (ein Stichwort oder einen kurzen Satz) und halte sie auf einem Notizzettel fest.
- Schreibe unter jede Überschrift wichtige Angaben (Schlüsselstellen) in Stichworten heraus.

☆ **2** Du kannst zu den einzelnen Schritten einen Lesefächer anlegen, indem du sie auf Papierstreifen überträgst und sie in der Reihenfolge der Schritte übereinander legst.

Die Mücke

Theodor Etzel

Eine kleine Mücke flog auf einen ruhig äsenden Hirsch zu, als dieser plötzlich erschreckt den Kopf hob und in hastiger Flucht davoneilte. „Wie er sich vor mir fürchtet!“, rief die Mücke triumphierend und summte ihm nach, so schnell sie konnte. „Seht doch, wie der große Hirsch vor mir flieht!“ Und so eifrig gab sie sich der Verfolgung hin, dass sie nicht bemerkte, wie hinter ihr ein Löwe auf der Fährte des flüchtenden Tieres daherjagte. Durch Feld und Wald ging die wilde Jagd, bis der Hirsch im dornigen Dickicht wund zusammenbrach. Jubelnd ließ sich die Mücke auf der Stirn des stöhnenden Tieres nieder.

Da sprang auch der Löwe herbei und warf sich auf den erjagten Hirsch. „Diese Beute hast du mir zu danken!“, rief ihm die Mücke stolz entgegen. Der Löwe würdigte sie keines Blickes.

„Die Großen kennen keinen Dank!“, sagte gekränkt das kleine Insekt und nahm sich fest vor, nie mehr einem Löwen ein Wildbret zu erjagen.

Titel:
Autor:
Textsorte:
1. Mücke fliegt auf Hirsch zu, Hirsch erschreckt sich und …

TIPPBOX

Zu 1 a): Diese Worterklärungen helfen dir, die Fabel zu verstehen:
- äsen: fressen, grasen
- triumphieren: sich freuen, sich über einen Sieg freuen
- die Fährte: die Spur
- das Dickicht: die Büsche, die Hecke
- wund: verwundet
- jemanden keines Blickes würdigen: jemanden nicht beachten
- das Wildbret: die Beute, das Futter

Lesemethode für Gedichte

Folie

1 **a)** Diese Lesemethode hilft dir, den Inhalt und die Aussage von Gedichten leichter zu verstehen und wichtige Beobachtungen herauszuschreiben. Bearbeite das Gedicht auf Seite 291 nach den folgenden Schritten. Am Gedichtanfang findest du schon Beispiele für Markierungen und Randbemerkungen.
b) Übertrage den Notizzettel von Seite 291 in dein Heft und vervollständige ihn.

Vor dem Lesen

1. Schritt: sich orientieren
- „Überfliege" das Gedicht: Lies die Überschrift und die Anfänge der Strophen. Vermute, worum es in dem Gedicht geht.
- Gibt es zu dem Gedicht ein Bild? Wenn ja, was ist darauf zu sehen?

Während des Lesens

2. Schritt: unbekannte Begriffe klären
- Überprüfe, ob deine Vermutungen stimmen: Lies nun das Gedicht „mit dem Stift"! Markiere beim ersten gründlichen Lesen mit einer Wellenlinie Begriffe und Ausdrücke, die du nicht kennst.
- Erschließe ihre Bedeutung aus dem Sinnzusammenhang oder durch Nachschlagen im Wörterbuch und schreibe sie an den Rand.

3. Schritt: Schlüsselstellen markieren
- Markiere Schlüsselstellen. Dies sind Stellen, die Antworten auf folgende Fragen geben:
  - Was wird dargestellt *(Gefühle, Erlebnisse ...)*?
  - Gibt es handelnde Personen?
  - Was findest du außerdem wichtig?
- Halte am Rand weitere Beobachtungen fest:
  - In wie viele Strophen und Verse ist das Gedicht eingeteilt?
  - Kannst du ein Reimschema erkennen? Markiere die Reimwörter.
  - Welche sprachlichen Bilder *(Personifikationen, Vergleiche, Metaphern)* kannst du entdecken?
- Mache dir auch Notizen zur Wirkung des Gedichts:
  - Wie wirkt das Gedicht auf dich *(lustig, ernst, traurig)*?
  - In welcher Verbindung stehen Überschrift und Text?

Nach dem Lesen

4. Schritt: Wichtiges herausschreiben
- Formuliere zu jeder Strophe eine Überschrift und halte sie auf einem Notizzettel fest.
- Schreibe unter jede Überschrift wichtige Angaben (Schlüsselstellen) in Stichworten heraus.
- Notiere auch deine Beobachtungen zum Aufbau, zur Form, zur Sprache und zur Wirkung.

☆ **2** Du kannst zu den einzelnen Schritten einen Lesefächer anlegen, indem du sie auf Papierstreifen überträgst und sie in der Reihenfolge der Schritte übereinander legst.

Überlistet

Heinz Erhardt

Wenn Blätter von den Bäumen stürzen, a
die Tage täglich sich verkürzen, a
wenn Amsel, Drossel, Fink und Meisen b
die Koffer packen und verreisen, b
wenn all die Maden, Motten, Mücken,
die wir versäumten zu zerdrücken,
von selber sterben – so glaubt mir:
es steht der Winter vor der Tür!

Ich lass ihn stehn!
Ich spiel ihm einen Possen!
Ich hab die Tür verriegelt
und gut abgeschlossen!
Er kann nicht rein!
Ich hab ihn angeschmiert!
Nun steht der Winter vor der Tür –
und friert!

Paarreim

Vögel ziehen in den Süden, weil es kälter wird.

Person = Ich-Perspektive
Personifikation = es ist Winter geworden

derber lustiger Streich

Titel: Überlistet   Autor: Heinz Erhardt

1. Strophe: Der Übergang von Herbst zu Winter wird beschrieben.

2. Strophe: …
Stimmung im Gedicht: lustiges Gedicht, denn die Person im Gedicht überlistet den kalten Winter …
Personen im Gedicht: …
Form: 2 Strophen …
Sprache: Metapher (V. 4): „Koffer packen und verreisen“ = die Vögel fliegen in den Süden …
Wirkung: …

Lesen mit dem Partner

Der Ritter von Wolf

Lokale Volkssage

Vor vielen Jahren stand in Wulfen an der Stelle, die auch heute noch „Burgwiese“ genannt wird, eine Burg. Diese gehörte dem Ritter von Wolf, der im ganzen Umland gefürchtet war. Er war ein harter, wilder und stolzer Mann.

Bei einer sommerlichen Hetzjagd stürzte das Pferd seines einzigen Sohnes, und dieser brach sich den Hals. Somit hatte der Ritter von Wolf seinen einzigen Erben verloren, was ihn verbitterte. Auch seine Gemahlin folgte seinem Sohne bald – wie es heißt, aus Trauer – in den Tod. Hass und Wut ließ der Ritter an den Bauern aus. Seine Tochter wandte sich vom Vater ab. Sie wurde Nonne, um im Kloster für die Sünden des Vaters zu beten. Da wurden die Grausamkeiten des Ritters noch schlimmer.

Eines Tages verdunkelte sich der Himmel, als ein schweres Gewitter heranzog. Die Bauern flüchteten in ihre Hütten und flehten Gott an, sie zu schonen. Der Ritter von Wolf aber stand auf den Zinnen seiner Burg und sah voller Hohn und Spott in das Unwetter. Lachend sah er zum Himmel, wo sich die schwarzen Wolken wie Berge türmten. Er hob seine tiefe Stimme und schrie den Naturgewalten entgegen: *„Du stolzer Herrgott, mögen deine Blitze noch so feurig zucken und deine Donner noch so laut grollen, ich fürchte Dich nicht! Du hast mir meinen einzigen Sohn genommen, deswegen verfluche ich dich!“*

Da ertönte ein betäubender Donnerschlag, als werde die Erde mit unendlicher Macht aus ihren Angeln gerissen, ein Stürzen, Krachen und Schreien, und, von Blitzen umgeben, versank die Burg in die Tiefe. Noch einmal heulte der Sturm mit aller Macht auf, dann war alles totenstill.

Jahrhunderte gingen ins Land. Von der starken Festung ist nichts mehr zu sehen. Nach Jahren, als man an der Stelle nachgrub, fand man einige Überreste von alten, mächtigen Grundmauern und ein halbverbranntes Bildnis. Es zeigte einen Wolfskopf mit weit aufgerissenem Maul und blutroter Zunge – es war das Wappen des Ritters von Wolf.

1 Erarbeitet euch zu zweit den Inhalt dieser Sage. Geht dabei so vor, wie es in der **LERNBOX** beschrieben wird.

! LERNBOX

So liest du mit einem Partner:

1. Lest **beide** den ersten Abschnitt des Textes still.
2. Der **Jüngere (A)** von euch liest den Abschnitt noch einmal laut vor.
3. **Schüler A stellt** nun **Fragen** an den Abschnitt: *Wo stand die Burg des Ritters?*
   Schüler B beantwortet sie: *Die Burg stand in Wulfen.*
   Habt ihr den **Inhalt** und alle **Begriffe** verstanden?
4. Notiert auf einem Blatt die Begriffe, die ihr nicht klären könnt.
5. **Tauscht** die **Rollen** nach jedem Textabschnitt: Schüler B stellt nun Fragen, A antwortet.
6. Schlagt die notierten Begriffe zum Schluss nach.

Placemat – gemeinsam Ergebnisse sammeln

Die Placemat-Methode eignet sich gut, um gemeinsam Ergebnisse zu sammeln. Ihr könnt zum Beispiel mit dieser Methode das Gedicht „Ein Tag erwacht“ auf der Seite 98 erschließen.

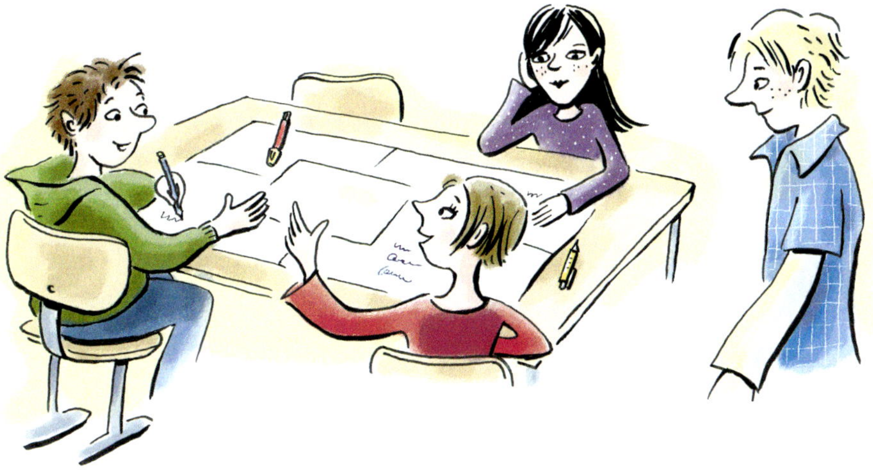

1 **a)** Lies die folgenden Schritte 1–3 nacheinander durch.
b) Tausche dich mit deinem Nachbarn über den Ablauf der Placemat-Methode aus: Mit wie vielen Personen arbeitet ihr zusammen? Wie viele Felder gibt es auf dem Placemat? Wo notiert jeder seine Stichpunkte? Was notiert ihr in der Mitte?

1. Schritt: Denken (Einzelarbeit)
- Setzt euch in Vierergruppen zusammen. Jede Gruppe erschließt den Inhalt einer Strophe (Gruppe 1 = Strophe 1 / Gruppe 2 = Strophe 2 / Gruppe 3 = ...).
- Teilt den Bogen mit einem Stift in Felder ein, so wie auf der Abbildung oben.
- Schreibt in Einzelarbeit in eurem Feld den Inhalt eurer Strophe stichwortartig auf.

2. Schritt: Austauschen (Gruppenarbeit)
- Lest euch gegenseitig innerhalb eurer Gruppe nacheinander eure Stichpunkte vor.
- Einigt euch auf die Formulierungen, die ihr am gelungensten findet, und schreibt sie gut lesbar in das leere Feld in der Mitte des Placemats.
- Falls eine weitere Gruppe die gleiche Strophe bearbeitet hat, vergleicht eure Ergebnisse mit dieser Gruppe.
- Schneidet die Mitte des Placemats aus.

3. Schritt: Vorstellen
- Ein Gruppenmitglied heftet die Mitte eures Placemats an die Tafel und stellt den Inhalt eurer Strophe vor.
- Die anderen Gruppen gehen anschließend genauso vor.

2 Wählt euch ein weiteres Gedicht aus dem Kapitel „Zeit für Gedichte“ (Seite 94–113) aus und erschließt den Inhalt mit der Placemat-Methode. ☆

3 Ihr könnt die Placemat-Methode auch zum Argumentieren einsetzen. Sammelt dazu Argumente oder mögliche Einwände mit der Placemat-Methode. ☆

Partnerpuzzle – arbeitsteilig arbeiten

Mithilfe eines Partnerpuzzles könnt ihr arbeitsteilig arbeiten und euch gegenseitig eure Ergebnisse vorstellen.

A Sehenswertes in Cuxhaven

Die „Alte Liebe“ gehört zu den beliebtesten Sehenswürdigkeiten in Cuxhaven. Ursprünglich im 18. Jahrhundert als Wellenbrecher und Schiffsanleger gebaut, dient das zweistöckige Bauwerk aus Holz heute hauptsächlich als Aussichtsplattform. Auch Schiffe legen hier noch regelmäßig ab – zum Beispiel zu den Inseln Neuwerk und Helgoland. Auch wer eine Fahrt zu den Seehundbänken in der Nordsee machen möchte, wird sich an der „Alten Liebe“ wiederfinden.

Über die Herkunft des romantischen Namens gibt es mehrere Geschichten. So soll einer Geschichte zufolge hier in früheren Zeiten das Segelschiff „Olivia“ als Anlegestelle gedient haben, dessen Name sich wie das Plattdeutsche „Oliv“ – „Alte Liebe“ – anhörte.

B Die Insel Neuwerk

Nur 13 Kilometer nordwestlich von Cuxhaven befindet sich die Insel Neuwerk. Bei Niedrigwasser ist Neuwerk von den Cuxhavener Stadtteilen Duhnen und Sahlenburg zu Fuß zu erreichen. Für Wattwanderungen zur Insel Neuwerk wurde ein Weg mit so genannten Pricken, Stangen mit oben angebrachten Zweigen, gekennzeichnet. Die Wanderung dauert etwa 2,5 Stunden und ist ein Erlebnis für die ganze Familie. Bei Hochwasser wird Neuwerk im Sommer täglich mit Schiffen angefahren.

Neuwerk gehört bereits seit dem 14. Jahrhundert zu Hamburg. Bereits damals wurde hier ein Leuchtturm zur Verteidigung gegen Seeräuber sowie als Seezeichen errichtet. Seit 1924 steht er unter Denkmalschutz und ist als ältester Leuchtturm Deutschlands eine ganz besondere Sehenswürdigkeit.

1 Fraukes Familie möchte von Cuxhaven aus nach Neuwerk wandern. Zuvor informiert sie sich über Sehenswertes in den beiden Orten. Erarbeitet euch mit dem Partnerpuzzle den Inhalt der beiden Texte: Welche Sehenswürdigkeiten werden beschrieben? Was erfahrt ihr über sie?

A (Schüler 1)
A (Schüler 2)
B (Schüler 3)
B (Schüler 4)

1. Schritt:
- Arbeitet zu viert. Entscheidet, wer von euch Text A und wer von euch Text B vorstellen möchte (2 Schüler bearbeiten Text A, zwei Schüler Text B).
- Beantwortet die Fragen zu dem Text in **Einzelarbeit**. Legt euch dazu ein Blatt mit zwei Spalten an und tragt eure Ergebnisse stichwortartig in die passende Spalte ein (Spalte 1: Text A / Spalte 2: Text B).

A ←→ A
B ←→ B

2. Schritt:
- Vergleicht eure Ergebnisse mit dem Schüler, der den gleichen Text erarbeitet hat.

A A
↑ ↑
↓ ↓
B B

3. Schritt:
- Bildet neue Paare. Schüler 1 arbeitet mit Schüler 3, Schüler 2 mit Schüler 4.
- Stellt euch nun gegenseitig den Inhalt des Textes vor, den ihr bearbeitet habt. Ergänzt die Informationen, die ihr von eurem Partner erhaltet, in der freien Spalte eures Blattes.

Arbeitsergebnisse anschaulich vortragen

Sich für ein Thema entscheiden

Wenn du dich für ein Thema besonders interessierst, kannst du dich darüber informieren und dein Wissen als Experte an deine Mitschüler weitergeben.

Meerfragen – mehr Wissen
Gibt es auch vor Sylt Monsterkrabben?
Gibt es wirklich Meerjungfrauen?
Unter der Adresse *www.muez.de* findest du Antworten auf diese und viele andere Fragen.

Gibt es Wale vor Sylt?
Ja, in dem Seegebiet westlich von Sylt leben Schweinswale. Informationen findest du unter *www.schutzstation-wattenmeer.de* und unter *www.bund.net/mv/schweinswale.*

Hallig Hooge grüßt den Rest der Welt!
Wenn du wissen willst, wie es in der Schule einer Hallig zugeht, dann informiere dich unter *www.halligschule-hooge.de.* Du erfährst auch, wie die Halligen entstanden sind, was *Japsand* und *Ditten* sind und vieles mehr.

1 Im Kapitel „Mehr als Sand und Meer" (Seite 154–173) werden viele interessante Themen angesprochen. Weitere Angebote findest du oben.
a) Lies die Kurztexte. Notiere zu jedem Text, um welches Thema es darin geht.
b) Welches Thema interessiert dich besonders? Wähle ein Thema aus, über das du dich und andere genauer informieren möchtest.

2 Formuliere Fragen zu deinem Thema. Lies dazu die **LERNBOX**.
- Wie groß sind Schweinswale?
- Woher haben sie ihren Namen?
- ...

Seite 287

LERNBOX

So entscheidest du dich für ein Thema:
1. Überlege zuerst:
   - Welches Thema interessiert dich besonders?
   - Worüber möchtest du gerne mehr wissen?
2. Stelle zu deinem Thema **W-Fragen** *(Was ...? Wer ...? Woher ...? Wohin ...? Wie ...? Wann ...? Wie viele ...? Warum ...? Wo ...?).*

TIPPBOX

Zu 1 a):
Wähle aus folgenden Themen die passenden aus:
die Insel Sylt – Rund ums Meer – In der Halligschule – Schweinswale – Das Wattenmeer – Die Nordsee – Hallig Hooge

Heuler im Wattenmeer – einen Vortrag planen

Am Beispiel des Themas „Heuler im Wattenmeer“ erfährst du, wie du Arbeitsergebnisse sammeln und vortragen kannst.

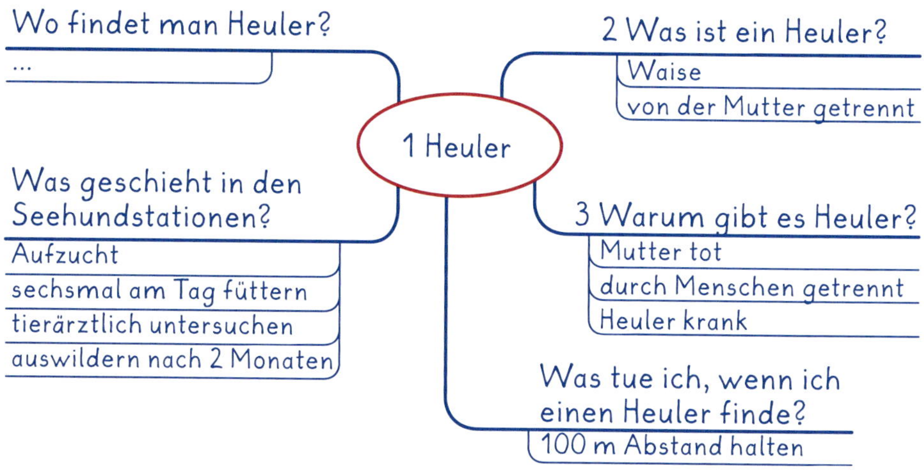

Seite 162–163

1 Im Kapitel „Mehr als Sand und Meer“ findest du Informationen über Heuler.
a) Lies den Text und die Piktogramme noch einmal.
b) Die Mindmap oben enthält schon einige Informationen aus den Materialien. Kennzeichne die Fragen, die an die Materialien gestellt wurden, rot.
c) Ergänze die Mindmap mit weiteren Informationen aus den Materialien.

2 Wenn du deine Arbeitsergebnisse anderen vortragen möchtest, musst du deinen Vortrag vorher planen. Lies dazu die **LERNBOX**.
a) Lege die Reihenfolge fest, in der du die Informationen nennst. Nummeriere dazu die Informationen in der Mindmap.
b) Lege für jeden Punkt deiner Gliederung eine Karteikarte an. Notiere dir darauf Stichworte oder kurze Sätze.

1 Mein Thema:
Heuler im Wattenmeer

2 Was ist ein Heuler?
– Waise
– ...

3 Warum gibt es Heuler?
– Mutter tot
– ...

LERNBOX

So planst du einen Vortrag:

1. **Suche** zu deinem Thema **passende Informationen**. Du findest Bücher in der Bücherei oder recherchiere im Internet.
2. **Sammle** die Informationen, die du in den Texten findest, zum Beispiel in einer **Mindmap**.
3. **Gliedere** deinen Vortrag. Lege dazu die **Reihenfolge** fest, in der du die Informationen nennen möchtest, und lege dir **Karteikarten** an:
   - Nenne zuerst das Thema deines Vortrages.
   - Nenne dann nacheinander die Informationen, die du gesammelt hast.
4. Unterstütze deinen Vortrag durch **anschauliches Material** (Fotos, Gegenstände ...).

Medien in einen Vortrag einbeziehen

Besonders anschaulich wird dein Vortrag, wenn du ihn durch Medien unterstützt.

Thema: „Heuler im Wattenmeer“

1. Was ist ein Heuler?
2. Warum gibt es Heuler?
3. Wo findet man Heuler?
4. Was tue ich, wenn ich einen Heuler finde?
5. Was geschieht in den Seehundstationen?

1 Oben siehst du eine Folie für einen Overheadprojektor oder ein Whiteboard.
a) Was erkennt ihr auf der Folie?
b) Sprecht über den Einsatz dieser Folie:
Für wen ist sie hilfreich? Warum wird sie eingesetzt?

2 Auch Fotos oder Bilder können einen Vortrag anschaulich unterstützen.
a) Betrachte die Fotos: Zu welchen Fragen auf der Folie passen sie?
Ordne die Fotos den passenden Fragen zu.
b) Suche selbst für dieses Thema passende Bilder in Zeitschriften oder Zeitungen.
c) Überlege, an welcher Stelle des Vortrags du die Bilder einsetzen würdest.
Lies dazu die **LERNBOX** und mache dir Hinweise auf deinen Karteikarten.

3 Suche im Internet passende Fotos. Formuliere dazu geeignete Suchwörter. ☆

! LERNBOX

So kannst du Medien in einen Vortrag einbeziehen:

1. Dein Vortrag ist anschaulicher, wenn du ihn mit **Fotos, Bildern, Hör-** oder **Videoaufnahmen** unterstützt.
2. Suche zu deinem Thema **passendes Bildmaterial:**
   a) **OHP: Drucke** das Bild in der Größe von mindestens einer halben DIN-A-4-Seite **aus. Kopiere** das Bild auf eine **Folie.**
   b) **Whiteboard: Speichere** das Bild. **Füge** es in deine Präsentation **ein.**
3. Mache dir auf deinen Karteikarten **Notizen, wann** du die **Bilder** / Medien **einsetzen** willst.

1 Mein Thema:
Heuler im Wattenmeer → Bild 2

Einen Vortrag halten

Nun kannst du deinen Vortrag vor deinen Mitschülern halten und sie als Experte über deine Arbeitsergebnisse informieren.

1 Werte mit einem Partner die drei Fotos aus. Macht euch dazu Notizen.
a) Welche Situation erkennt ihr auf den Fotos?
b) Beschreibt, wie die Vortragenden jeweils vor der Klasse stehen.
Welche Unterschiede bei der Körperhaltung erkennt ihr?
c) Beschreibt, wie die Zuhörer sich während des Vortrags verhalten.
d) Wie sollten die Zuhörer sich verhalten, um den Vortragenden zu unterstützen?

2 **a)** Welchen Einstieg findet ihr besser / weniger gelungen? Begründet.

A *Hi, ich möchte euch heute etwas über Heuler erzählen …*
B *Wenn man das Wort „Heuler" hört, denkt man zunächst an weinende Kinder. Das ist aber nicht richtig. Denn Heuler sind junge Seehunde, die …*
C *Das Thema meines Vortrags heißt „Heuler im Wattenmeer". Die Gliederung seht ihr auf der Folie. Ich fange mit dem Punkt „Was ist ein „Heuler"? an.*
D *Los geht's! Ich verklickere euch jetzt mal, was ein Heuler ist …*

b) Notiert euch in Stichpunkten, was in einem guten Einstieg nicht fehlen sollte.

3 Halte nun einen Vortrag zu deinem Thema. Lies dazu die **LERNBOX**.

☆ **4** Du kannst am Schluss einen Fragebogen verteilen, mit dem deine Zuhörer testen können, ob sie alles verstanden haben.

! LERNBOX

So hältst du einen Vortrag:
1. Halte **Blickkontakt** zu deinen **Zuhörern**.
2. Schaue nur auf deine **Karteikarten**, wenn du nicht weiterweißt.
3. **Erkläre unbekannte Wörter.**
4. **Sprich laut** und **deutlich**, sodass alle dich gut verstehen.
5. Frage am Ende deine **Zuhörer**, ob sie **noch Fragen** haben.

Übersicht: Arbeitstechniken und Merkwissen (LERNBOXEN)

Sprache betrachten

Richtig schreiben

Basiswissen

Fettgedruckte Wörter findest du ebenfalls im Basiswissen.

Adjektiv (Eigenschaftswort) 44, 56, 211, 243, 244, 261

Wortart. Mit Adjektiven beschreibst du Lebewesen, Gegenstände, Gedanken oder Ereignisse. *Der Schnee war pulvrig. Wir hatten schreckliche Angst.* Viele Adjektive lassen sich steigern:
witzig – witziger – am witzigsten.
Positiv – Komparativ – Superlativ
Mit Adjektiven kannst du daher Personen und Gegenstände vergleichen:
Lena ist größer als Tim. Per ist so groß wie Jan.
Eine Reihe von Wörtern werden zu Adjektiven, wenn sie eine Adjektivendung erhalten:
-lich = freundlich; -isch = tierisch;
-ig = windig; -bar = wunderbar

Adverb 110, 221

Wortart. Mit Adverbien beschreibst du die genaueren Umstände eines Geschehens. Es gibt Adverbien der Zeit: *Wann? Seit wann? Wie lange? – dann, mittags, bald, immer, später ...*
des Ortes: *Wo? Woher? Wohin? – dort, draußen, links, heimwärts, nirgends ...*
der Art und Weise: *Wie? Auf welche Weise? – kaum, genauso, sogar ...*
des Grundes: *Warum? Wozu? – somit, deshalb ...*

Adverbiale Bestimmungen 236–237

Satzglied. Adverbiale Bestimmungen können aus mehreren Wörtern bestehen. Du verwendest sie, um genaue Angaben zu machen. Es gibt vier Arten von adverbialen Bestimmungen:
adverbiale Bestimmung
der Zeit: *Wann? Wie lange? Wie oft?*
Sie spielen heute Basketball.
des Ortes: *Wo? Woher? Wohin?*
Der Ball fliegt in den Korb.
der Art und Weise: *Wie? Auf welche Weise?*
Sie spielen mit großer Begeisterung.
des Grundes: *Warum? Wieso?*
Wegen des Regens hören sie auf.

Akkusativ 212–214

4. Fall (**Kasus**) des **Nomens**. Du kannst ihn mit den Fragen *Wen?* oder *Was?* ermitteln: *den Ball; an einen Mitspieler; an ihn.*

Akkusativobjekt (Ergänzung im 4. Fall) 234–235

Satzglied. Das Akkusativobjekt ermittelst du mit den Fragen *Wen?* oder *Was?*
Felix rempelt den gegnerischen Spieler an.
Wen rempelt Felix an?

Anführungszeichen 51, 70, 272

Durch Anführungszeichen kennzeichnest du die **wörtliche Rede** in einem Text. Sie werden am Anfang unten und am Ende oben gesetzt: *„Rette sich, wer kann!", ruft jemand.*

Anredepronomen 80, 214

Wortart. Anredepronomen können **Personalpronomen** oder **Possessivpronomen sein.** Wenn du in einem Brief jemanden mit *Sie* ansprichst, werden die entsprechenden Anredepronomen großgeschrieben: *Sie, Ihr, Ihnen, Ihre, Ihren, Ihrem.* Beispiel: *Leihen Sie mir Ihr Buch?*
Die Anredepronomen *du/Du, dein/Dein, euch/Euch* kannst du groß- oder kleinschreiben.

Argument, argumentieren 78–80, 83–88

Wenn du zu einem Thema **Stellung nimmst**, solltest du überzeugende Argumente finden. Mit Argumenten stützt du deine Meinung. Ein Argument besteht aus einem Aspekt, den du begründest und mit einem Beispiel veranschaulichst: *Ich möchte nach Boitzenburg fahren* (Meinung). *Dort können wir viel im Freien machen* (Aspekt), *weil das Kinderschloss mitten in der Natur liegt* (Begründung). *Wir könnten z. B. Kanu fahren* (Beispiel).

Artikel 211

Wortart. Der Artikel ist der Begleiter des **Nomens.** Du unterscheidest den bestimmten Artikel (*der, die, das*) und den unbestimmten Artikel (*ein, eine, ein*). Die Artikel geben das grammatische Geschlecht des Nomens an, also ob es **Maskulinum** (*der/ein Wald*), **Femininum** (*die/eine Katze*) oder **Neutrum** (*das/ein Haus*) ist. Der Artikel wird mit dem Nomen in den **Singular** (Einzahl) oder **Plural** (Mehrzahl) und in die einzelnen **Fälle** gesetzt.

Bericht, berichten 12–21

In einem Bericht schilderst du Tatsachen, Ereignisse, Vorgänge und deren Verlauf. Er ist ein sachlicher Text, mit dem du informieren willst. Dabei musst du die richtige zeitliche Abfolge einhalten. Die Zeitform ist die Vergangenheit (das **Präteritum**). In einem Bericht beantwortest du die wichtigsten W-Fragen (*Wer? Was? Wann? Wo?*). Manchmal sind aber auch die Ursachen (*Warum/Weshalb?*), die Folgen (*Welche Folgen?*) und der Ablauf (*Wie?*) des Geschehens wichtig. Die Darstellung des Berichts ist sachlich, daher vermeidest du **Spannungsmacher** und persönliche Meinungsäußerungen.

Beschreibung, beschreiben 25–30

Beim Beschreiben stellst du Personen, Gegenstände oder Vorgänge eindeutig und anschau lich dar, sodass man sich eine genaue Vorstellung davon machen kann. Wichtig ist eine sinnvolle Reihenfolge der Informationen. Formuliere sachlich, vermeide also persönliche Äußerungen. Verwende als Zeitform das **Präsens**.

Cluster (Ideensammlung) 115, 198, 240, 246

Ein Cluster hilft dir, Einfälle zu sammeln, z. B. für einen Aufsatz.

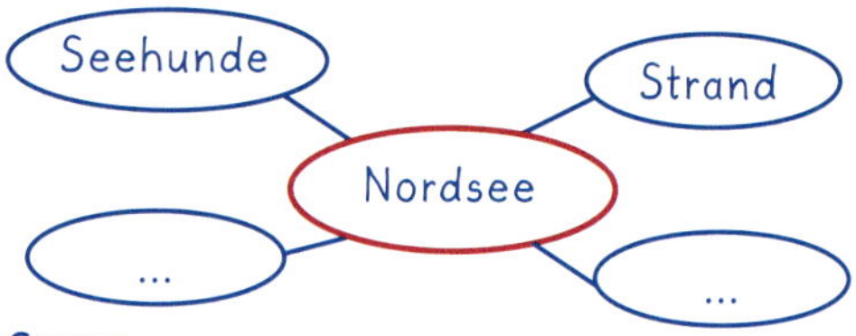

Cover 176

Als Cover bezeichnet man die Titelseite eines Buches. Darauf steht meist der Titel und der Autor oder die Autorin sowie der Name des Verlags, der das Buch vertreibt, z. B.: *Raquel J. Palacio (= Autorin), Wunder (= Titel), Hanser (= Verlag).*

Dativ 212–214

3. Fall (**Kasus**) des **Nomens.** Du ermittelst ihn mit der Frage *Wem?: dem Trainer; ihm; ihr.*

Dativobjekt (Ergänzung im 3. Fall) 234–235

Satzglied. Das Dativobjekt ermittelst du mit der Frage *Wem?: Der Basketball gehört Steffi. Wem gehört der Basketball?*

Dehnungs-h 258

Das Dehnungs-*h* hebt einen langen betonten **Vokal** besonders hervor. Es steht nur vor den **Konsonanten** *l, m, n, r: fehlen, nehmen, gähnen, fahren.*

Demonstrativpronomen (hinweisendes Fürwort) 215

Wortart. Mit Demonstrativpronomen kannst du auf etwas zurück- oder vorausweisen. Demonstrativpronomen sind *der, die, das / dieser, diese, dieses / jener, jene, jenes / solcher, solche, solches / derselbe, dieselbe, dasselbe.*

Dialog (Zwiegespräch, Unterredung) 202–203

Damit wird das abwechselnd in Rede und Gegenrede geführte Gespräch zwischen zwei oder mehr Personen (z. B. auf der Bühne) bezeichnet.

Diktat

Diktate sind eine gute Möglichkeit, die Rechtschreibung zu üben. Du kannst dazu aus verschiedenen Möglichkeiten auswählen: Eigendiktat, Klopfdiktat, Laufdiktat, Partnerdiktat.

Diphthong (Doppellaut, Zwielaut) 247

Diphthonge gehören zu den **Vokalen**: *Kaiser, Bauer, träumen, beißen, keuchen.*

Elfchen 95

Diese Gedichtform besteht aus elf Wörtern, die auf fünf Verse verteilt sind:

1. Vers – 1 Wort	*grün*
2. Vers – 2 Wörter	*der Wald*
3. Vers – 3 Wörter	*Ort der Ruhe*
4. Vers – 4 Wörter	*dort bin ich gerne*
5. Vers – 1 Wort	*romantisch*

Zwischen den Wörtern der Verse sollte ein inhaltlicher Zusammenhang bestehen, z. B.: Alle Wörter haben etwas mit dem Wald zu tun.

Ersatzprobe 50, 90, 239

Die Ersatzprobe wendest du bei der Überarbeitung eines Textes an. Du überprüfst damit, ob du ein Wort oder einen Ausdruck ersetzen willst. Außerdem kannst du überprüfen, ob du *dass* oder *das* schreiben musst.

Erweiterungsprobe 50, 239
Mit der Erweiterungsprobe überprüfst du, ob ein Text durch die Ergänzung von Wörtern (z. B. Adjektiven) verbessert werden kann.

Erzählform 62–68
Du kannst eine Geschichte aus der Sicht der Person schreiben, die erzählt, und verwendest dann die Ich-Form: *Als ich nach Hause kam, lief mir meine Mutter schon entgegen.*
In der Er-/Sie-Form erzählst du über jemanden: *Als Regina nach Hause kam, lief ihr ihre Mutter schon entgegen.*

Erzählung, erzählen 36–49, 62–68, 136–137
In einer Erzählung stellst du mündlich oder schriftlich den Verlauf von Geschehnissen dar, die tatsächlich passiert oder aber erdacht sind. Dabei kannst du dich an den W-Fragen orientieren: Wo ist das Ereignis passiert? Wann geschah es? Wer war beteiligt? Was ist passiert? Wie und warum kam es dazu? Beim Erzählen musst du die Einzelheiten in eine sinnvolle Reihenfolge bringen, die der Leser nachvollziehen kann. Die erzählte Handlung führst du spannend und abwechslungsreich über mehrere Schritte zum Höhepunkt. Dabei musst du Wichtiges von Unwichtigem trennen. Als Zeitform verwendest du die Vergangenheit: für das mündliche Erzählen meistens das **Perfekt**, für das schriftliche Erzählen das **Präteritum**.

Erzähltandem 37
Bei einem Erzähltandem erzählst du einem Partner mithilfe deiner Erzählkarte deine Geschichte. Dein Partner unterbricht dich nicht, sondern gibt dir, wenn du fertig bist, eine Rückmeldung:
- Er fragt nach, wenn etwas unklar war.
- Er sagt dir, ob du spannend erzählt hast.
- Er beurteilt deine Vortragsweise.

Anschließend wechselt ihr die Rollen.

Fabel, Fabelmerkmale 56–73
Eine Fabel ist eine kurze Erzählung, in der Tiere und Pflanzen wie Menschen denken, fühlen, reden und handeln können. Häufig stehen sich Tiere / Pflanzen mit gegensätzlichen Eigenschaften gegenüber (*klug – dumm*). Die Fabel zeigt am Beispiel der Tiere, wie sich Menschen oft verhalten. Viele Fabeln haben am Schluss eine Lehre (*Was du nicht willst, das man dir tu', das füg' auch keinem andern zu.*).

Femininum (weiblich) 211, 213
Grammatisches Geschlecht des **Nomens**: *die Maus, eine Rakete, die Angst.*

Futur (Zukunft) 110, 217
Zeitform des Verbs. Das Futur benutzt du, wenn du eindeutig ausdrücken willst, dass etwas in der Zukunft geschieht. Das Futur I bildest du mit dem Hilfsverb *werden* und dem **Infinitiv** eines Verbs: *Wir werden gewinnen.*

Gedichte 94–109, 112, 204–205, 290–291
Ein Gedicht ist ein oft kurzer Text, in dem der Dichter seine Gefühle, seine Stimmungen, aber auch seine Erlebnisse und Gedanken in einer besonderen Sprache und Form ausdrückt. Merkmale eines Gedichts können **Vers, Reim, Strophe** und **sprachliche Mittel** wie Personifikationen, Vergleiche und Metaphern sein.
Zu besonderen Gedichtformen zählen Laut- und Bildgedichte, **Elfchen** und **Haikus**.

Genitiv 212, 214
2. Fall (**Kasus**) des **Nomens**. Du ermittelst ihn mit der Frage Wessen?: *des Spiels, des Korbs.*

Genitivobjekt (Ergänzung im 2. Fall) 234–235
Satzglied. Das Genitivobjekt ermittelst du mit der Frage *Wessen?*: *Sie rühmt sich ihres Sieges. Wessen rühmt sie sich?*

Geschlossene Silbe 247
Das Wort *tan-zen* besteht aus zwei **Silben**, wobei die erste betonte Silbe mit einem **Konsonanten** endet. Die Silbe wird durch den Konsonanten geschlossen und der **Vokal** *a* daher kurz gesprochen.

Gestik (Körperhaltung) 204–209

Grafik (Bild, Schaubild, Illustration)
Bei der Gestaltung deiner Texte am Computer hast du die Möglichkeit, eigene oder vorgefertigte grafische Elemente einzubauen.

Großschreibung 243, 259–262
Namen, **Nomen** und das erste Wort in einem Satz sowie **Anredepronomen** (*Sie, Ihr*) in einem Brief schreibst du groß.

Haiku 95
Das Haiku ist eine reimlose, japanische Gedichtform. Es besteht aus 17 Silben, die auf drei Verse verteilt sind:

1. Vers – 5 Silben	*Mitten im Laubwald*
2. Vers – 7 Silben	*einsam und majestätisch*
3. Vers – 5 Silben	*steht eine Tanne*

Hauptsatz / Nebensatz 90, 148, 149, 228, 229, 270, 271
Ein Hauptsatz enthält immer **Subjekt** und **Prädikat**. Im Aussagesatz steht das Prädikat an der zweiten Satzgliedstelle: *Ich gehe nach Hause.* Ein Nebensatz kann nicht ohne einen Hauptsatz stehen. Nebensätze beginnen meist mit einer **Konjunktion**. Die gebeugte Form des Verbs steht am Ende. *Obwohl es regnet, will ich Fußball spielen.*

Illustrator, Illustration
Ein Illustrator zeichnet oder malt Bilder (= Illustrationen), um zum Beispiel ein Buchcover, den Innenteil eines Buches oder eine Zeitschrift zu bebildern (= illustrieren), beispielsweise um den Inhalt eines Textes zu veranschaulichen.

Infinitiv 217
Grundform des **Verbs**. Der Infinitiv eines Verbs endet auf *-en* oder *-n*: *lachen, rodeln.*

Information, informieren 13–21, 156–167
Informationen gibt man einem Empfänger (z. B. Urlauber) über eine Person oder einen Gegenstand (z. B. Sehenswürdigkeiten in einer Stadt) und zu einem bestimmten Zweck (z. B. um Ausflüge zu planen). Die Auswahl der Informationen und die Formulierung des Textes richten sich nach dem Adressaten (z. B. Kinder, Eltern).

Inhalte zusammenfassen 100–101, 138–139, 158–167
Du fasst Texte zusammen, um dir den Inhalt klarzumachen, um jemanden, der den Text nicht kennt, die wichtigsten Inhalte mitzuteilen oder um aus einer Reihe von Texten die wichtigsten Informationen zu einem bestimmten Thema zu sammeln, z. B. für einen Vortrag. Dazu teilst du den jeweiligen Text in **Sinnabschnitte** ein. Aus den Überschriften und Stichpunkten, die du im nächsten Schritt zu den Sinnabschnitten notiert hast, bildest du vollständige Sätze. Sie sind die Grundlage für deine Zusammenfassung.
In einem einleitenden Satz zu dieser Zusammenfassung nennst du den Titel des Textes, den Autor, die Textart und das Thema.
Als Zeitform verwendest du das **Präsens**.

Kasus 212–214
So nennt man die vier Fälle (**Nominativ, Genitiv, Dativ, Akkusativ**) des **Nomens**. Durch Fragen kann man den jeweiligen Fall bestimmen. Nach dem Kasus richtet sich die Form des **Artikels** und die Endung des Nomens.

Klappentext 176–177
Als Klappentext bezeichnet man einen Text, der auf der Rückseite eines Buches oder auf der Rückseite des Schutzumschlags eines Buches gedruckt ist. Ein Klappentext enthält meist eine kurze Zusammenfassung des Inhalts, die auf das Buch neugierig machen soll.

Konjunktion (Satzverknüpfungswort) 90, 148, 149, 222, 228, 229, 263
Wortart. Mit Konjunktionen werden Wörter, Wortgruppen oder Sätze miteinander verbunden: *Lotti und Konrad schreiben einen Brief an den Direktor, weil sie ihn um Erlaubnis bitten wollen.* Mit Konjunktionen kannst du in deinen Texten Zusammenhänge deutlich machen: *und, oder, weil, wenn, denn, da, obwohl, als, nachdem, bevor …*

Konsonant (Mitlaut) 128, 247, 250–252, 264
Buchstaben, die noch andere Buchstaben brauchen, damit man sie aussprechen kann, heißen Konsonanten. Sie bilden den Gegensatz zu den **Vokalen**. Konsonanten sind z. B. *b, c, d, f, g …*

Lerntempoduett 12, 121, 163, 171
In einem Lerntempoduett erarbeitet zunächst jeder Schüler in Einzelarbeit seine Aufgabe. Wenn er fertig ist, meldet er sich so lange, bis ein anderer auch fertig ist. Danach setzen sich diese beiden Partner zusammen und vergleichen ihre Lösungen miteinander. Sie überprüfen, ob die Lösung richtig ist, und geben sich gegenseitig Korrekturhilfen, wenn die Lösungen voneinander abweichen. Wenn ihr mehrere Aufgaben lösen müsst, könnt ihr euch auch nach jeder Aufgabe zusammensetzen.

Märchen, Märchenmerkmale
In einem Märchen werden fantastische Ereignisse erzählt. Märchen weisen typische Merkmale auf:
Die Handlung spielt an einem unbestimmten Ort zu einer unbestimmten Zeit. Oft werden die Helden Prüfungen ausgesetzt, die sie mithilfe von Zauberei, fantastischen Wesen und guten Mächten bestehen. In der Märchenwelt können Tiere sprechen und Menschen haben ungewöhnliche Fähigkeiten (können z. B. zaubern). Häufig kommen Zahlen, Symbole und formelhafte Sprüche vor. Formelhafte Anfänge (*Es war einmal ...*) und Schlusswendungen (*Und wenn sie nicht gestorben sind ...*) rahmen das Märchen ein. Am Ende siegt das Gute über das Böse, und oft werden die Bösen bestraft.
Du unterscheidest zwei Märchentypen:
Volksmärchen werden mündlich weitererzählt. Der Name des Autors ist unbekannt. Sie werden von Märchensammlern aufgeschrieben.
Kunstmärchen sind von einem mit Namen bekannten **Autor** erdacht worden.

Maskulinum (männlich) 211, 213
Grammatisches Geschlecht des **Nomens**:
der Wolf, ein Tag, der Mut.

Mimik (Gesichtsausdruck) 204–209

Mindmap 8, 296
Mit einer Mindmap stellst du deine Ideen zu einem Thema geordnet dar: Oberbegriffe (also deine Hauptgedanken) stehen auf „Ästen“, von denen kleinere „Zweige“ für Unterbegriffe (deine Nebengedanken) abgehen.
Eine Mindmap eignet sich, um Themen und Textinhalte zu gliedern und als Gedächtnisstütze für Vorträge und zum Wiederholen.

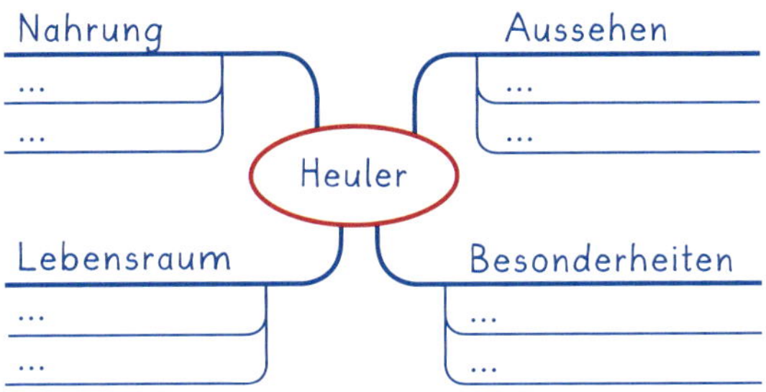

Neutrum (sächlich) 211, 213
Grammatisches Geschlecht des **Nomens**:
das Tier, ein Ziel, das Gefühl.

Nomen (Hauptwort) 211–212, 259–262
Wortart. Mit Nomen bezeichnet man Lebewesen (Menschen, Tiere, Pflanzen), Gegenstände sowie Gedachtes und Gefühle: *Mädchen, Hund, Baum, Paradies, Auto, Ferien, Angst*. Die meisten Nomen kommen im **Singular** und im **Plural** vor. Nomen können mit einem **Artikel** stehen: *der Schuh, das Blümchen, die Langeweile*.
Jedes Nomen hat ein grammatisches Geschlecht: **Maskulinum** (*der Hammer*), **Femininum** (*die Erbse*), **Neutrum** (*das Buch*). Wenn du ein Nomen im Satz verwendest, steht es immer in einem der vier Fälle (**Nominativ, Genitiv, Dativ, Akkusativ**). Nomen werden großgeschrieben. Nomen erkennst du an folgenden Begleitern: **Artikel** (*das Glück*), **Präposition** + Artikel (*zum = zu dem Glück*); **Adjektive** (*großes Glück*), **Pronomen** (*dein Glück, diese Frau*) und an bestimmten Endungen (*Heiterkeit, Gesundheit, Freundschaft, Zeichnung, Erlebnis, Reichtum*). Auch Verben und Adjektive können zu Nomen werden, dann schreibst du sie groß (*beim Lernen; das Gute*).

Nominativ 212–214, 232
1. Fall (Kasus) des **Nomens**. Du ermittelst ihn mit den Fragen *Wer?* oder *Was?*:
der Gegner; das Spielfeld.

Notizen machen 10, 76, 137, 178–185, 188, 286, 289, 291, 296, 297
Stichwortzettel anlegen

Objekt (Ergänzung) 234–235

Satzglied. Objekte sind im Satz eng mit dem **Verb** verbunden. Es legt fest, in welchem Fall ein Objekt steht (**Genitiv**, **Dativ** oder **Akkusativ**). Objekte können aus einem oder mehreren Wörtern bestehen:
Sie gedachten ihres erkrankten Trainers.
Die Fans feuerten die Spieler lautstark an.
Der Sieg gehörte der roten Mannschaft.

Offene Silbe 247

Das Wort *Pu-del* besteht aus zwei **Silben**, wobei die erste betonte Silbe mit einem **Vokal** (hier: *u*) endet, sie ist also offen. Den Vokal sprichst du deshalb lang.

Pantomime 204–205

Wenn die Darsteller beim Theaterspiel auf Worte verzichten und nur mit dem Gesicht (**Mimik**) sowie durch Körperhaltung und -bewegung (**Gestik**) Gefühle und Stimmungen ausdrücken, nennt man das Pantomime.

Perfekt (zusammengesetzte Vergangenheit) 137, 218

Zeitform des Verbs. Mit dem Perfekt drückst du die Vergangenheit aus. Du verwendest es vor allem, wenn du etwas mündlich erzählst.
bekommen – sie hat bekommen;
fahren – er ist gefahren.

Personalpronomen (persönliches Fürwort) 213

Wortart. Personalpronomen bezeichnen die sprechende oder angesprochene Person. Personalpronomen sind: *ich, du, er, sie, es, wir, ihr, sie* und die entsprechenden Formen im **Dativ**: *mir, dir, ihm, ihr, uns, euch, ihnen* und **Akkusativ**: *mich, dich, ihn, sie, uns, euch, sie.*

Plural (Mehrzahl) 213, 214

die Hunde; wir fahren

Plusquamperfekt 22, 216

Zeitform des Verbs. Wenn in der Vergangenheit zwei Handlungen aufeinanderfolgen, verwendest du für die frühere der beiden Handlungen das Plusquamperfekt: *Nachdem Göknur Marmelade gekocht hatte, kostete sie davon.*

Possessivpronomen (besitzanzeigendes Fürwort) 214

Wortart. Possessivpronomen geben an, wem etwas gehört: *ich → mein, du → dein, er → sein, sie → ihr, es → sein, wir → unser, ihr → euer, sie → ihr.*

Prädikat (Satzaussage) 232–235

Satzglied. Das Prädikat ist der Kern eines Satzes und wird immer durch ein **Verb** gebildet. Es benennt eine Tätigkeit oder einen Zustand. Das Prädikat kann aus mehreren Teilen bestehen: *Die Kinder regen sich auf (aufregen). Felix hat den Ball bekommen (zusammengesetzte Zeitform).* Das Prädikat steht im Hauptsatz an der zweiten Satzgliedstelle: *Felix bekommt den Ball. Felix hat den Ball bekommen.* Im Fragesatz ohne Fragewort steht es an erster Stelle: *Trifft er den Korb?*

Präfix (Vorsilbe) 242–243

Vorangestellter Wortbaustein. Das Präfix bestimmt die Bedeutung des Wortes: *ver-folgen, be-folgen.*

Präposition 219–220

Wortart. Mit einer Präposition gibst du räumliche oder zeitliche Verhältnisse an: *Peter geht an den Strand.* Präpositionen bestimmen den Fall des darauffolgenden **Nomens** und seiner Begleiter: *Während des Sturms bleiben wir zu Hause* (**Genitiv**). *Bei schönem Wetter baden wir* (**Dativ**). *Wir stapfen durch den Sand* (**Akkusativ**).
Nach manchen Präpositionen kann der **Dativ** oder der **Akkusativ** stehen, je nachdem, was du ausdrücken möchtest: *Das Boot fährt auf der Nordsee* (*Wo?* → Dativ). *Das Boot fährt auf die Nordsee hinaus* (*Wohin?* → Akkusativ).
In manchen Fällen kann die Präposition mit dem **Artikel** verschmelzen: *ans* (an + das), *ins* (in + das), *im* (in + dem), *zum* (zu + dem) …

Präsens (Gegenwart) 110, 217, 218

Zeitform des Verbs. Das Präsens benutzt du, wenn du über etwas berichtest, das gerade passiert. Auch wenn du etwas beschreibst, deine Meinung begründest oder einen Text zusammenfasst, verwendest du diese Zeitform: *gehen – du gehst.*

Manchmal wird das Präsens auch verwendet, um auszudrücken, dass etwas in der Zukunft geschieht. Dann ergänzt du meistens ein **Adverb** der Zeit: *Morgen gehen wir schwimmen.*

Präteritum (einfache Vergangenheit) 22, 216, 218

Zeitform des Verbs. Du verwendest das Präteritum, wenn du schriftlich von einem Ereignis in der Vergangenheit erzählst oder berichtest: *kochen – wir kochten, laufen – wir liefen.*

Pronomen (Fürwort) 213–215

Wortart. Pronomen sind Wörter, die für ein **Nomen** stehen. Mit Pronomen gestaltest du deine Texte abwechslungsreicher. Du kennst bisher **Personal-, Possessiv-, Demonstrativ** und **Anredepronomen**.

Reim 96–97

Durch Reime erhalten **Gedichte** eine bestimmte Klangwirkung. Durch den Gleichklang der Reimwörter am Ende eines **Verses** (*platscht – klatscht; Wand – Land*) werden zwei oder mehr Verszeilen miteinander verbunden.
Oft verwendete Reimformen sind:

- Paarreim

  blau a
  grau a
  Laub b
  Staub b

- Kreuzreim

  klopft a
  lang b
  tropft a
  bang b

- Umarmender Reim

  Wald a
  gehen b
  stehen b
  bald a

Wenn der Reim nur ungefähr stimmt, nennt man das einen unreinen Reim: *schwarz – Katz; fern – hör'n.*

Rolle 60, 203–209

So nennt man die Gestalt oder Figur, die ein Schauspieler auf der Bühne verkörpert, z. B. *Bösewicht, Königin, Vogel …*

Roter Faden 40–41, 47

Wenn du eine Geschichte erzählst, ist es wichtig, dabei den „roten Faden" zu verfolgen. Dies bedeutet, dass die erzählte Handlung in der richtigen Reihenfolge und ohne Nebensächlichkeiten zum Höhepunkt führt. So werden deine Texte verständlich und nachvollziehbar.

Sachtext 13–15, 156–157, 159–163, 165–167, 170–172, 194–195, 286–287

Unter Sachtexten versteht man informierende Texte (z. B. Lexikonartikel, Zeitungsberichte). Sie sind meistens in einer sachlichen Sprache geschrieben. Sachtexte enthalten häufig auch Abbildungen, um etwas anschaulich zu machen, und Tabellen, um Informationen kurz und übersichtlich darzustellen.

Sage, Sagenmerkmale 132–153

Sagen sind erzählende Texte, die erklären, wie auffällige Naturerscheinungen (*Berge*) oder besondere Bauwerke entstanden sind. Daher werden manchmal konkrete Orte (*die Stadt Hameln*) und / oder konkrete Zeiten (*im Jahre 1284*) genannt. Manchmal handeln Sagen auch von Menschen, die wirklich gelebt haben. Oft kommen in Sagen übernatürliche Wesen mit besonderen Kräften (*Riesen*) vor. Vielfach werden in Sagen Personen für ihre bösen Taten bestraft. Sagen haben oft einen wahren Kern, das heißt, sie erklären etwas, das es noch gibt oder früher gab.

Satzarten 224–225

Sätze werden vier verschiedenen Satzarten zugeordnet, die in der gesprochenen Sprache durch die Stimmführung und in der geschriebenen Sprache durch **Satzschlusszeichen** gekennzeichnet werden:

- Aussagesätze: *Ich habe Ferien.*
- Fragesätze: *Was machst du in den Ferien?*
- Aufforderungssätze: *Schreib mir bitte!*
- Ausrufesätze: *Hätte ich doch auch Ferien!*

Satzgefüge 148, 149, 229, 271

Ein Satzgefüge besteht aus einem **Hauptsatz** und mindestens einem **Nebensatz**. Haupt- und Nebensatz werden durch ein Komma voneinander getrennt. Der Nebensatz wird häufig durch Konjunktionen wie *weil, wenn, dass, damit, obwohl* ... eingeleitet: *Sina macht sich etwas zu essen, weil sie hungrig ist.*

Satzreihe 228, 270

Eine Satzreihe besteht aus mindestens zwei **Hauptsätzen**. Oft sind die Hauptsätze einer Satzreihe durch die **Konjunktionen** *und, oder, aber, denn* oder *doch* verbunden: *Sina macht sich etwas zu essen, denn sie ist hungrig.* Zwischen den Hauptsätzen steht ein Komma; nur vor *und* und *oder* muss kein Komma stehen.

Satzverknüpfungswort 90, 148, 149, 222, 228, 229, 263

Konjunktion

Satzglied 231–238

Sätze bestehen aus verschiedenen Satzgliedern. Diese kannst du durch die **Umstellprobe** ermitteln. Ein Satzglied kann aus einem Wort oder einer Gruppe von Wörtern bestehen. Die meisten Sätze im Deutschen bestehen mindestens aus einem **Subjekt** und aus einem **Prädikat**. Weitere Satzglieder sind **Objekte** und **adverbiale Bestimmungen**.

Satzzeichen 268

Satzzeichen helfen, einen Satz bzw. einen Text übersichtlich zu gestalten und lesbarer zu machen. Dazu werden Sinneinheiten durch Punkte oder Kommas getrennt. Das Satzende kennzeichnest du je nach **Satzart** durch einen Punkt, ein Ausrufungs- oder durch ein Fragezeichen.

Schlüsselstellen, Schlüsselwörter 101, 139, 159, 286, 288, 290

Wenn du einen Text verstehen und ihn wiedergeben oder zusammenfassen willst, suchst du zunächst nach den Textstellen, die die wichtigsten Informationen enthalten. Das sind meistens Sätze oder Wörter, die Antworten auf die W-Fragen (*Wo?, Wer?, Was?, Wie?, Warum?*) geben. Mithilfe dieser Stellen erschließt du den Text.

Schreibkonferenz 47, 144

Bei einer Schreibkonferenz arbeitet ihr in Kleingruppen (4–5 Personen) zusammen: Jeder gibt seinen Text mit einem Rückmeldebogen dem linken Nachbarn. Dann liest jeder den ihm vorliegenden Text und notiert seine Rückmeldung mithilfe der jeweiligen Checkliste (z. B. zur *Textuntersuchung*). Gebt eure Texte so oft nach links weiter, bis alle Texte von jedem beurteilt wurden. Nun liest jeder die Rückmeldungen zu seinem eigenen Text und fragt nach, wenn er etwas nicht verstanden hat. Zum Schluss überarbeitet jeder seinen Text.

Schreibplan 11, 17, 18, 27, 43, 45, 63, 65, 79, 85, 106, 143

Ein Schreibplan hilft dir dabei, die Arbeitsschritte zu deinen schriftlichen Texten (z. B. Briefen, **Erzählungen, Beschreibungen, Textuntersuchungen**) zu organisieren. So behältst du passend zur Aufgabenstellung (z. B. eine Geschichte fortsetzen) die Übersicht und entwickelst einen **roten Faden** für deinen Text.

Signatur (Zeichen)

Um in einer Bücherei ein Buch zu finden, enthält jedes Buch auf dem Buchrücken eine Signatur. Dies ist eine Abfolge von Abkürzungen und Zeichen, die den Standort genau beschreiben.

Silbe 247–256, 264

Wörter setzen sich aus einer (*groß, Haus, rief*) oder mehreren (*ein-sam, Ba-na-ne, ru-fen*) Silben zusammen. Die meisten Wörter sind zweisilbig und enthalten eine betonte Silbe und eine unbetonte (*ernst-haft, ge-ben, I-gel*). Jede Silbe besteht aus mindestens einem **Vokal**, der von einem oder mehreren **Konsonanten** eingerahmt wird. Du unterscheidest **offene** und **geschlossene Silben**. Die Silben eines Wortes kannst du durch langsames Sprechen oder Klatschen beim Sprechen ermitteln.

Silbentrennung 264

Beim Trennen von mehrsilbigen Wörtern am Zeilenende setzt du nach einer **Silbe** einen Trennstrich. Silben, die aus nur einem **Vokal** am Wortanfang oder -ende bestehen, werden nicht getrennt: *Igel, Haie.*

Singular (Einzahl) 213, 214
ein Hund; er fährt

Sinnabschnitt 101, 159, 286, 288
Ein inhaltlich abgeschlossener Teil eines Textes bildet einen Sinnabschnitt. Meistens besteht er aus einem oder mehreren Absätzen. In Sachtexten enthalten Sinnabschnitte jeweils einen neuen Sachverhalt. In erzählenden Texten beginnt ein neuer Sinnabschnitt dann, wenn eine neue Person eingeführt wird, der Ort wechselt oder sich die Handlung ändert.
Das Bilden von Sinnabschnitten hilft dir beim Verstehen, Zusammenfassen und Wiedergeben von Texten.

Spannungswörter 38–41, 44–49, 64
Bei einer spannenden mündlichen oder schriftlichen **Erzählung** ist der Zuhörer oder Leser besonders aufmerksam. Darum ist es wichtig, Spannungswörter in deine Erzählungen einzubauen. Dazu gehören Begriffe wie *plötzlich, auf einmal, schlagartig ...*

s-Schreibung 23, 255, 256
Nach kurzen **Vokalen** und wenn die betonte **Silbe** geschlossen ist, schreibst du den stimmlosen s-Laut als *ss*: *Klas-se, has-sen.*
Nach langen Vokalen, wenn die betonte Silbe offen ist und du einen scharfen, gezischten s-Laut hörst, schreibst du *ß*: *flie-ßen; Stö-ße.*
Wenn du aber nach einer offenen Silbe einen weichen s-Laut hörst, den du summen kannst, schreibst du s: *Wie-se, rei-sen.*

Sprachliche Mittel 98–99
Sprachliche Mittel in **Gedichten** sind:
- Personifikationen: Menschliche Eigenschaften oder Tätigkeiten werden auf die Natur oder auf Gegenstände übertragen (*Wolken jagen um die Wette*),
- Vergleiche: Damit wird ein Gefühl oder eine Handlung bildlich veranschaulicht (*Er ist stark wie ein Löwe*),
- Metaphern: Das sind bildhafte Vergleiche ohne *wie* oder *als ob*. Die Bedeutung musst du übertragen (*Du bist mein Sonnenschein.* bedeutet *Du machst mich glücklich.*)

Stellung nehmen 78–88, 104, 141, 148
In einer Stellungnahme äußerst du deine Meinung mündlich oder schriftlich zu einem bestimmten Thema (z. B. *Reiseziel für die Klassenfahrt*). Dabei nennst du in einer sinnvollen Reihenfolge möglichst viele überzeugende **Argumente**. So gehst du vor:
- das Thema nennen und kurz die Situation beschreiben,
- deine Meinung äußern und mit Argumenten stützen,
- abschließend zusammengefasst deinen Standpunkt oder deine Forderung nennen.

Stichwortzettel anlegen 10, 76, 137, 178–185, 188, 286, 289, 291, 296, 297
Nicht alles kann man sich merken. Damit du nichts vergisst, solltest du dir Notizen machen. Auch zum Auswerten von Texten, bei Vorträgen, Diskussionen und Telefongesprächen sind Stichwortzettel nützlich. Gliedere die Stichworte mit Spiegelstrichen (–) und zeige mit Pfeilen (→) Zusammenhänge auf.

Strophe 97
Als Strophe bezeichnet man die einzelnen Absätze eines **Gedichts**. Mindestens zwei **Verszeilen** werden in einer Strophe zusammengefasst. Oft beginnt mit einer neuen Strophe ein neuer Gedanke.

Subjekt (Satzgegenstand) 232
Satzglied. Das Subjekt bezeichnet jemanden oder etwas, von dem eine Tätigkeit ausgeht oder das in einem bestimmten Zustand ist. Es kann aus mehreren Wörtern bestehen und steht häufig am Satzanfang. Du kannst das Subjekt mit den Fragen *Wer?* oder *Was?* ermitteln:
Die Spieler stehen vor dem Tor.
Wer steht vor dem Tor?
Sie warten gespannt. Wer wartet gespannt?

Suffix (Nachsilbe) 242–243, 254
Nachgestellter Wortbaustein: *Heiter-keit*.
Das Suffix bestimmt die Wortart eines Wortes:
Ärgernis – Nomen, *ärgerlich* – Adjektiv,
ärgern – Verb

Textverarbeitung 284
Wenn du einen Text mit dem Computer schreibst, kannst du ihn mithilfe des Textverarbeitungsprogramms sprachlich und gestalterisch bearbeiten. Du kannst z. B. den Text mit der Rechtschreibhilfe überprüfen, mithilfe des **Thesaurus** abwechslungsreiche Wörter finden, die Schrift gestalten, dem Text eine bestimmte Form (z. B. Brief oder Gedicht) geben, eine Tabelle oder Bilder einfügen.

Thesaurus
So heißt das Wörterbuch des **Textverarbeitungsprogramms** im Computer.

Titel 176, 188
Ein Titel bezeichnet den Werktitel eines Buches, der meistens auf der Vorderseite des Buches oder des Buchumschlags steht, z. B. *Wunder*. Auch Gedichte, Erzählungen und Sachtexte haben meistens einen Titel (= die Überschrift).

Umlaut 247
Umlaute gehören zu den **Vokalen**: *ä, ö, ü*.

Umstellprobe 50, 231, 239
Mithilfe der Umstellprobe kannst du bestimmen, wie viele **Satzglieder** ein Satz hat.
Die Wörter, die beim Umstellen im Satz immer zusammenbleiben, bilden ein Satzglied:
Das blaue Team / ergatterte / gestern / den Sieg.
Gestern / ergatterte / das blaue Team / den Sieg.
Die Umstellprobe kannst du auch für die Textüberarbeitung verwenden: Mit ihr kannst du Satzanfänge abwechslungsreicher gestalten.

Verb (Tätigkeitswort) 22, 89, 110, 216–218, 260
Wortart. Mit Verben bezeichnest du Tätigkeiten (*brennen, schreiben, singen*) oder Zustände (*sein, werden*). Im Wörterbuch findest du ein Verb im **Infinitiv** (Grundform). In Sätzen wird das Verb in der gebeugten Form verwendet. Es informiert dich so über die
- Person (Personalform): *ich, du, er/sie/es, wir, ihr, sie,*
- Zahl: **Singular** (Einzahl), **Plural** (Mehrzahl),
- **Zeitform: Präteritum, Perfekt, Plusquamperfekt, Präsens, Futur I.**

Verben bilden das **Prädikat** eines Satzes.

Verlag
Ein Verlag ist ein Medienunternehmen, das z. B. Bücher, Zeitschriften, DVDs, CDs und andere Medien vervielfältigt und verbreitet. Dein Deutschbuch wird z. B. vom *Westermann Verlag* verbreitet.

Verlängerungsprobe 23, 128 , 250–251, 253–256
Endet ein Wort mit *b, d,* oder *g*, dann klingen diese Laute häufig wie *p, t,* oder *k*. Durch die Verlängerungsprobe kannst du die Buchstaben deutlich heraushören.
So kannst du verlängern:
- bei **Nomen** den **Plural** bilden: *Weg = die Wege*
- **Adjektive** mit einem **Nomen** verwenden: *gesund = das gesunde Frühstück*
- von **Verben** die Wir-Form (1. Pers. Plural) bilden: *er gibt = wir geben*

Auch wenn du sicher sein willst, ob ein Wort mit s oder *ß* geschrieben wird, hilft dir die Verlängerung: *stö?t = stoßen, Mau? = Mäuse.* Außerdem kannst du herausfinden, ob ein Wort mit doppeltem Konsonanten geschrieben wird (*schne? = schneller*) oder wie du die Adjektivendungen *-isch, -ig, -lich* schreibst: *feuri? = das feurige Ross.*

Vers 97–107
Die Zeile eines **Gedichts** nennt man Vers.

Vokal (Selbstlaut) 111, 169, 247–252, 258
Buchstaben, die allein ausgesprochen werden können, heißen Vokale: *a, e, i, o, u*. Auch die **Umlaute** *ä, ö, ü* und die **Diphthonge** (Zwielaute, Doppellaute) *ai, ei, äu, eu* gehören dazu. Vokale können lang oder kurz ausgesprochen werden: *Hüte – Hütte*. Danach richtet sich auch die Schreibung des auf den Vokal folgenden **Konsonanten**.

Weglassprobe 17, 239
Die Weglassprobe wendest du an, um deine Texte zu straffen. Das heißt, du prüfst, was du streichen kannst.

Wörter verlängern 23, 128 , 250–251, 253–256
Verlängerungsprobe

Unregelmäßige Verben

Infinitiv	Präteritum	Perfekt
befehlen	befahl	hat befohlen
beginnen	begann	hat begonnen
beißen	biss	hat gebissen
biegen	bog	hat gebogen
bitten	bat	hat gebeten
blasen	blies	hat geblasen
bleiben	blieb	ist geblieben
brechen	brach	ist gebrochen
bringen	brachte	hat gebracht
denken	dachte	hat gedacht
erschrecken	erschrak	ist erschrocken
essen	aß	hat gegessen
fahren	fuhr	ist gefahren
fallen	fiel	ist gefallen
fangen	fing	hat gefangen
finden	fand	hat gefunden
fliegen	flog	ist geflogen
fließen	floss	ist geflossen
fressen	fraß	hat gefressen
frieren	fror	hat gefroren
geben	gab	hat gegeben
gehen	ging	ist gegangen
gelingen	gelang	ist gelungen
geschehen	geschah	ist geschehen
gewinnen	gewann	hat gewonnen
gießen	goss	hat gegossen
greifen	griff	hat gegriffen
haben	hatte	hat gehabt
halten	hielt	hat gehalten
hängen	hing	hat gehangen
heben	hob	hat gehoben
heißen	hieß	hat geheißen
helfen	half	hat geholfen
kennen	kannte	hat gekannt
klingen	klang	hat geklungen
kommen	kam	ist gekommen
können	konnte	hat gekonnt
laden	lud	hat geladen
lassen	ließ	hat gelassen
laufen	lief	ist gelaufen
leihen	lieh	hat geliehen
lesen	las	hat gelesen
liegen	lag	hat gelegen
nehmen	nahm	hat genommen
raten	riet	hat geraten

Infinitiv	Präteritum	Perfekt
reißen	riss	hat gerissen
reiten	ritt	ist geritten
rennen	rannte	ist gerannt
riechen	roch	hat gerochen
rufen	rief	hat gerufen
scheinen	schien	hat geschienen
schieben	schob	hat geschoben
schießen	schoss	hat geschossen
schlafen	schlief	hat geschlafen
schlagen	schlug	hat geschlagen
schleichen	schlich	ist geschlichen
schließen	schloss	hat geschlossen
schneiden	schnitt	hat geschnitten
schreiben	schrieb	hat geschrieben
schreien	schrie	hat geschrie(e)n
schweigen	schwieg	hat geschwiegen
schwimmen	schwamm	ist geschwommen
schwören	schwor	hat geschworen
sehen	sah	hat gesehen
sein	war	ist gewesen
singen	sang	hat gesungen
sinken	sank	ist gesunken
sitzen	saß	hat gesessen
sprechen	sprach	hat gesprochen
springen	sprang	ist gesprungen
stehen	stand	hat gestanden
stehlen	stahl	hat gestohlen
steigen	stieg	ist gestiegen
sterben	starb	ist gestorben
streichen	strich	hat gestrichen
streiten	stritt	hat gestritten
tragen	trug	hat getragen
treffen	traf	hat getroffen
treten	trat	hat getreten
trinken	trank	hat getrunken
vergessen	vergaß	hat vergessen
verlieren	verlor	hat verloren
verzeihen	verzieh	hat verziehen
wachsen	wuchs	ist gewachsen
waschen	wusch	hat gewaschen
werden	wurde	ist geworden
werfen	warf	hat geworfen
wissen	wusste	hat gewusst
ziehen	zog	hat gezogen
zwingen	zwang	hat gezwungen

Textsortenverzeichnis

Stichwortverzeichnis

Textquellen

14 Kristin Maier: „Aktion Tagwerk": Wir alle zusammen! (Originalbeitrag).

31 f. Ingrid Hintz: Ich bin Schülerin, aus: Wolfgang Menzel (Hrsg.), Treffpunkte 7. Lesebuch, Schroedel Verlag, Hannover 2001 (verändert).

38 An Bord des *Seeigels* (Originalbeitrag).

52 Aufgetaucht (Originalbeitrag).

57 Der Pfau und die Dohle, nach Äsop, aus: www.gutenberg.spiegel.de (7.10.2008) (bearbeitet).

58 Die Schildkröte und der Hase, nach Aesop, übersetzt von Johannes Irmscher: Antike Fabeln, Aufbau Berlin 1991 (bearbeitet).

59 Iwan Andrejewitsch Krylow, Der Löwe und der Fuchs, aus: I. A. K., Sämtliche Fabeln, Die Waage, Zürich 1960.

60 Albert Ludwig Grimm, Die beiden Ziegen, aus: Fachbibliothek für die Jugend, Klett o. J.

61 Rabe und Fuchs, nach Äsop, aus: http://www.hekaya.de/fabeln/rabe-und-fuchs-aesop_71.html (bearbeitet).

62 Der Löwe und das kluge Pferd, nach Äsop, aus: Äsop Fabeln, Verlag Dr. Ernst Hauswedell & Co., Hamburg o. J. (verändert).

65 Die beiden Frösche, nach Aesop, in Karl Heinz Kuehn: Einhundert Fabeln, Hamburger Lesehefte 2007 (verändert).

67 Der Hund und der Rabe (Originalbeitrag).

68 Der Fuchs und der Storch, nach Äsop, aus: www.gutenberg.spiegel.de (11.02.2015) (verändert).

69 Martin Luther, Vom hunde, aus: Wilhelm Schmidt, Geschichte der deutschen Sprache, Verlag Volk und Wissen, Leipzig 1976.

71 f. Tony Ross, Der Hase und die Schildkröte, aus: T. R., Fuchs Fabelhaft, übersetzt von Martin Karau, © Bastei Lübbe.

74 Schloss Boitzenburg, nach: http://www.schloss-boitzenburg.de/willkommen-auf-unserer-homepage.1.0.html (7.10.2008) (bearbeitet).

75
- Was raschelt im Stroh? – Klassen auf dem Bauernhof, nach: http://www.lernendurch-erleben.de/de/id95.htm (11.02.2015) (bearbeitet).
- Adventure-Camp im Sauerland (Originalbeitrag).

87 Science-Center in Nordrhein-Westfalen: Physik und Technik für jeden, aus: http:// http://www.phaenomenta.de/luedenscheid/besucherinfo.htm (11.02.2015) (stark bearbeitet).

88 Ein All-Inclusive-Skigebiet! – Fun und Action inbegriffen, aus: http://www.alpincenter.com/skihalle/ (07.10.2008) (bearbeitet).

91 Ursula Wölfel: Hannes fehlt, aus: U. W., Die grauen und die grünen Felder, Anrich, Mülheim an der Ruhr 1970, S. 23.

96 Die Sonne sinkt (Volksgut).

98 Hannes Fuchs, Ein Tag erwacht (Originalbeitrag).

100 Karoline Stahl, Die vier Brüder, aus: http://medienwerkstatt-online.de/lws_wissen/vorlagen/showcard.php?id=4015&edit=0 (10.02.2015).

102 Ilse Kleberger, Sommer, aus: Die Stadt der Kinder, Georg Bitter 1969.

105 Peter Hacks: Der Herbst steht auf der Leiter, aus: Der Flohmarkt. Gedichte für Kinder, © Eulenspiegel Verlag, Berlin 2001.

108 Hoffmann von Fallersleben, Der Eislauf, aus: http://medienwerkstatt-online.de/lws_wissen/vorlagen/showcard.php?id=18492&edit=0 (10.02.2015).

109 Franz von Pocci, Winters Einzug, aus: Wenn die weißen Riesenhasen abends übern Rasen rasen. Kindergedichte aus vier Jahrhunderten, © Marix Verlag GmbH, Wiesbaden 2004 (Auszug).

110 Paul Maar, Zukunft, aus: Hans-Joachim Gelberg (Hrsg.), Großer Ozean. Gedichte für alle, Beltz und Gelberg Verlag, Weinheim und Basel 2000, S. 212.

111 Hannes Fuchs, oi oi oi (Originalbeitrag).

112 James Krüss, Die sonderbare Stadt Tempone, aus: J. K., Der wohltemperierte Leierkasten, 12 mal 12 Gedichte für Kinder, Eltern und andere Leute, mit einem Nachwort von Erich Kästner, Bertelsmann, Gütersloh [3]2001.

129 f. Sharon Creech: Schlangen, aus: S. C., Glück mit Soße, übersetzt von Adelheid Zöfel, S. Fischer Verlag GmbH, Frankfurt am Main 2006, S. 112.

134 Die Entstehung des Siebengebirges, aus: Klaus-Peter Hausberg, Rheinische Sagen und Geschichten, J. P. Bachem Verlag, Köln ²2006, S. 60 (bearbeitet).

138 f. Der Rattenfänger von Hameln, aus: http://www.hameln.de/tourismus/rattenfaenger/rf_sage_deutsch.htm (11.02.2015) (bearbeitet).

140 Der Binger Mäuseturm, aus: Klaus-Peter Hausberg, Rheinische Sagen und Geschichten, J. P. Bachem Verlag, Köln ²2006, S. 306 ff. (stark bearbeitet).

142 Der Bonstapel (mündliche Überlieferung).

145 Die erste Kohlenzeche an der Ruhr, aus: http://www.udoklinger.de/Deutsch/Sagen/S9.htm (10.02.2015) (bearbeitet).

149 Das steinerne Brot, aus: http://www.sagen.at/texte/sagen/deutschland/rheinland_pfalz/dassteinernebrot.html (10.02.2015) (bearbeitet).

150 f. Siegfrieds Kampf auf dem Drachenfels, aus: Klaus-Peter Hausberg, Rheinische Sagen und Geschichten, J. P. Bachem Verlag, Köln ²2006, S. 56 ff. (verändert).

156 f. Wenn das Meer verschwindet und wiederkommt (Originalbeitrag).

159 f. Aufpassen beim Wattwandern! (Originalbeitrag).

162 Besuch in der Seehundestation Friedrichskoog (Originalbeitrag).

165 Hotel Leuchtturm „Roter Sand“ (Originalbeitrag).

170 f. Sönke Möhl: Tosende Nordsee: Land unter auf den Halligen, aus: http://www.shz.de/incoming/tosende-nordsee-landunter-auf-den-halligen-id463336.html (10.02.2015) (verändert).

177
- Text zu C. Wimmer, Ostwind [Text A], aus: http://www.randomhouse.de/Buch/Ostwind/Carola-Wimmer/e421650.rhd (10.02.2015) (verändert).
- Text zu M. G. Bauer, Nennt mich nicht Ismael! [Text B], aus: http://www.amazon.de/Nennt-mich-nicht-Ismael-Roman/dp/3423624353 (10.02.2015) (verändert).
- Text zu M. Sonnleitner, Die drei ??? – Fußballfieber [Text C], aus: http://www.kosmos.de/produktdetail-1059-1059/Die_drei_Fu_ballfieber-3203/ (10.02.2015) (verändert).
- Katrin Hörnlein: Gesicht zeigen? Lieber nicht! [Text D], aus: http://www.zeit.de/2013/20/luchs-jugendbuch-raquel-j-palacio-wunder (10.02.2015) (Textauszug, verändert).

178 ff. Raquel J. Palacio, Wunder, aus: R. J. Palacio: Wunder, aus dem Englischen von André Mumot, Hanser Verlag, München 2013, S. 9–12, 59 f., 80 f., 322–325.

198 Inhaltsangabe zu „Die Pfefferkörner“, Folge „Verseuchte Erde“, nach: http://programm.ard.de/TV/Programm/Sender/?sendung=2810611230022414 (10.02.2015) (bearbeitet).

204 f. August Kopisch, Die Heinzelmännchen zu Köln, EMONS 2007 (Auszug).

206 Das Hornberger Schießen, aus: http://www.sagen.at/texte/sagen/sagen_historisch/ursprungs_erklaerungssagen/hornbergerschiessen.html (11.02.2015) (bearbeitet).

208 Raquel J. Palacio, Der Sommer-Tisch, aus: R. J. Palacio: Wunder, aus dem Englischen von André Mumot, Hanser Verlag, München 2013, S. 68–70.

211 Der Löwe und der Hase, nach Äsop, aus: Fabeln von Aesop. Eine Auswahl aus dem Griechischen. Neu verfasst und übertragen aus dem Alt- und Neugriechischen von Jakovos Papadopoulos, Fischer Verlag, Frankfurt / Main 1989 (verändert).

212 Das Pferd und der Esel, aus: Fabeln von Aesop. Eine Auswahl aus dem Griechischen. Neu verfasst und übertragen aus dem Alt- und Neugriechischen von Jakovos Papadopoulos, Fischer Verlag, Frankfurt / Main 1989 (verändert).

213 Die Mücke und der Löwe, aus: Fabeln von Aesop. Eine Auswahl aus dem Griechischen. Neu verfasst und übertragen aus dem Alt- und Neugriechischen von Jakovos Papadopoulos, Fischer Verlag, Frankfurt / Main 1989 (bearbeitet).

229 – Der Teufelsfelsen und die Teufelskanzel, aus: http://www.sagen.at/texte/sagen/deutschland/bayern/waltinger/teufelskanzel.html (11.02.2015) (bearbeitet).
- Die Knödelsage von Deggendorf, aus: Ingrid Bolte, Marie Luise Hoffmann, Renate Könke, Die Schwarzen Führer, Niederbayern – Oberbayern, Eulen Verlag Harald Gläser, Freiburg i. Br. 2000 (bearbeitet).

253 Heute im Angebot, aus: Hans-Joachim Gelberg (Hrsg.), Großer Ozean. Gedichte für alle, Beltz und Gelberg Verlag, Weinheim und Basel 2000, S. 35 (bearbeitet).

254 Das Ross und der Stier, aus: Gotthold Ephraim Lessing, Das Ross und der Stier, nach: www.gutenberg.spiegel.de (11.02.2015) (bearbeitet).

258 Mira Lobe, Sollen Drohnen ... (Sprechübungen für angehende Schauspieler), aus: Das Sprachbastelbuch, hrsg. von Hans Domenego, Jugend und Volk, Wien, München 1975, S. 31.

259 Leonardo da Vinci, Der Schimpanse und das Vögelchen, aus: Die Fabeln des Leonardo da Vinci, gesammelt und hrsg. von Bruno Nardini, ins Deutsche übertragen und mit einem Vorwort versehen von Rudolf Hagelstange, Arena Verlag, Würzburg 1973, S. 96.

260 Die Meditation (Fabel aus Japan), aus: http://www.hekaya.de/fabeln/die-meditation--fabeln_asien_15.html (10.02.2015) (verändert).

261 Die ziemlich intelligente Fliege, nach James Thurber, aus: J. T., 75 Fabeln für Zeitgenossen, den unverbesserlichen Sündern gewidmet, übersetzt von Ulla Hengst, Rowohlt, Hamburg 1967, S. 8.

262 – Der Hirsch, aus: http://www.labbe.de/lesekorb/index.asp?themaid=82&titelid=251 (10.02.2015) (bearbeitet).
- Antina Heinolff, Der kleine Nussknacker (Originalbeitrag).
- Wolfdietrich Schnurre: Die Macht der Winzigkeit, aus: W. S., Protest im Parterre, Langen, München 1957.

264 Winfried Ulrich, Trennungen, aus: W. U. (Hrsg.), Sprachspiele für jüngere Leser und Verfasser von Texten. Texte und Kommentare. Ein Vorlesebuch, Lesebuch und Sprachbastelbuch für Schule und Elternhaus, Hahner Verlagsgesellschaft, Aachen 2004, S. 446.

287 Das Leben der Schweinswale, aus: http://de.wikipedia.org/wiki/Schweinswale (11.02.2015) (bearbeitet).

289 Theodor Etzel, Die Mücke, aus: http://www.fabelnundanderes.at/theodor_etzel.htm (10.02.2015).

291 Heinz Erhardt, Überlistet, aus: Weihnachtszauber Winternacht. Geschichten und Gedichte hrsg. von Koranyi, Stefan und Seifert, Gabriele, Reclam, Stuttgart 2005.

292 Der Ritter von Wolf (lokale Volkssage), aus: http://www.furor-normannicus.de/ger/info/sagen/wolfsritter.html (10.02.2015) (verändert).

294 – Sehenswertes in Cuxhaven, aus: http://www.cuxhaven-lodge.de/Regionales/Cuxhaven-Sehenswuerdigkeiten-Highlights/Alte-Liebe-Cuxhaven/ (10.02.2015) (verändert).
- Die Insel Neuwerk, aus: http://www.cuxhaven-lodge.de/Regionales/Cuxhaven-Sehenswuerdigkeiten-Highlights/Insel-Neuwerk/ (10.02.2015) (verändert).

Bildquellen

Abbildungen

8 oben, Hintergrund: Picture-Alliance GmbH, Frankfurt/M. (dpa/Daniel Karmann u. Hubert Link/ZB); **links:** F1online digitale Bildagentur GmbH, Frankfurt/M. (Chris Hermann); **9 oben links:** Rudolf Steiner Schule Hamburg-Altona e.V., Hamburg; **oben rechts:** argum Fotojournalismus, München (Falk Heller); **unten links:** Alexander Sell Fotografie, Nieder-Olm; **unten rechts:** Michaela Begsteiger Foto- und Bildagentur, Gleisdorf; **15 Mitte:** fotolia.com, New York (Andreas Koch); **links, rechts:** Picture-Alliance GmbH, Frankfurt/M. (Friedhelm Mädje); **18:** Caro Fotoagentur GmbH, Berlin; **74:** Picture-Alliance GmbH, Frankfurt/M.; **75 oben:** Picture-Alliance GmbH, Frankfurt/M. (dpa/Patrick Pleul); **unten:** teamwork text und foto GbR, Hamburg (Gehner); **76, 82:** Wefringhaus, Klaus, Braunschweig; **84:** iStockphoto.com, Calgary; **87:** PHÄNOMENTA Lüdenscheid, Lüdenscheid; **88:** Picture-Alliance GmbH, Frankfurt/M.; **103:** Wefringhaus, Klaus, Braunschweig; **134 oben:** Willemsen, Thomas, Stadtlohn; **unten:** fotolia.com, New York (photosvac); **140:** Tönnies, Frauke, Laatzen; **145:** Panther Media GmbH (panthermedia.net), München; **154 oben:** Picture-Alliance GmbH, Frankfurt/M.; **154, 155 Hintergrund:** Panther Media GmbH (panthermedia.net), München; **155 oben links:** Picture-Alliance GmbH, Frankfurt/M. (dpa/Horst Pfeiffer); **oben rechts:** Förderverein „Rettet den Leuchtturm Roter Sand e.V.", Bremerhaven (Volker Siemers); **156:** argus Fotoagentur GbR, Hamburg; **162:** Picture-Alliance GmbH, Frankfurt/M. (dpa/DB Biewer); **163 unten:** fotolia.com, New York (Wolfgang Meyer); **165 oben:** stockmaritime.com, Hamburg (Peter Andry); **unten:** Rossner, Roland, Bonn (Deutsche Stiftung Denkmalschutz); **167:** www.8komma0.de, Seelze (Bernd Ellerbrock); **168 links, rechts, 2.v.rechts:** fotolia.com, New York (T.Michel); **2.v.links:** North Sea Cycle Route (Nordseeküsten-Radweg); **170:** Picture-Alliance GmbH, Frankfurt/M.; **176 links:** Franckh-Kosmos Verlags-GmbH & Co. KG, Stuttgart (Cover zu Marco Sonnleitner: Die drei ???: Fußballfieber, 2008); **rechts:** Deutscher Taschenbuch Verlag GmbH & Co. KG, München (Cover zu Michael Gerard Bauer: Nennt mich Ismael, Reihe Hanser 2009); **2.v.links, 178:** Carl Hanser Verlag, München; **2.v.rechts:** cbj Kinder- und Jugendbücher, München (Cover zu Carola Wimmer: Ostwind, 2013); **183 rechts, 186:** Shutterstock.com, New York; **190:** Grammophon: iStockphoto.com, Calgary; Kassette: Fabian, Michael, Hannover; Telefon Holz u. schnurlos: INTERFOTO, München; Telefon grün: Visum Foto GmbH, Hamburg (Jan Braun /); Telefon schwarz: ullstein bild, Berlin; **oben rechts:** Shutterstock.com, New York; **unten:** Deutsches Museum, München; **191 Mitte:** fotolia.com, New York (Picture-Factory); **oben links:** Studio Schmidt-Lohmann, Gießen; **oben rechts:** Schuster, H., Köln; **unten:** fotolia.com, New York; **unten rechts:** iStockphoto.com, Calgary (monkeybusinesimages); **196 oben 2.v.rechts, unten 2.v.links:** ARD Foto, Köln; **oben Mitte, unten links, 2.v.rechts:** Picture-Alliance GmbH, Frankfurt/M. (landov/Monty Brinton); **oben links:** ullstein bild, Berlin (Reuters); **oben rechts:** Gerasimov, Vlad/designed for Eurovision TV by vladstudio.com; **unten Mitte:** dfd Deutscher Fotodienst GmbH/ddp images, Hamburg; **196 unten rechts:** RTL 2 Fernsehen GmbH & Co. KG, Grünwald; **197:** Klambt Programmzeitschriften GmbH, Hamburg; **198:** NDR Presse und Information, Hamburg (Romano Ruhnau); **199, 200:** Norddeutscher Rundfunk, Hamburg; **205 unten:** Köcher, Ulrike, Hannover; **207:** Wefringhaus, Klaus, Braunschweig; **214:** fotolia.com, New York (Christian Schwier); **215 oben:** Die JugendHerbergen GmbH, Bremen (Danny Gohlke); **unten:** fotolia.com, New York (Gabriele Rohde); **232:** still pictures, Berlin (images.de); **233:** Tönnies, Frauke, Laatzen; **246:** Wefringhaus, Klaus, Braunschweig; **249:** Wildlife Bildagentur GmbH, Hamburg (Arndt); **271:** Stadt Feuchtwangen, Feuchtwangen; **281:** GEOlino, Hamburg; **287:** Wildlife Bildagentur GmbH, Hamburg (F. Graner); **295 links:** mauritius images GmbH, Mittenwald (Norbert Rosing); **rechts:** OKAPIA KG – Michael Grzimek & Co., Frankfurt/M.; **297 oben links:** Picture-Alliance GmbH, Frankfurt/M. (dpa); **oben rechts:** Juniors Bildarchiv GmbH, Hamburg; **unten links, unten rechts:** Blickwinkel, Witten (U.Walz/); **298:** Wefringhaus, Klaus, Braunschweig.

Illustrationen

4 Mitte, 5 unten, 6 unten, 7 unten, 114–130, 174–189, 210–248, 284: Matthias Berghahn, Bielefeld; **2 oben, 7 oben, 10–32, 192–201, 247–279, 289–293:** Sabine Kranz, Frankfurt/M.; **3, 6 oben, 56–92, 202–206:** Klaus Müller, Berlin; **2 unten, 4 oben, unten, 5 oben, 34–54, 94–112, 132–169:** Jaroslaw Schwarzstein, Hannover.

Druck A[4] / Jahr 2017
Alle Drucke der Serie A sind im Unterricht parallel verwendbar.

Redaktion: Stefanie Hein, Marei Kortas; Barbara Holzwarth, Gröbenzell
Illustrationen: Matthias Berghahn, Sabine Kranz, Klaus Müller, Jaroslaw Schwarzstein
Umschlaggestaltung: LIO Design GmbH, Braunschweig
Typografisches Konzept: designbüro Arndt + Seelig, Bielefeld
Satz: kaltner verlagsmedien GmbH
Druck und Bindung: Westermann Druck Zwickau GmbH

ISBN 978-3-14-**123691**-0

Übersicht der Lerninhalte

Hier finden sich die Kompetenzen des Kernlehrplans in Klartext 6.

Kapitel	3.1.	Sprechen und Zuhören
Schule in Aktion Schriftlicher Aufgabentyp 2a) (Berichten) Schriftlicher Aufgabentyp 2a) (Beschreiben)	3.1.3	Informationen adressatenbezogen weitergeben (über Sachverhalte berichten) 8–11
Tiefseeabenteuer Mündlicher Aufgabentyp 1a) Schriftlicher Aufgabentyp 1a) Schriftlicher Aufgabentyp 1b)	3.1.2	Geschichten erzählen 35–37
Wir sprechen von Tieren und meinen uns Schriftlicher Aufgabentyp 6	3.1.11 3.1.13	Gestaltend sprechen 60 Verbale und nonverbale Mittel einsetzen 60
Und schon geht die Reise los Mündlicher Aufgabentyp 3 Schriftlicher Aufgabentyp 3	3.1.6 3.1.7 3.1.8	Eigene Meinungen formulieren 81–82 Gesprächsregeln einhalten 76–77, 81–82 Gesprächsstörungen erkennen und beheben 76–77
Zeit für Gedichte Mündlicher Aufgabentyp 2b) Schriftlicher Aufgabentyp 4a)	3.1.11 3.1.12	Gestaltend sprechen 96–97 Gedichte gestaltend vortragen 96–97
Essen verbindet Schriftlicher Aufgabentyp 5	3.1.2	Über eigene Erfahrungen berichten 114
Sagenhaft Schriftlicher Aufgabentyp 4a)	3.1.2	Eine Sage anschaulich und lebendig erzählen 136–137
Mehr als Sand und Meer Mündlicher Aufgabentyp 1b) Schriftlicher Aufgabentyp 4b)	3.1.2	Eigene Erlebnisse und Erfahrungen erzählen 154–155
Alle mal herhören: Der Vorlesewettbewerb Mündlicher Aufgabentyp 1a)	3.1.1 3.1.9 3.1.11	Flüssig lesen 186–187 Aufmerksam zuhören und auf andere reagieren 189 Gestaltend sprechen 186–187
Die bunte Welt der Medien Mündlicher Aufgabentyp 1b)	3.1.2 3.1.3	Eigene Erfahrungen erzählen 190–191 Informationen beschaffen und adressatenbezogen weitergeben 197
Wir spielen Theater Mündlicher Aufgabentyp 2a)	3.1.11 3.1.13	Gestaltend sprechen 202–205, 208–209 Szenisches Spiel: verbale und nonverbale Mittel einsetzen 205–207, 209
Computer im Unterricht		
Methoden und Arbeitstechniken	3.1.4	Stichwortgestützt Ergebnisse vortragen, Medien einbeziehen 297–298